TEMARIO DI INFORMATICA

36 Temi svolti sui principali argomenti di Informatica Applicata

Autore: Antonio R. Di Martino

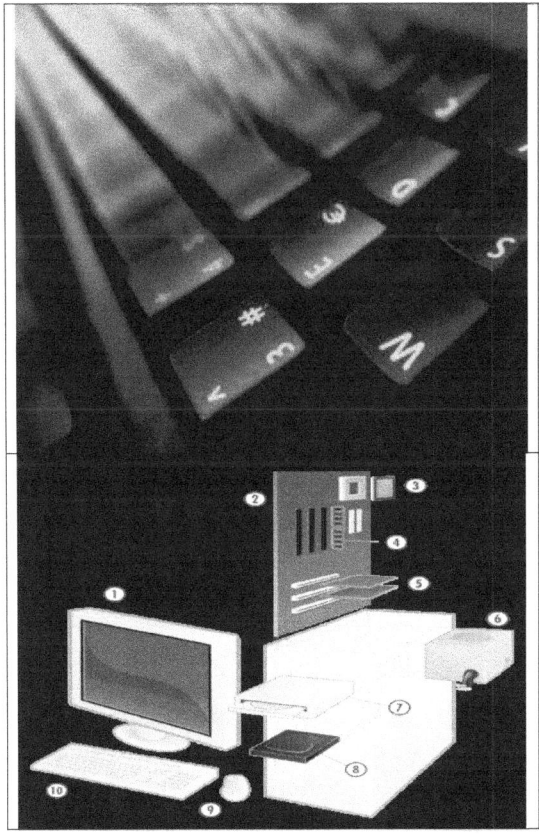
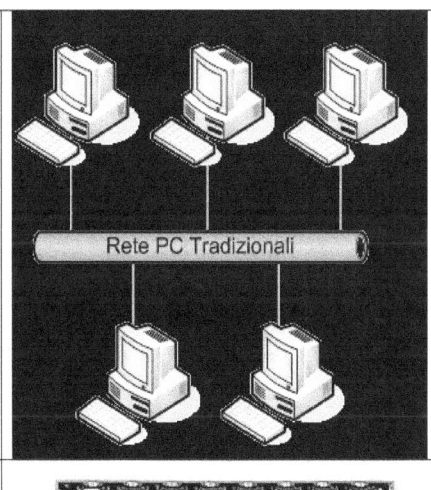

Temario di Informatica Applicata

PREFAZIONE

In questa pubblicazione di oltre 200 pagine presentiamo 36 Temi svolti sui principali argomenti di Informatica Teorica e Applicata.

Tutti i Temi sono scritti ad hoc per la preparazione delle prove scritte di Concorsi Pubblici, e inoltre per la preparazione di prove scritte di Esami Universitari per gli studenti dei Corsi di Informatica, Esami di Maturità e Compiti di Informatica per gli allievi degli Istituti Tecnici a indirizzo Informatica.

Inoltre i Temi svolti sono accompagnati da 130 commenti esplicativi, da oltre 50 figure, ed in più, da note esplicative, dalla spiegazione degli acronimi e dalla loro relativa traduzione in italiano.

Le materie di Informatica trattate sono suddivise in otto sezioni, aventi ciascuna come argomenti:

1. **Informatica di Base**
2. **Basi di Dati**
3. **Ingegneria del Software**
4. **Internet e il Web**
5. **Reti di Computer**
6. **Sistemi Multimediali e Realtà Virtuale**
7. **Sistemi Operativi**
8. **Informatica Applicata.**

Inoltre in appendice alla pubblicazione è presente un Glossario, che si compone di oltre 300 voci, su gli acronimi e sui termini utilizzati nell'ICT (*Information and Comunication Technology*) e in particolare su gli argomenti trattati nel Temario.

Autore: Antonio R. Di Martino

Brevi notizie sull'Autore: Laureato in Scienze dell'Informazione all'Università degli Studi di Salerno nell'A.A. 1992/93, ha conseguito nella stessa Università la Laurea Specialistica in Informatica nell'A.A. 2003/04, e il Dottorato di Ricerca in Informatica nell'A.A. 2009/10.

Lavora in ambito ICT dal 1994. Si occupa inoltre di Ricerca Scientifica e Formazione su argomenti inerenti a Informatica di Base, Applicazioni Informatiche, DataBase, Office Automation, Internet, Multimedialità e Ipertesti,

Progettazione e Creazione di Applicazioni Web, Web-Usability, E-Government, E-Learning, Computer Grafica (C.G.) , Realtà Virtuale (V.R.), Interazione Uomo-Macchina (HCI). Su questi temi ha pubblicato diversi articoli per riviste specializzate e per conferenze internazionali.

Indice Temario

Temi su Sistemi Multimediali e Realtà Virtuale:
-- **(Abstract Tesi di Laurea)** Il Realismo nelle Immagini di un Sistema Multimediale
-- **(Abstract Tesi di Laurea)** La Multimedialità: le sue tecnologie, le sue applicazioni
-- **(Abstract Tesi di Laurea)** La costruzione e l'analisi dell'immagine nella comunicazione Multimediale
-- Approcci diversi alla Realtà Virtuale in tempo reale, approcci con immagini pre-renderizzate
-- **(Prova Dottorato di Ricerca)** Le problematiche legate all'illuminazione degli oggetti o dei personaggi nelle ricostruzioni di ambienti virtuali

Temi su Informatica di Base:
-- La Rivoluzione del Digitale
-- Gli Elementi di Base di un Personal Computer
-- Tipologie di Computer e loro utilizzo nelle applicazioni lavorative, di svago o domestiche

Temi su Basi di Dati:
-- I DataBase Relazionali
-- Basi di Dati e DBMS
-- **(Prova Concorso Pubblico)**- Il Linguaggio SQL con esempi di Query sui dati e sugli oggetti dello schema di DataBase
-- Il candidato illustri il modello E-R il suo utilizzo nel progetto concettuale di una base dati relazionale.

Temi su Ingegneria del Software:
-- I vincoli del Software
-- La Fase di Test e la Fase di Manutenzione del Software
-- **(Prova Concorso Pubblico)** La manutenzione è un'attività base di un centro elaborazione dati che gestisce applicazioni proprietarie. Il candidato illustri come detta fase si posiziona nel ciclo di vita del software, i suoi possibili scopi, le metodologie appropriate, gli strumenti a supporto

Temi sui Sistemi Operativi:
-- Tipi di Sistemi Operativi
-- Le Componenti di un Sistema Operativo con esempi di comandi fondamentali
-- Funzioni di un Sistema Operativo
-- Il Modello Client/Server
-- I Software di Base per tutti i Linguaggi di Programmazione (I Compilatori e gli Interpreti)

Temi sul Web, Internet e Reti:
-- Generalità sul Linguaggio HTML
-- Generalità sul protocollo TCP/IP (uno Standard de facto per le Reti di Calcolatori)
-- Dal Testo all'Ipertesto all'Ipermedia
-- Internet, il Web e la Rete
-- O.S.I. Interconnessione di Sistemi Aperti (uno Standard de jure per le Reti di Calcolatori)
-- **(Prova Concorso Pubblico)**- Reti L.A.N. Local Area Network

-- **(Prova Concorso Pubblico)**- Il candidato illustri i criteri generali di progetto di una rete locale utilizzata prevalentemente per applicazioni di automazione d'ufficio, dettagliando, inoltre, i principali servizi di rete che a suo giudizio devono essere realizzati
-- Le generazioni del World Wide Web

Temi su Informatica Applicata

-- **(Prova Concorso Pubblico)** Descrivere un'applicazione per la gestione automatica del flusso di lavoro della verbalizzazione elettronica degli esami di profitto svolti dagli studenti di un Ateneo universitario. Si preveda la sostituzione del documento cartaceo con il documento elettronico considerando gli aspetti della sicurezza e dell'autenticità di un tale documento elettronico
-- **(Prova Concorso Pubblico)** Sviluppare l'analisi ed il progetto di un sistema Web dedicato alla distribuzione di materiale didattico in rete, il materiale da distribuire sarà sotto forma di sorgente di programmi e di documenti di testo. Il sistema dovrà essere accessibile dalla rete Internet e dovrà prevedere procedure di identificazione per i suoi utenti
-- **(Abstract Tesi di Laurea)** Struttura di un Sistema Multimediale: un caso reale nell'ambito dell'area dei beni Culturali: Il Museo Archeologico di Salerno
-- **(Prova Concorso Pubblico)** Il candidato ipotizzi di svolgere il ruolo di analista dell'informatizzazione della gestione del protocollo di un ente pubblico. Presenti e illustri i documenti redatti in tale veste
-- Il candidato ipotizzi di svolgere il ruolo di analista dell'informatizzazione di un applicazione Web per l'ufficio tirocini che si occupa dei tirocini che gli studenti di un Ateneo universitario effettuano nel loro iter di studi. Si presentino ed illustrino i documenti redatti in tale veste utilizzando la notazione UML ed inoltre il candidato presenti uno schema dell'applicazione Web
--**(Esame di Stato ITIS sessione 2003 Indirizzo: INFORMATICA)**
Un Vivaio vuole realizzare una base dati per gestire le sue attività di vendita di piante e le sue attività esterne
-- E-learning collaborativo: Un'applicazione per la formazione del personale in ambito aziendale
-- Descrizione di un modello di Customer Satisfaction On line per la valutazione dei servizi della Pubblica Amministrazione, in particolare del servizio di Posta elettronica Certificata
--**300 Voci di Glossario degli acronimi e dei termini dell'ICT**

1.Temi sui Sistemi Multimediali e Realtà virtuale

Realismo nelle immagini di un Sistema Multimediale

In questo componimento introdurremo un importante aspetto della Computer Grafica: la creazione di immagini realistiche di scene pittoriche tridimensionali. Vedremo come dal disegno grezzo, a fil di ferro (*wireframe*) si passa ad un'immagine realistica, in cui agli oggetti e alle strutture si assegnano i rispettivi materiali con le varie tessiture. Inoltre vedremo come si dispongono le fonti luminose all'interno e all'esterno dell'ambiente, con la creazione di effetti ombra scaturiti dall'irradiamento della luce naturale per dare Realismo all'immagine. Perché realismo nelle immagini a tutti i costi.
Che cos'è un'immagine realistica? In che senso una scena, sia essa dipinta, sia essa fotografata, sia essa generata da un elaboratore, può essere chiamata realistica. Il termine si usa per riferirsi a figure che catturano molti degli effetti della luce, che interagisce con gli oggetti fisici presenti nello spazio della figura. Fotorealismo o realismo fotografico sono termini che stiamo imparando a conoscere, in un mondo tecnologico dove l'immagine è diventata uno dei più importanti strumenti per "trasportare" l'informazione, ma in realtà cosa significano questi termini, ebbene il fotorealismo è la ricerca di produrre immagini sintetiche che sono pressoché indistinguibili dalle fotografie che rappresentano scene del mondo reale. Vediamo ora in quali campi diventa importante produrre immagini realistiche con la grafica computerizzata. In primis nei sistemi di simulazione, in particolare i simulatori di volo, in cui devono esservi immagini realistiche, perché il pilota deve vedere con il simulatore ciò che vedrà quando piloterà un vero aereo: oggigiorno vi sono simulatori che insegnano a guidare battelli e automobili, naturalmente anche in questo caso l'importanza della presenza di immagini molto vicine alla realtà è elevata. Un altro campo di applicazione è il design, dove i progettisti di oggetti come automobili, aeroplani e edifici creano immagini realistiche generate dal computer; un modo facile ed economico per valutare i risultati del lavoro, senza costruire modelli o prototipi. Inoltre l'uso di immagini realistiche si è diffuso tantissimo nel mondo dell'intrattenimento, sia nei cartoni animati tradizionali, sia nella pubblicità e sia nelle scene di finzione nel cinema. Alcune immagini realistiche complesse possono essere prodotte ad un costo inferiore di quelle che filmano i modelli fisici degli oggetti, altre immagini sono generate perché sarebbe difficile o addirittura impossibile rappresentarle con modelli reali, a questo proposito ricordiamo il film Jurassik Park di S. Spielberg, dove gran parte delle scene sono state create grazie alla costruzioni di immagini sintetiche di elevato spessore realistico. In ultimo luogo la generazione di immagini realistiche sta assumendo una discreta importanza anche nei settori della ricerca e dell'istruzione. Un importante esempio può essere l'uso di immagini grafiche realistiche nella modellazione delle strutture molecolari, per mostrare effetti come il mutamento dei colori delle molecole nelle reazioni chimiche. La fondamentale difficoltà nell'ottenere un totale realismo è la complessità del mondo reale. Se ci guardiamo intorno, possiamo notare l'estrema "ricchezza" di particolari dell'ambiente circostante. Prendiamo ad esempio un ambiente interno, ci sono diverse superfici con molte tessiture, tra loro diverse, leggere gradazioni del colore, ombre, riflessioni della luce sugli oggetti, irregolarità degli oggetti. Pensiamo di riprodurre modelli come un vestito stropicciato, o la tessitura della pelle umana, o i capelli arruffati per il vento, o delle crepe della vernice sul muro, tutti questi effetti, che riproducono un realismo visuale, hanno un costo di computazione molto elevato anche se si usano computer molto potenti. La creazione di figure realistiche coinvolge un numero di fasi intermedie differenti, sebbene queste diverse fasi intermedie sono pensate secondo uno schema concettuale, l'ordine di come vengono analizzate può essere variabile a seconda degli algoritmi usati. Il processo di creazione di immagini realistiche da modelli già generati,

è chiamato restituzione realistica o *rendering*. Vedremo ora alcune tecniche, per produrre una restituzione realistica sulle immagini.
Nella computer grafica, possono essere simulate vari tipi di sorgenti luminose, ispirate a modelli del mondo reale. Naturalmente si può simulare il sole, la più importante sorgente luminosa ricordiamo che per una luce direzionale i raggi sono virtualmente paralleli e hanno la stessa intensità, ciò significa che una sorgente di luce direzionale può essere specificata in termini di un colore, di un'intensità e di una direzione, può essere quindi codificata sotto forma di un vettore **s**. Altri esempi di illuminazione sono: le sorgenti di luci puntiformi, che sono molto semplici da modellare, bisogna specificare solamente la posizione nello spazio, l'intensità ed il colore; esse simulano la luce prodotta da una lampadina, l'intensità di luce si espande in maniera radiale, dal centro in tutte le direzioni opposte al proprio centro, non producono ombre e inoltre l'intensità della luce diminuisce con la distanza, più precisamente è inversamente proporzionale al quadrato della distanza dalla sorgente luminosa. Un'altra tipica sorgente luminosa è la sorgente spot-light, come suggerisce il nome, una *spot-light* simula il comportamento di un familiare faretto, creando un raggio controllato di luce, che assume una forma di cono. I parametri richiesti per modellare questo tipo di sorgente luminosa sono: la posizione, l'intensità, il colore e l'angolo del cono, ci resta da ricordare che una *spot-light* produce delle ombre.
I modelli di riflessione della luce sono strettamente collegati alla teoria dell'illuminazione di oggetti o ambienti, riprodotti in immagini di sintesi, e descrivono la maniera con cui una sorgente di luce si riflette da una superficie. Nella generazione computerizzata di immagini realistiche, distinguiamo tre tipi differenti di riflessione della luce e in pratica: ambiente, diffusa e speculare. La luce ambiente simula un livello d'illuminazione costante, che si può pensare dovuto alle riflessioni multiple, molte volte la luce ambiente, è chiamata luce di sfondo (*background light*) che "attraversa" la scena pittorica. Essa è caratterizzata dal fatto di non avere una sorgente e rappresenta l'energia luminosa che arriva in tutte le direzioni. L'ultimo tipo di riflessione della luce, analizzato, è il tipo speculare, che caratterizza gli oggetti lucidi, ad esempio una mela, la porcellana o come caso estremo una superficie vetrata o uno specchio: la visione del riflesso su di una superficie lucente dipende dalla posizione dell'occhio dell'osservatore relazionata alla direzione della sorgente di luce. La direzione del massimo riflesso forma un angolo (□ viene chiamato solitamente) con la normale all'oggetto illuminato nella direzione opposta alla direzione della sorgente luminosa, in effetti, tradotto in maniera più formale possiamo affermare che: l'angolo di riflessione uguaglia l'angolo di incidenza ed inoltre il punto di riflessione, il raggio incidente, il raggio riflesso ed il vettore normale all'oggetto illuminato giacciono sullo stesso piano. Volendo simulare la riflessione speculare nella computer grafica non è un fatto molto semplice, perché nella grafica i punti delle sorgenti di luce sono teorici e sarebbe poco realistico considerare tutte le riflessioni delle sorgenti luminose in un solo punto che brilla (*bright pixel*).
Nella Problematica del Realismo, intervengono anche i colori con la loro teoria. I colori primari additivi sono il rosso, il verde, il blu, (*red, green, blue*) da cui l'acronimo di R.G.B. [1]. Esiste anche Il modello sottrattivo primario con i complementi del rosso, del verde e del blu sono rispettivamente ciano, magenta e giallo. Essi sono chiamati colori sottrattivi primari. Il sistema di assi cartesiani per il modello **C.M.Y.K.** (dall'inglese

---

[1] Lo **spazio R.G.B.** consiste di un cubo, in cui i colori primari additivi formano un insieme di assi ortogonali. Ciascun punto all'interno del cubo rappresenta un colore avente livelli di rosso, di verde e di blu, vale a dire la gamma di colori composti di differenti combinazioni di rosso, verde e blu. All'origine degli assi ortogonali vi è il colore nero, mentre la diagonale principale del cubo, dove sono posizionati i punti con uguali quantità di ciascun colore primario, rappresenta la scala di livelli di grigio, dal nero (*no light*) in posizione 0,0,0 e quindi origine del sistema di assi, al bianco (*full light*) in posizione 1,1,1, all'estremità della diagonale principale.

Cyan, Magenta, Yellow, Black) è lo stesso che per il modello **R.G.B**. tranne che all'origine degli assi vi è posizionato il bianco invece del nero. I colori sono specificati sottraendo dal colore bianco, piuttosto che aggiungendo al colore nero.

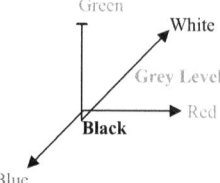

Figura1 Asse cartesiano dei colori nel sistema R.G.B.

Un utile schema, a questo proposito, è rappresentato dalla **Ruota Cromatica** come quella della figura sotto, che copre tutto lo spettro cromatico, in essa sono evidenziati i tre colori di riferimento del sistema **R.G.B.** e i tre colori di riferimento del sistema **C.M.Y.K.**. Con questa disposizione i colori diametralmente opposti (come il blu e il giallo) sono definiti **complementari**, mentre i colori situati alle estremità di una delle linee (come il blu e il rosso) vengono definiti **contrastanti** tra loro. Lo stesso vale per le tinte intermedie, tracciando mentalmente linee simmetriche rispetto a quelle di base.

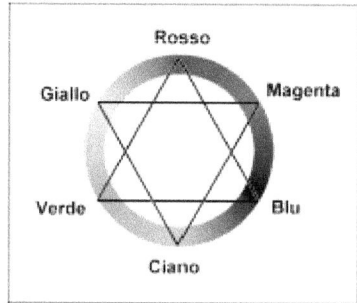

Figura 2 ruota cromatica sistemi R.G.B. e C.M.Y.

In definitiva nei sistemi multimediali è meglio accostare colori complementari e non contrastanti: il risultato è più armonico. I contrasti troppo decisi hanno un eccessivo impatto visivo e andrebbero utilizzati solo in rare occasioni che richiedono toni particolarmente drammatici. L'accoppiamento di colori contrastanti è in ogni caso da escludere per il rapporto testo-sfondo: ad esempio, un testo rosso su sfondo blu sarebbe praticamente illeggibile o comunque massacrante per l'occhio dell'osservatore).

Un ulteriore argomento strettamente connesso alle problematiche dell'illuminazione e della riflessione è il processo di colorazione delle superfici di un oggetto, l'ombreggiatura o shading. In effetti, quando si parla di *shading* ci si riferisce ai metodi di riproduzione degli effetti di illuminazione su una scena pittorica. I principi da utilizzare per simulare differenti condizioni di illuminazione. Inoltre quando si parla di *shading* sono determinanti le proprietà dei materiali di cui gli oggetti sono costituiti. Ad esempio le proprietà di riflessione della luce in una superficie di vetro è piuttosto diversa da quella di una superficie di legno. La trasparenza o l'opacità delle superfici dipende naturalmente dai materiali da cui sono costituite. Una colorazione efficace (real shading) rende l'immagine più realistica, infatti una delle principali ragioni per cui molte immagini generate al computer appaiono "non realistiche" è l'utilizzo errato dei modelli di interazione della luce con gli oggetti. Altra problematica coinvolta nel Realismo delle Immagini è *Aliasing* e *Antialiasing*.

Questo errore è causato dal fatto che un'immagine è costituita da una miriade di punti campionati. Esso è la conseguenza di dover campionare una scena continua con un finito (sebbene grande) numero di elementi. Questo fenomeno è chiamato "aliasing spaziale " ed è diffuso nei sistemi di *displaying* basati su pixel. Vi è anche il fenomeno dell'"aliasing temporale" che riguarda le immagini in movimento. L'effetto dell'aliasing, legato al campionamento di un'immagine, come già detto, riguarda il superamento di problemi causati dal fatto che il rendering di un'immagine è un campione discreto di un oggetto continuo, se non vi è un sufficiente campionamento spaziale sull'immagine basata su pixel, sorgono nell'immagine renderizzata degli effetti indesiderati.

L'ultimo argomento, ma solo nella stesura di questo tema, che vedremo è l'eliminazione delle superfici nascoste (*Hide*). La visibilità è un problema tipico della grafica in tre dimensioni, riguarda la rimozione delle linee nascoste e la rimozione delle superfici nascoste nel processo di computazione e di rendering di punti visibili di una scena realistica. La generazione computerizzata di immagini tridimensionali deve assicurare che solo quegli aspetti delle scene normalmente visibili ad un osservatore, siano mostrate. In effetti, quando una scena viene renderizzata, gli oggetti più vicini alla camera nasconderanno quelli più distanti, un fenomeno che avviene in maniera naturale nel mondo reale, grazie al nostro senso visivo, ma che deve essere simulato nel mondo artificiale della computer grafica.

Multimedialità: le sue tecnologie, le sue applicazioni

Da qualche anno a questa parte uno degli aspetti che la tecnologia informatica sta curando e sta sviluppando particolarmente è la cosiddetta "tecnologia multimediale" che, usata a pieno, ha sconvolto non solo il rapporto uomo/macchina in senso lato, ma ha trasformato la macchina, in special modo il personal computer, da strumento di elaborazione a veicolo di comunicazione.

Il concetto di multimedialità è molto intuitivo per quanto riguarda la comunicazione. Io sto scrivendo delle parole su un foglio, sto comunicando dei messaggi, per fare ciò utilizzo un solo mezzo (medium), quindi il mio messaggio su carta stampata è un messaggio "monomediale". Se aggiungessi suoni e immagini al mio messaggio originale non farei altro che utilizzare "molti" e diversi "mezzi", in una maniera coerente e naturale, in modo da dare più completezza al mio messaggio, creando così una vera comunicazione "multimediale". In realtà la tecnologia multimediale in senso lato non è una novità, poiché il telefono, la televisione, il cinema sono tutti strumenti multimediali, ma la tecnologia multimediale che tratteremo è quella applicata al trattamento digitale e all'integrazione di più fonti informative. Anche l'uomo, sostanzialmente ed effettivamente, è un apparato multimediale; egli genera e riconosce parole, numeri, immagini, suoni, li associa tra loro, li manipola, li memorizza, è capace in pratica di compiere determinate azioni su oggetti (informazioni in realtà) di natura intrinsecamente diversa tra loro. Da un punto di vista strettamente tecnologico, la multimedialità può essere definita come la possibilità di codificare e decodificare in un formato digitale più fonti di informazione (di natura alfa numerica, grafica, fotografica, suoni, video in animazione) integrandole in maniera coerente tra loro, cosicché possano essere contestualmente manipolate. L' informazione in formato digitale vuole dire trasformare i suoni e le immagini, che sono onde di natura analogica, in segnali digitali, vale a dire in sequenze di zeri e di uni. I segnali digitali sono una pura invenzione dell'uomo, per poterli usare come mezzo di comunicazione si è dovuto imparare a convertire segnali analogici in segnali digitali e viceversa. Tutto ciò perché un segnale digitale offre una gran flessibilità di trattamento e di elaborazione (in pratica sono una sequenza di cifre binarie sulle quali si può interferire a piacimento secondo delle regole matematiche). I segnali digitali inoltre garantiscono una fedeltà di riproduzione assoluta e inalterabile nel tempo, in pratica una certa sequenza di cifre una volta letta ed interpretata da un computer mi permetterà di ottenere sempre una certa nota musicale, ora, come tra cento anni. Volendo essere più precisi e volendo usare una classificazione possiamo catalogare le fonti di informazione di un sistema multimediale in sette classi differenti:

1) TESTI
2) IMMAGINI A BASSA DEFINIZIONE (DISEGNI, GRAFICA   RASTER)
3) IMMAGINI AD ALTA DEFINIZIONE (FOTOGRAFIE)
4) SUONI A BASSA FEDELTÀ (BANDA VOCALE)
5) SUONI AD ALTA FEDELTÀ
6) ANIMAZIONI GRAFICHE
7) VIDEO IN MOVIMENTO

I sistemi multimediali sono in grado di acquisire, archiviare, in un formato universalmente valido testi, grafica ed immagini sui quali in una seconda fase è possibile eseguire operazioni di ricerca, inserimento, cancellazione e di modifica. A breve tempo tutte le stazioni multimediali, non solo quelle dei grandi laboratori di ricerca, ma anche quelle dei centri più piccoli, grazie all'avvento dei nuovi processori (*Pentium, Athlon,* nuovi standard *RISC*[2]) schede grafiche, schede vocali a prezzi bassi si dispone di sistemi multimediali in grado di effettuare le stesse operazioni su fonti informative più complesse, quali il messaggio vocale, immagini dinamiche acquisibili con telecamera o immagini grafiche statiche od in movimento costruite con tecniche vettoriali di computer grafica. Si è avuta, quindi, per i sistemi multimediali grandissima diffusione, data la loro pressoché universale ed illimitata applicabilità (dal sofisticato laboratorio di ricerca, dove mediante la multimedialità si rende possibile la simulazione di ambienti fisicamente non riproducibili, all'ufficio, all'ente pubblico, agli hobby domestici); inoltre si parla proprio di "realtà virtuale" basata sulla computer grafica, destinata a diventare, grazie alle nuove tecnologie una realtà equipotente e sostitutiva della realtà tradizionalmente considerata e concepita come "concreta". S'intravede, volendo essere lungimiranti, una possibile e grande mutazione genetico-culturale dell'essere umano sempre più condizionato, nella costruzione e rappresentazione del mondo, da mediazioni tecnologiche basate su immagini e suoni sempre più realistici generati dalla computer grafica, da computer animation e da ricostruzione di suoni. Ritornando al mondo della realtà virtuale, che è una delle applicazioni che fa grande uso di computer grafica e di computer animation, dobbiamo dire anche che è una delle applicazioni multimediali dove più forte è l'interazione tra uomo e macchina, come nel caso del simulatore di guida. Esso insegna a condurre un'automobile all'utente del sistema trasmettendo le stesse sensazioni della realtà circostante: rombo del motore, sobbalzi dovuti alle condizioni stradali, brusche frenate, immergendo quindi, l'utente del sistema, in una realtà sostitutiva riprodotta nelle quattro pareti di un laboratorio. Adesso andremo ad affrontare le problematiche riguardanti la tecnologia di base per realizzare sistemi multimediali, facendo riferimento a ciò che i laboratori delle grandi *corporations* del settore ci riservano nell'immediato futuro, poi vedremo i vari settori di utilizzo dei sistemi multimediali e come sono organizzati. Questa innovazione tecnologica può essere vista sotto una duplice angolatura: la prima sotto forma di un'estensione della telematica al trattamento, non solo di meri dati sotto forma di caratteri e numeri, ma anche al trattamento d'altri tipi di dati sotto forma di immagini, suoni, grafica computerizzata, animazioni grafiche, la seconda come inserimento in un unico sistema integrato di questi "diversi mezzi" (multi media). Tutte queste innovazioni tendono a rendere trasparente la presenza di un elaboratore fino quasi a renderlo inesistente, invisibile all'utente, sempre più attratto dalla presenza di immagini, suoni e animazioni grafiche ed altro. La multimedialità è oramai da anni uscita dai laboratori di ricerca e sviluppo, si è già ai progetti e alle concrete scommesse degli operatori dei mercati dell'informatica, ha notevole rilevanza nella realtà delle economie nazionali, e poiché la progettazione e lo sviluppo di sistemi multimediali richiede anche caratteristiche di creatività che hanno sempre (in un passato non tanto remoto) contraddistinto "l'azienda Italia", crediamo che la tecnologia multimediale si presenti molto interessante al fine di scalare i vertici di questi nuovi settori dell'informatica.

La tecnologia dei primi sistemi multimediali è stata soprattutto la tecnologia analogica, cioè un sistema formato da un computer che gestisce e controlla, mediante interfacce hardware e software unità analogiche come videoregistratori, *laser-disk* analogici per la gestione delle informazioni video e lettori Cd per le informazioni audio (ricordiamo che in quest'ultimo caso le informazioni sono si registrate in formato digitale, ma l'uscita del dispositivo è analogica). E' stata proprio questa la tecnologia usata sui primi sistemi multimediali, dove ogni dispositivo di lettura audio\video ha un suo dispositivo di uscita delle informazioni. A causa della natura intrinsecamente digitale dei computers, la ricerca nell'ambito multimediale si è orientata verso tecnologie digitali, vale a dire nel cercare di memorizzare gli oggetti multimediali in un formato digitale, (come già detto in

---

[2] **Reduced Instruction Set Computer**. Architettura di particolari processori che funzionano più velocemente e con più efficienza con quasi tutti i programmi. Questo è dovuto al fatto che hanno un minor numero di istruzioni da eseguire che comporta una struttura interna meno complessa.

precedenza) cosicché questi oggetti multimediali sono trattabili e manipolabili più facilmente dall'unità di controllo. Vedremo ora in maniera più dettagliata le varie componenti dei sistemi multimediali delle ultime generazioni basati su tecnologie digitali. Le componenti di un sistema multimediale sono: l'*hardware* di base, l'*hardware* specifico, il *software* di base, il *software* specifico o applicativo ed inoltre se si vuole utilizzare un sistema multimediale non solo in un nodo, ma su una rete è necessario tenere in considerazione anche le componenti di rete locale e rete ampia per questo tipo di applicazione. La multimedialità può essere vista come un'applicazione "trasversale", poiché può essere utile in qualunque settore. Un normale sistema informatico può ricevere solo dei vantaggi dall'estensione al trattamento di più "media". Per rendere solo parzialmente l'idea delle possibili estensioni, si pensi ai sistemi di gestione di banche dati che permettessero, non solo di immagazzinare dati, ma anche immagini, messaggi vocali, brevi animazioni; un altro settore che ha avuto grandi influssi dalla Multimedialità è quello della posta elettronica (*E-mail*), un servizio che è stato reso più efficace e più gradevole includendo, non solo numeri e caratteri, ma anche immagini e messaggi vocali. Altri settori dove la multimedialità è applicata e dove, forse, sta avendo la sua massima diffusione sono costituiti dalle applicazioni multimediali orientate ai consumatori quali giochi, editoria elettronica. Volendo dare una classificazione più accurata e articolata possiamo vedere questi tipi di applicazioni:

Computer based training
L'uso della tecnologia multimediale, come aiuto nell'addestramento commerciale e nella formazione del personale, consente maggiore flessibilità, economicità per la preparazione prima, e la diffusione poi, di prodotti software orientati a fini didattici ed al training vero e proprio. Un esempio di sistema multimediale dell'Intel, che consente l'addestramento di guidatori di autocarro, è realizzato con riprese filmate dal vero, un altro sistema è quello, su menzionato, del simulatore di guida di M. Minsky (M.I.T.). In effetti, esistono campi nei quali la tecnologia multimediale è l'unica tecnica di addestramento accettabile, pensiamo ad esempio, all'addestramento dei piloti mediante i simulatori di volo. In generale ogni allievo che segue un *training* multimediale, è calato in una realtà virtuale specifica, in cui può guidare un autocarro, pilotare un aereo, operare un paziente, avendo la possibilità di sbagliare infinite volte senza provocare danni per se o per gli altri.

Comunicazione e/o Informazione
Un altro impiego dei sistemi multimediali è nelle agenzie, negli aeroporti, nelle stazioni o in altri posti frequentati dal pubblico, sono stati creati dei "chioschi multimediali" in luoghi dove vi è aggregazione di persone (sale d'attesa di aeroporti, stazioni, agenzie di viaggio, agenzie bancarie) da cui le persone, interagendo col sistema, possono attingere informazioni o messaggi promozionali riguardo alle tariffe, gli orari, le previsioni del tempo ed altro. Multimedialità, come comunicazione per la vendita di prodotti, di servizi, con un minor costo e una maggiore soddisfazione da parte del cliente. Già esistono delle società che utilizzano a supporto della loro rete di distribuzione, cataloghi multimediali per una presentazione dei prodotti. Questo tipo di esposizione colpisce di più la fantasia e rimane impressa nella memoria del potenziale cliente molto meglio delle immagini obsolete di un noiosissimo catalogo. Particolarmente interessante può rivelarsi per i sistemi multimediali il settore *self-service systems*, in pratica la possibilità di sistemi per la presentazione di informazioni in una forma molto vicina e naturale a quella degli utenti, di solito persone che, nella quasi totalità dei casi, non sono abituate ad utilizzare strumenti informatici. Sono già realtà, da alcuni anni, negli aeroporti e nelle stazioni sistemi *self-service* per il servizio di biglietteria. Un settore in via d'espansione è costituito dai sistemi multimediali a supporto di operazioni bancarie. In questo caso, si verifica un interessante aumento della produttività per le banche, che così facendo forniscono nuovi prodotti e servizi

senza peraltro dover investire in nuove professionalità o forza lavoro, riuscendo quindi ad abbassare i costi di esercizio dei servizi primari.

Archivi di immagini (*Image Archiving*)

Un particolare e utile impiego dei sistemi multimediali è la costruzione di archivi per documenti in cui, questi ultimi, sono immagazzinati in un formato immagine. In quest'ambito troviamo, sia sistemi di immagazzinamento di documenti di ufficio (*Document Retrivial System*), sia sistemi per la gestione di grandi archivi che contengono documenti cartacei ed immagini. Uno dei sistemi di interattività avanzata, tra i più efficienti e innovativi, è Neewspeek (M.I.T.) in cui un giornale elettronico prende le sue informazioni dai quotidiani, dai TG televisivi e da banche dati e l'utente tramite uno schermo sensibile al tocco (*touch screen*) "entra" nelle informazioni desiderate e chiede le informazioni testuali, le immagini, i video che gli suscitano interesse. In America è stata memorizzata su Cd-Rom l'enciclopedia "Grolier". Agli acquirenti è dato anche un lettore Cd con interfaccia di collegamento ad un personal computer. Ora per chi possiede un tale sistema è stato risolto il problema di ricercare delle voci dei termini su volumi piuttosto ingombranti, basta immettere la voce desiderata sulla tastiera di un p.c. e subito la voce è ritrovata in archivio e mostrata sullo schermo in meno di un secondo. Questo dispositivo è capace di memorizzare non solo testi ma anche immagini, grafici, commenti sonori e commenti parlati, in pratica è possibile gestire oggetti multimediali contenenti informazioni del tipo binario (programmi), del tipo ASCII[3] (testi), di tipo grafico (immagini) di tipo sonoro (musica o audio parlato). Questi sistemi sono predisposti al passaggio repentino da un punto qualsiasi di un testo a qualsiasi altro riferimento di qualsivoglia natura, testo, immagine, suono, animazioni, emulando la non linearità del ragionamento umano (ipertesti o ipermedia proprio per la natura diversa degli strumenti di informazione, ma ne riparleremo più avanti in maniera più dettagliata). Anche in Italia il mercato dell'editoria elettronica sta facendo notevoli passi in avanti specialmente nei titoli professionali su supporto Cd-Rom, vi sono pubblicati l'enciclopedia "Einaudi", "Fisco Video" è sempre in materia fiscale "Il Fisco", "Il Codice Tributario". In America la Microsoft ha già stipulato contratti con numerosi editori per trasformare i loro libri in Cd-Rom interattivi o DVD interattivi. Da alcuni anni si è sviluppato un nuovo ramo del settore dell'editoria elettronica, quello che si rivolge a scopi educativi e didattici, possiamo concludere affermando che lo sviluppo e la diffusione della multimedialità non è più da considerarsi come un "pericoloso effetto moda" perché le recenti conquiste nei campi del software e delle applicazioni sono oramai certe perché fondate su realizzazioni tecnologiche possibili a costi abbastanza contenuti. Inoltre la tecnologia multimediale può trovare applicazione in decine di campi diversi nel lavoro e nello svago, negli uffici, nelle case, creando lavoro per molte persone e migliorando la qualità del lavoro di tante persone che utilizzano computers.

---

[3] Il **Codice ASCII** (*American Standard Code for Information Exchange*) è uno Standard mondiale per la codifica di caratteri all'interno del computer, i caratteri vengono letti sotto forma di codici binari a 7 bit La maggior parte dei sistemi di *e-mail* utilizza solo l'ASCII.

La costruzione, l'analisi e la memorizzazione dell'immagine nella comunicazione Multimediale

Soleva dire un vecchio saggio "una figura, un'immagine vale più che diecimila parole", considerando che questa frase è stata pronunciata tantissimi anni fa, alla luce dei progressi tecnologici che si sono avuti in questi decenni, non possiamo che assumere questa frase come uno slogan ideale, nel presentare il ruolo delle Immagini. Nell'ambito di un sistema multimediale. In un sistema computerizzato dobbiamo distinguere immagini generate dal sistema ed immagini già acquisite dal sistema (fotografie ad esempio), con varie tecniche (scanner, telecamera ed altro) che possono essere processate mediante il sistema computerizzato (*image processing*). Le prime, in pratica le immagini prodotte da un sistema computerizzato possono essere di varia natura: disegni, figure, istogrammi, sequenze di disegni tali da formare animazioni. Naturalmente il grado d'accuratezza, di perfezione con cui sono prodotte dipende dagli usi svariati a cui sono rivolte. Sia le immagini processate da un sistema computerizzato, sia le immagini sintetiche generate da un sistema computerizzato, rientrano nel contesto della comunicazione mediante immagini (*image communication*) e scambio di immagini (*interchange image*) che giocano un ruolo fondamentale nell'area della multimedialità, coinvolgendo fortemente tre discipline scientifiche, l'ingegneria elettronica, l'ingegneria delle telecomunicazioni, e infine l'informatica. Nel dare una definizione, una spiegazione di cos'è un'immagine, si rischia di cadere nei meandri delle teorie filosofiche. Una possibile definizione di immagine colorata potrebbe essere: "una rappresentazione della realtà su una superficie attraverso dei colori". Come si può vedere una tale definizione è piuttosto indipendente da aspetti di natura informatica. La parte essenziale dell'immagine nel contesto più ampio della multimedialità ed in generale in qualsiasi contesto essa sia utilizzata è: "Colui che visualizza l'immagine", "il fruitore del messaggio visivo". Nella computer grafica è chiamato con il termine di "osservatore" (*observer, viewer*). In pratica un'immagine non è più un'immagine se non ha nulla a che fare con una presentazione visiva verso un osservatore umano. La computer grafica si interessa proprio della sintesi di oggetti reali od immaginari da modelli basati sulla costruzione mediante computer, laddove il campo dell'*image processing*, per la verità molto relazionato con la computer grafica, talmente da essere confuso con esso, tratta il processo inverso: l'analisi delle scene, la ricostruzione di immagini già disponibili in un elaboratore elettronico (immagini acquisite mediante altri mezzi videocamera, *scanner*). L'analisi di un'immagine è un compito molto complesso, che può essere schematizzato in questo modo: l'immagine è "catturata" dalla videocamera o da qualsiasi altro dispositivo, poi viene digitalizzata ed immagazzinata in un *frame buffer* (struttura per la memorizzazione di un'immagine che sarà trattata in seguito in una maniera più dettagliata). L'immagine acquisita avrà del rumore (*noise*) in pratica, vuole dire che ogni pixel (elemento di base costituente l'immagine) non ha un determinato valore, come nel caso di immagini generate mediante il computer (ma ciò sarà più chiaro dopo). A questo punto si avvia un processo di miglioramento sull'immagine (*image enhacement*) tale da aumentare la qualità dell'immagine eliminando il *noise*.

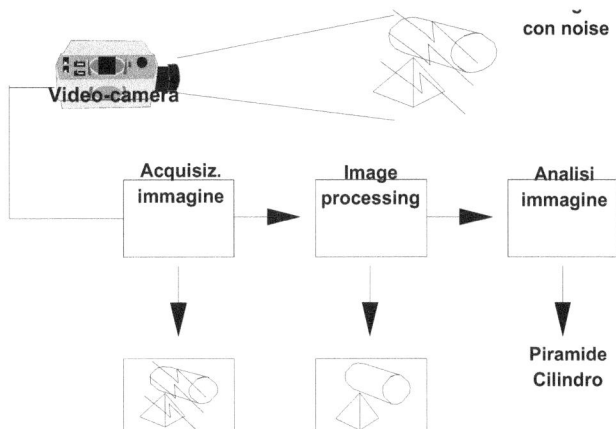

Figura 1- schema per l'analisi di un'immagine.

Possiamo notare dallo schema, che il risultato dell'*image processing* può ridurre l'immagine alle sole linee degli oggetti che ne costituiscono la stessa, finalmente poi può essere analizzata e divisa negli oggetti costituenti l'immagine. Prima di vedere quali sono, come sono generati gli elementi di base nelle immagini costruite mediante un computer, spieghiamo perché la computer grafica oggi suscita un interesse così vivo. Innanzi tutto vi è una ragione legata alla psicologia dell'uomo; infatti, visualizzare i dati di un calcolo computeristico (*data visualization*) può essere un processo molto efficace e di facile ed immediata comprensione per un qualsiasi utente (sia un esperto, che un profano in materia), che non ottenere una mera stringa di numeri come risultato. Un'altra ragione dell'accresciuto interesse per la grafica computerizzata è che oggi si sono abbassati notevolmente i costi, un tempo elevatissimi per la gran mole di hardware necessario ad immagazzinare immagini. Non solo i sistemi hardware per la grafica con l'introduzione dei nuovi processori (Tutte le generazioni di Pentium, Core-Duo, Power pc, Athlon, Turion, Opteron e standard RISC) e grazie anche a pacchetti software di elevate prestazioni, sono diventati velocissimi, nella creazione prima e nella manipolazione poi, di immagini sintetiche. In un mondo fatto di immagini che cambiano in continuazione non sono difficili da immaginare gli usi della computer grafica, la quale non è più ad esclusivo uso e consumo delle persone che ogni giorno lavorano con il computer, ma è appannaggio di tutti perché essa è impiegata per la realizzazione di spot televisivi, ed effetti speciali cinematografici, La gran diffusione però, è avvenuta con l'introduzione nei pacchetti software d'interfacce utenti basate sulla grafica. Tutto ciò permette a milioni di utenti un semplice controllo e una bassa applicazione sui programmi. Lo spazio schermo può essere organizzato con finestre (*windows*) che agiscono come terminali virtuali grafici, ciascuno con l'applicazione corrente. L'utente può scegliere tra queste molte attività, solamente puntando alla finestra voluta. Nelle interfacce grafiche dei programmi sono mostrati oggetti disegnati (icone), che rappresentano qualcosa, dipendentemente dal software che si sta utilizzando, ad esempio in un programma di word processing vi è l'icona della stampante che se "catturata" con il mouse attiva l'operazione di stampa. Inoltre vi può essere una manipolazione diretta da parte dell'utente di queste icone che attivano varie operazioni. Oggigiorno tutte le applicazioni interattive, anche i *word-processor* o i programmi utilizzati per manipolare dati numerici (*spreadsheet*) usano la grafica nelle loro interfacce utenti. Possiamo concludere quindi, che la computer graphic non è più una rarità, ed è indispensabile per la visualizzazione di oggetti 2D e 3D ed ha applicazione in molti settori cosi diversi tra loro, come l'ingegneria, l'architettura, la medicina, il commercio, la pubblicità, la produzione cinematografica, la produzione di videogiochi ed altre applicazioni rivolte al mondo dell'intrattenimento (*entertainment*).

Tutte le immagini possono essere costruite "assemblando" degli elementi di base, chiamati primitive dell'immagine, che ora andremo ad analizzare. Abbiamo due modi distinti per generare immagini: il primo, utilizzando come elementi di base dell'immagine, linee diritte (*line*) che hanno una loro posizione, una loro direzione e una loro lunghezza, in pratica sono dei vettori, oltre alle linee distinguiamo anche le *stroke*, che sono linee più corte e i *characters* che sono una sequenza di *stroke*. Il secondo modo è di generare immagini mediante punti, *pictures elements*, o *pixels* [4](una parola formata dalle due parole inglesi *picture elements*). I pixels sono spaziati attraverso l'immagine sia in direzione verticale, sia in direzione orizzontale; ciascun pixel ha una sua posizione orizzontale e verticale definita nell'immagine ed è la più piccola unità indirizzabile sul *display*. Un elemento di un'immagine può assumere colore nero o bianco, in pratica l'immagine è monocroma con elementi bianchi su sfondo nero o elementi neri su sfondo bianco; sebbene in questa maniera si possono generare immagini accettabili, vogliamo introdurre il concetto di "livelli di grigio". Così gli elementi di base dell'immagine, vettori o *pixels*, possono avere un range di valori dell'intensità di livelli di grigio, invece di utilizzare degli effetti di ombreggiatura (*shading*), su un'immagine può essere usata l'intensità locale di ogni pixel o vettore. In questo modo i pixels e i vettori hanno un attributo aggiuntivo conosciuto come il livello di grigio (*grey scale*), ad esempio zero rappresenta il nero, dieci rappresenta il bianco ed i valori da uno a nove le sfumature di grigio tra il nero ed il bianco. Un ulteriore attributo che *pixels* e vettori possono avere è il colore, ciò è effettivamente un'estensione del livello di grigio. La produzione di un'immagine grafica in un computer, prescindendo da quali elementi di base sono utilizzati, vettori o pixels, è eseguita attraverso tre livelli d'astrazione: modello, figura ed immagine. Il modello può essere una rappresentazione del mondo reale, esso consiste di una lista dei contenuti dell'immagine, le loro interrelazioni, le dimensioni, il posizionamento, la scala degli oggetti dell'immagine, informazioni riguardanti il colore; è naturale che la descrizione del modello deve essere comprensibile al computer. La figura consiste nella definizione della scena, vale a dire dell'insieme dei più piccoli oggetti individuali che costituiscono la scena stessa: linee, archi, aree riempite e così via. Lo stadio finale è la creazione dell'immagine, qui il modello originale scompare ed è rimpiazzato dall'immagine generata. Vediamo ora come possiamo trattare l'immagine dal punto di vista della loro memorizzazione su un dispositivo di memoria di un elaboratore (*Image Memory*)

In un computer un'immagine non è trattata molto diversamente da altri tipi di dati immagazzinati nei dispositivi di memoria. Infatti, un'immagine è immagazzinata in un dispositivo di memoria di un computer, per poi essere mostrata in semplici *array* numerici chiamati *array* di *pixels*. In maniera più dettagliata possiamo dire che l'immagine è immagazzinata in una forma opportuna a seconda del sistema di *displaying* dell'immagine utilizzato. Vi sono due tecniche per il *displaying* di un'immagine in un sistema computerizzato:

- **Vector display (basato su Vettori).**
- **Raster display (basato su Pixels).**

-La **Display List** che è utilizzata dai sistemi basati su vettori, ma ultimamente anche da qualche sistema basato su *pixel*; in pratica la *display list* contiene le coordinate dei punti delle linee dell'immagine e comandi e funzioni per riprodurre l'immagine. Le funzioni possono essere aggiunte o sottratte dalla display list permettendo così delle modifiche sull'immagine. Una semplice *display list* è analoga ad un programma lineare

---

[4] Singolo "punto" che compone un'immagine sul monitor. Più il numero di pixel è alto, più l'immagine sarà ben definita. Tale numero determina la definizione dello schermo.

(cioè senza istruzioni di salto). Ad ogni disamina la prima funzione è eseguita e gli elementi dell'immagine risultanti sono mostrati, poi analogamente la seconda funzione, così fino a che la lista si esaurisce.

- Il **Frame Buffer** che è utilizzato dai sistemi *display raster*. In realtà, come dicevamo prima, il *frame buffer* è un array bidimensionale di locazioni di memoria, dove sono immagazzinati i *pixels* dell'immagine, nelle immagini monocromatiche a un singolo *bit* di memoria è associato un singolo pixel (*pixel memory*).

-La **Bit map Memory** che dal punto di vista logico e strutturale è identico al *frame buffer*, ma immagazzina solo immagini bilivello (monocrome), in bianco e nero, o nero e verde. Le immagini bilivello hanno associato ad ogni singolo bit di memoria un pixel, l'intero bit map per uno schermo con una risoluzione 1024x1024 *pixels* richiede 2^{20} *bit* o 128000 *bytes*, che con l'hardware disponibile oggigiorno non è costoso né in termini di spazio né in termini di soldi. I sistemi a bassa fedeltà di colore associano ad ogni pixel 8 bit permettendo la visione di 256 colori. I sistemi che associano per ogni *pixel* 24 bit permettono una scelta su 16 milioni di colori (*true colors systems*) e sono oggigiorno disponibili anche su *personal computer*. Un'immagine con una risoluzione 1280x1024 *pixels* con 24 bit per *pixel* richiede 3,75 *Mbyte* di memoria RAM[5] per niente costosa per gli standard odierni. Per questi ultimi sistemi analizzati non si parla più di *bit map*, quando ci si riferisce all'array di pixels (o *frame buffer*), ma si parla di *pixmap* (abbreviazione di *pixel map*) perché sono sistemi dove si associano molti bit per *pixels*.

---

[5] **Random Access Memory** Memoria ad accesso casuale. E' la memoria principale di un computer, dove sono caricati i programmi di sistema e i programmi utente.

Approcci diversi alla Realtà Virtuale in tempo reale, approcci con immagini pre-renderizzate

La realtà virtuale oggigiorno è una delle applicazioni che spazia tra l'intrattenimento, le simulazioni interattive mirate alla divulgazione scientifica, (ciò che gli americani hanno chiamato **Edutainment**, coniando questo termine formato dalla composizione di due parole **Edu**cation ed Enter**tainment**) e la fruizione del patrimonio culturale.

La realtà virtuale è capace di fornire, agli utenti delle applicazioni menzionate sopra, esperienze credibili in ambienti virtuali, creando soprattutto un'interazione con gli oggetti e i personaggi degli ambienti virtuali, i famosi Avatar[6]. Nell'approccio classico basato sulla geometria dei poligoni alla VR[7] i requisiti di interattività richiedono una ricostruzione in tempo reale *(rendering real time)* delle scene, degli oggetti e degli eventuali personaggi ad elevato *frame rate*, mentre i requisiti di realismo richiedono immagini ad elevata risoluzione; ma perché si parla di realismo delle scene generate da un elaboratore, il termine si usa per riferirsi a scene che catturano molti degli effetti della luce, che interagisce con gli oggetti fisici presenti nello spazio della scena. Si sente parlare anche di fotorealismo, in pratica la ricerca di produrre immagini sintetiche, mediante la grafica computerizzata, che sono pressoché indistinguibili dalle fotografie che rappresentano scene del mondo reale. La fondamentale difficoltà nell'ottenere un totale realismo è la complessità del mondo reale. Se ci guardiamo intorno, possiamo notare l'estrema "ricchezza" di particolari dell'ambiente circostante. Prendiamo, ad esempio, un ambiente interno ci sono diverse superfici con molte tessiture, tra loro diverse, leggere gradazioni del colore, ombre, riflessioni della luce sugli oggetti, irregolarità degli oggetti. Pensiamo di riprodurre modelli come un vestito stropicciato, o la tessitura della pelle umana, o i capelli arruffati per il vento, o delle crepe della vernice sul muro, tutti questi effetti, che riproducono un realismo visuale, hanno un costo di computazione molto elevato, anche se si usano computer molto potenti. Sebbene la tecnologia sta mutando rapidamente con l'introduzione di architetture parallele per la processazione dei pixel, ottenere allo stesso tempo alti livelli di interazione e qualità visuale cinematografica non e' attualmente possibile. Il risultato di ciò, è che vi sono approcci diversi alla VR, ad esempio il metodo IBR (*Image Based Rendering)* rendering basato su immagini, laddove visualizzazioni di ambienti tridimensionali sono ottenuti proiettando viste panoramiche all'interno di un Cilindro (Sfera o anche Cubo). Queste mappe ambientali possono essere prodotte mediante foto panoramiche legate insieme o anche prodotte con immagini sintetiche. Tecniche IBR più sofisticate sono state sviluppate per modellare e renderizzare ambienti e scene architetturali particolari, combinando l'approccio basato sui poligoni e l'approccio IBR. Queste tecniche sono adatte a navigare, in tempo reale, mondi

---

[6] In generale con tale termine si indica la rappresentazione in forma sintetica di un personaggio, mentre nella sua accezione informatica, entrata nel linguaggio corrente, si intende una particolare struttura utilizzata nel ramo della Computer Grafica composta prevalentemente da un modello tridimensionale deformabile, raffigurante una forma umana, in grado di compiere animazioni molto complesse mediante un apposito meccanismo chiamato rigging .
Oggi gli Avatar sono sempre più utilizzati nell'ambito dell'intrattenimento e del turismo virtuale e sempre più spesso vengono adoperati come tutori virtuali in grado di assistere, offrire informazioni e suggerimenti all'utilizzatore del sistema. Inoltre gli Avatar vengono visti come *alter ego* virtuali da utilizzare nel cyberspazio, oggi tale pratica è comunemente usata in molte *internet community*.

[7] **Virtual Reality**, tradotta in Realtà Virtuale, il termine *Virtual Reality* fu coniato circa nel 1989 da *Jaron Lanier* e possiamo definirla come un Insieme di tecniche in grado di realizzare percezioni realistiche in mondi creati interamente in maniera digitale.

virtuali poco animati di oggetti e personaggi. Altre tecniche IBR sono state proposte per migliorare il realismo di oggetti complessi, ad esempio, in casi di divulgazione scientifica o storiografica, monumenti, architetture ed anche personaggi, che non sia necessario vedere da vicino.
Queste tecniche sono alla base della nostra proposta. Con approcci pre-renderizzati alla VR, si punta a realizzare un'esperienza virtuale mediante una gran collezione di clip video in precedenza renderizzate e accedibili a volo a seconda dell'interazioni dell'utente.
Questa idea non è nuova e sfrutta il concetto dei dispositivi IVD (*Interactive Video Disk*), un dispositivo ottico nato nella prima metà degli anni '80, questo dispositivo consentiva l'immagazzinamento di grosse quantità di dati visuali o sotto forma di immagini fisse o sotto forma di video post prodotti, in quegli anni i limiti erano legati all'elevato prezzo, alla quantità di memoria ed alle basse *performances* di questi dispositivi, ma in questi ultimi dieci anni per tutto il settore dell'IT ed in particolar modo per i dispositivi di memoria di massa c'è stata una riduzione considerevole dei prezzi accoppiata con un incremento delle quantità di spazi di memoria e delle *perfomances*, quindi gli IVD sono rivisitati alla luce di queste considerazioni superando molti dei limiti originari. Attualmente, è possibile memorizzare e riprodurre diverse ore di contenuti video non compresso ad alta definizione, anche stereoscopico, si ricorda che per le immagini stereoscopiche raddoppiano i tempi di *rendering* (immagini per occhio destro e per occhio sinistro), accedendo in qualsiasi punto di una data clip video in maniera casuale senza alcun ritardo evidente, semplicemente mediante il lavoro di una testina. In definitiva per applicazioni in cui il realismo visuale e' critico ed una completa libertà di azione da parte dell'utente non e' strettamente richiesta, contenuti pre-renderizzati possono rappresentare un'interessante alternativa ad approcci di VR in tempo reale.
In questa proposta noi presentiamo una struttura che punta a navigare ma soprattutto ad interagire con ambienti virtuali tridimensionali e fotorealistici, abitati da personaggi propri di questi ambienti.
Questi ambienti virtuali sono pre-renderizzati, l'utente può navigare seguendo dei cammini precostituiti e svolgere le azioni disponibili attraverso un'interfaccia di tipo *motion tracking*. L'intero mondo virtuale e' una serie di video clip immagazzinate su *server* ad elevate prestazioni, includendo diverse angolazioni delle scene ed ogni percorso da una scena all'altra. In altre parole, questo mondo virtuale può essere schematizzato con un grafo, i cui nodi rappresentano le scene ed i cui archi orientati rappresentano percorsi disponibili, che trasportano l'utente da una scena all'altra.

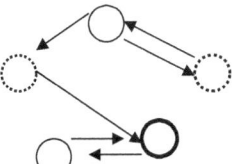

Figura 1 Grafo delle clip video
Possiamo distinguere differenti tipi di nodi (scene o clip) e differenti tipi di archi (percorsi) che sul nostro grafo avranno delle rappresentazioni grafiche diverse ad esempio possiamo avere scene in cui il punto di vista dell'utente è fissato, oppure scene in cui la camera può ruotare lungo un'asse o lungo due assi. Per gli archi possiamo distinguere percorsi mono-direzionali o bidirezionali, in pratica l'utente può muoversi da una scena all'altra seguendo la direzione della freccia, nel caso di percorsi bidirezionali la singola scena può essere percorsa in entrambe le direzioni dall'utente, più complesso e' il caso di percorsi reversibili dove per l'utente ci sono

due scene differenti per spostarsi da un nodo all'altro e ritornare al nodo di partenza, questo sul grafico che rappresenta il grafo viene schematizzato con due frecce con direzione opposta. Il fulcro di un sistema del genere e' dato dal motore di navigazione che implementa un'applicazione di editing video in tempo reale, in definitiva il motore di navigazione sulla base degli ambienti virtuali ricostruiti e all'input dell'utente riprodurrà le clip video inerenti a quel dato contesto. Grazie alla tecnologia hardware che sta alla base di un tale sistema le clip in precedenza *renderizzate* sono aggiunte in una specifica posizione e sono riprodotte, creando in questo modo effetti di navigazione e di interazione pseudo *real time*. Abbiamo menzionato le interfacce *motion tracking,* le quali eseguono le caratteristiche di interazione dell'utente. Segnalando la posizione della testa e della mano nello spazio 3D. Questi sistemi sono capaci acquisire ed elaborare i movimenti provenienti da ciascuno dei dispositivi wireless che l'utente può comodamente indossare.

Noi abbiamo presentato una struttura per VR con immagini pre-renderizzate, in cui per navigare attraverso gli ambienti e interagire con gli oggetti ed i personaggi di questi ambienti vuole dire semplicemente visitare un grafo. L'adattamento all'età o semplicemente agli interessi dell'utente è un altro dei punti di forza dell'architettura presentata, perché l'intero grafo può essere stratificato per soddisfare le preferenze diverse. Il limite intrinseco di quest'architettura è legato al numero predefinito di azioni o di punti di vista disponibili in un determinato momento dell'esperienza virtuale. Ciò può essere un vincolo ben tollerabile, in diversi contesti applicativi, e si può in parte risolvere aggiungendo nuove clip (e quindi altri nodi al grafo) anche perché oggi i costi e lo spazio disco non sono più dei colli di bottiglia per queste applicazioni. In conclusione la struttura proposta ha prodotto e produrrà risultati interessanti nei casi di studio reali, fornendo prova che quest'approccio si adatta bene, ma non solo, per visite virtuali in musei o per ricostruzioni storiche. Quindi anche se il futuro per la VR sarà il *rendering* in tempo reale, ci sono ancora molte cose interessanti e inesplorate che possono essere realizzate con approcci pre-renderizzati come quello da noi segnalato.

Le problematiche legate all'illuminazione degli oggetti o dei personaggi nelle ricostruzioni di ambienti virtuali

La realtà virtuale oggigiorno è una delle applicazioni che spazia tra l'intrattenimento, le simulazioni interattive mirate alla divulgazione scientifica, (ciò che gli americani, con il loro ben noto pragmatismo, hanno chiamato **Edutainment**, coniando questo nuovo termine formato dalla composizione di due parole **Edu**cation ed Enter**tainment**) e la fruizione del patrimonio culturale.

Questa branca della computer grafica e' capace di fornire, agli utenti, esperienze credibili in ambienti virtuali, creando soprattutto un'interazione con gli oggetti ed i personaggi degli ambienti ricostruiti. Nell'approccio classico alla VR, basato sulla geometria dei poligoni, i requisiti di interattività richiedono una ricostruzione in tempo reale *(rendering real time)* delle scene, degli oggetti e degli eventuali personaggi ad elevato *frame rate* (oltre 50 fps), mentre i requisiti di realismo richiedono immagini ad elevata risoluzione per mostrare i dettagli dell'immagine.

Si sente parlare anche di fotorealismo nella costruzione di personaggi ed oggetti tale da rendere un ambiente virtuale pressoché identico ad un ambiente reale. La fondamentale difficoltà nell'ottenere un totale realismo è la complessità del mondo reale. Se ci guardiamo intorno, possiamo notare l'estrema "ricchezza" di particolari dell'ambiente circostante. Prendiamo, ad esempio, un ambiente interno ci sono diverse superfici con molte tessiture, tra loro diverse, leggere gradazioni del colore, ombre, luci, riflessioni della luce sugli oggetti, irregolarità degli oggetti, proiezioni delle ombre ed altro. Pensiamo di riprodurre modelli come un vestito stropicciato, o la tessitura della pelle umana, o i capelli arruffati per il vento, o delle crepe della vernice sul muro, tutti questi effetti, che riproducono un realismo visuale, hanno un costo di computazione molto elevato, anche se oggigiorno si usano computer molto potenti reperibili a prezzi non più proibitivi.

Il cinema è l'esempio massimo di elevato realismo visuale ma senza alcuna interazione da parte dello spettatore, che fruisce in maniera 'passiva' delle immagini.

Oltre al realismo o fotorealismo delle immagini nella VR si parla di interattività con l'ambiente virtuale (fotorealismo ed interattività sono i concetti chiave di questa tecnologia), ma chiediamoci come è generata l'interazione con gli oggetti o gli eventuali personaggi di una scena, per questo scopo esistono le interfacce *motion tracking,* le quali eseguono le caratteristiche di interazione dell'utente, segnalando la posizione della testa e/o della mano nello spazio 3D ed in più le loro rotazioni sui tre assi dello spazio, coprendo 6 gradi di libertà. Questi sistemi sono capaci acquisire ed elaborare i movimenti provenienti da ciascuno dei dispositivi *wireless* che l'utente può comodamente indossare.

Sebbene la tecnologia hardware sta mutando rapidamente con l'introduzione di architetture parallele per la processazione dei pixel, ottenere allo stesso tempo alti livelli di interazione e qualità visuale cinematografica non è adesso possibile. Il risultato di ciò, è che vi sono approcci alternativi alla VR in *real time,* ad esempio citiamo l'approccio pre-renderizzati alla VR, un insieme di clip video in precedenza renderizzate e accedibili a volo a seconda delle interazioni dell'utente.

Ritornando alle problematiche del fotorealismo vediamo che la complessità delle ombre sugli oggetti si basa su considerazioni ottico/geometriche, mentre ad un livello più approfondito le sfumature sull'ombra ai bordi di un oggetto implicano considerazioni che tengono conto della natura ondulatoria della luce.

Vedremo alcuni modelli di illuminazione, propri della computer grafica, applicati nella VR, che regolano i fattori determinanti alla colorazione delle superfici degli oggetti di una scena.

Senza l'utilizzo di modelli di illuminazione si assume che ciascuna superficie sia illuminata in una maniera uniforme, ma ciò non è realistico

In primis vedremo l'algoritmo più importante e consolidato per i modelli di illuminazione (***ray tracing***) e successivamente altri due modelli che possono essere oggetto di approfondimento e ricerche.
Algoritmo di *ray tracing* per il tracciamento del percorso dei raggi luminosi dalla sorgente verso l'oggetto e dall'oggetto verso la camera, con tale algoritmo gestiamo le ombre, la riflessione e la rifrazione causata da sorgenti luminose dirette (*Local Illumination*).
Con la formula che andremo a commentare possiamo colorare i pixel di una scena combinando le componenti di luce ambiente, di riflessione diffusa e di riflessione speculare, sommando sulle numerose sorgenti di luce che possono animare una scena. Quest'algoritmo può essere applicato in maniera ricorsiva, in quanto i raggi di riflessione generano altri raggi di riflessione su altri oggetti della scena.

$$I_r = k_a + \Sigma S_j\, I_{ij}\, (k_d\,(nl_j) + k_s(nh_j)^m)$$

La sommatoria per **j = 1…m** e' fatta per tutte le componenti di riflessione speculare e diffusa per ciascuna sorgente luminosa della scena, ipotizzando da 1 a m luci in una singola scena.
I singoli parametri della formula rappresentano:

- I_r Intensità radiante dall'oggetto, in altre parole il colore risultante che assume l'oggetto.
- k_a, k_d, k_s le componenti di illuminazione ambiente, diffusa e speculare in base alle caratteristiche dei materiali.
- S_j Il risultato dell'intersezione di un generico raggio L con gli oggetti della scena.
- I_{ij} Intensità normalizzata della luce, le caratteristiche della luce in entrata.
- nl_j prodotto scalare tra la normale e la direzione della luce della scena, seguendo i canoni della legge di **Lambert** che regola le componenti di luce diffusa.
- $(nh_j)^m$ prodotto scalare tra la normale n ed h, la bisettrice tra la direzione dell'occhio e la direzione della luce seguendo la legge di **Phong** che regola le componenti di luce speculare, **m** e' la potenza della luce (la brillantezza), un elevato valore di **m** implica riflessi speculari più piccoli, mentre un basso valore di **m** implica riflessi speculari macchiati.

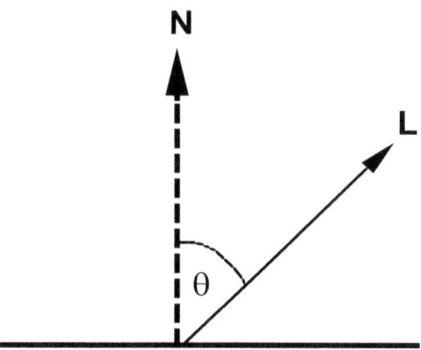

Cosθ = LN (L'Intensità del riflesso è proporzionale a cosθ)
Fig.1 Componente di Riflessione diffusa[8]

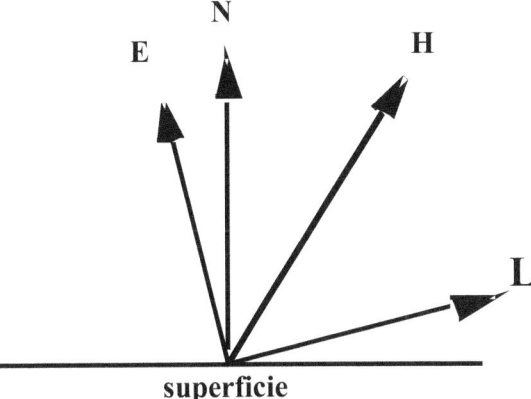

- E direzione dell'occhio dell'osservatore
- L direzione della sorgente luminosa
- H bisettrice tra L ed E
- N Normale alla superficie

Fig. 2 Componente di Riflessione speculare[9]

L'equazione analizzata è una versione semplificata in quanto può essere estesa, considerando le componenti di rifrazione, nei casi in cui raggi di luce raggiungono corpi trasparenti o semi-trasparenti, questi fenomeni di rifrazione sono regolati dalla Legge di Snell, un ulteriore sviluppo della formula che descrive l'algoritmo di *ray-tracing* tiene conto delle ombre che si generano in una scena con oggetti sottoposti ad una sorgente luminosa.

A questo punto ci resta da fare una considerazione, gran parte della luce, in ambienti del mondo reale, non proviene da sorgenti di luce diretta, questa componente di luce indiretta in una scena, che si può contrapporre o meno alla luce diretta di una sorgente luminosa, è chiamata *Global illumination*. Questa luce si mantiene costante su tutti i punti e su tutti gli oggetti, essa non dipende dalla posizione degli oggetti, dall'osservatore o dall'eventuale presenza di oggetti vicini.

Algoritmi di Global Illumination simulano il contributo globale di luce formato da tutti i componenti di una scena nell'illuminazione di un dato oggetto, rendendo cosi esplicita quella costante additiva k_a, nella formula che descrive l'algoritmo di *ray-tracing* che abbiamo chiamato in maniera semplicistica componente di illuminazione ambiente.

Su questi algoritmi di **Global Illumination** si possono approfondire determinati aspetti, ed inoltre su una tecnica nuova che andremo adesso a descrivere.

Sub Surface Scattering (SSS) è una tecnica sofisticata ed innovativa per la simulazione della diffusione della luce al di sotto di superfici fatte di materiale

---

[8] Nella riflessione diffusa la luce è riflessa uniformemente in tutte le direzioni ed è identica per tutti gli osservatori (**Riflessione Lambertiana**).

[9] La riflessione speculare è direzionale e si riflette lungo direzioni privilegiate in funzione delle direzioni del raggio di incidenza e della normale alla superficie nel caso luce perfettamente speculare l'angolo di incidenza è uguale all'angolo di riflessione.

translucido o organico, in pratica con tale tecnica si catturano le reali sembianze di oggetti quali ad esempio il marmo o la stessa pelle umana.

Questa tecnica è usata anche per simulare l'illuminazione del cielo (che è un'importante sorgente luminosa) o fenomeni atmosferici quali nebbia, nuvole, cambi di colore generati dal passaggio di luce nell'atmosfera, nel caso in cui stiamo realizzando un realismo di immagini *open air*. Ricordiamo i tre modelli utilizzati in letteratura per l'illuminazione del cielo:
- CIE
- Perez
- Preetham, Shirley and Smits

Non ci dilunghiamo ulteriormente sul SSS, perché ci siamo concentrati, in quest'elaborato, sulla tecnica del *ray tracing*, tecnica oramai consolidata da anni di ricerche, ci premeva di spiegare SSS, a grandi linee, e per l'innovazione che ha portato nello studio della diffusione della luce al di sotto di superfici particolari e per gli sviluppi futuri che si possono ottenere partendo dai contributi scientifici menzionati.

2.Temi su Informatica di Base

La Rivoluzione del DIGITALE

Schermo piatto o tridimensionale? interattivo, CdRom o *Digital Video Disc*? *Personal computer* o lettori multimediali collegati al TV Color? Cassette o dischetti digitali? Trasmissioni in formato cinematografico o TV ad alta definizione? Sono sul mercato una serie di dispositivi in grado di rivoluzionare il nostro 'salotto tecnologico'. Ma anche di creare non poca confusione tra i consumatori, certamente disorientati da standard diversi e prodotti alternativi che però fanno la stessa cosa.

Tutto questo insieme alla tanto decantata TV interattiva o semplicemente del «video e audio su richiesta» (*Video on-demand*), che consente agli utenti di disfarsi di interi archivi casalinghi di cassette e di compact disc audio (il magazzino sarà a distanza e in ogni momento sarà possibile collegarsi tramite la comunicazione a banda larga ADSL[10]).

Ma la TV interattiva non è ancora decollata proprio per i problemi di comunicazione, la banda larga solo negli ultimi tempi è diventato un servizio fornito a costi più economici. Non stupisce, quindi, che nel frattempo l'industria, va avanti sfornando nuovi e sempre più attraenti «*must*» del digitale. Tra cui, però, è sempre difficile orientarsi:

Il futuro ed il presente dell'elettronica digitale di consumo, lo presentiamo di seguito:

Iniziamo con le videocamere digitali, esse sono basate sullo standard Digital VHS, compatibile con il vecchio VHS ed un nuovo formato di cassetta grande appena un terzo di quelle HI8, queste videocamere consentono registrazioni su nastro interamente digitali, con una risoluzione di 500 linee orizzontali contro le 400 offerte dal S-VHS. Sul piccolo nastro possono essere registrate immagini in movimento per una durata di oltre 60 minuti, filmati accompagnati da una traccia audio digitale di qualità paragonabile a quella dei Cd-Audio.

Alcuni modelli di videocamere, sono tanto piccole da stare nel palmo di una mano; Le altre novità di questi ultimi due anni sono le Tv LCD e le Tv a PLASMA.

Piatta, spessa poco meno di 4 centimetri, da 25 a 50 pollici in formato cinematografico (16-9), brillante come una foto stampata da una diapositiva con milioni di colori. Ecco in sintesi le caratteristiche di identità del Plasmatron, il televisore degli anni duemila, la TV da appendere al muro. Il nuovo schermo che abbina la tecnologia dei cristalli liquidi a quella del plasma, può essere collegato a qualsiasi sistema video: dalle videocamere ai videoregistratori, dai computer alle *consolle* per *videogame*. La qualità delle immagini di questo nuovo schermo è sorprendente, anche i più piccoli caratteri (come quelli di questo tema) possono essere letti, a distanza ragionevole, con estrema chiarezza. Elevate prestazioni anche per quel che riguarda la resa dei colori e dei contrasti tra i bianchi e i neri. Sfruttando una tecnologia a cristalli liquidi («*Twin Lcd*») sviluppata nei laboratori di ricerca europei di Oxford, sono proposti schermi che consentono la visione di immagini tridimensionali senza occhiali speciali. L'effetto è garantito, a patto di restare fermi ed incollati di fronte allo schermo. Stesso discorso per i *monitor* tridimensionali. Questi nuovi *monitor*, in effetti, funzionano molto bene se usati con potenti *computer* grafici per la progettazione solida e architettonica, mentre risultano poco adatti per la visione di film tridimensionali in famiglia: a meno che non si decida di costruire un piccola tribuna nel salotto di casa tale da garantire una posizione centrale, rispetto allo schermo, di tutti gli spettatori.

Decisamente più innovativi i nuovi tv *color* 3D, apparecchi capaci di trasformare una normale trasmissione televisiva bidimensionale in tre dimensioni. A compiere la

---

[10] **Asymmetric Digital Subscriber Line**. Tecnologia digitale per la trasmissione di dati ad alta velocità. Impiega il cavo telefonico standard, consentendo di utilizzare le trasmissioni vocali e di avere due linee con lo stesso numero telefonico.

«magia» è uno speciale *microchip* inserito nel televisore che, calcolando luci, ombre e velocità di movimento degli oggetti sullo schermo, ricostruisca i piani mancanti dando allo spettatore, munito di speciali occhialini, l'illusione della terza dimensione. Basta, poi, pigiare un tasto del telecomando per far tornare le immagini in due dimensioni.

Per quanto riguarda la Videoriproduzione il Dvd (*Digital Video Disc*) è il futuro (e già il presente) del *compact disc*, il successore dei Cd audio, dei Cd-rom, dei Cd video e delle stesse videocassette. I Dvd ha avuto un passato, un pò tumultuoso, segnato dallo scontro che si è avuto tra i due consorzi in gara per la definizione del nuovo *standard*. Da una parte la cordata capitana da Sony e Philips, dall'altra quella del gruppo guidato da Matsushita e Time Warner. Due erano gli standard in gara. Il primo, quello proposto da Philips e Sony, porta il nome di Multimedia Cd e offre una capacità di 7,4 miliardi di *Byte* su singola faccia. Mentre il *team* capitanato da Matsushita e Time Warner, aveva proposto un dischetto (*Digital Video Disc Super Density*) a doppia faccia con capacità fino a 18 miliardi di *byte* insieme a dischi vergini registrabili.

1 due sistemi, sfruttano entrambi le qualità dello standard Mpeg-2 (lo stesso che sarà usato nella futura tv digitale ad alta definizione), consentono la riproduzione di film di alta qualità per una durata massima di circa 4,5 ore e un audio in alta fedeltà ed effetti speciali di tipo cinematografico (*Dolby Sorround*, etc).

I nuovi dischi, sia quelli proposti da Philiphs e Sony che da Matsushita e Time Warner hanno le stesse identiche dimensioni dei Cd oggi in uso, ma non possono essere riprodotti con i normali lettori di *compact disc* audio o per computer. Con lo standard unico, quello del Gruppo Sony e Philiphs si è avviata la produzione dei nuovi lettori per *Digital Video Disc*, lettori capaci di leggere sia i normali Cd-Rom per computer che i più tradizionali audio Cd.

Vediamo le caratteristiche dei dispositivi a noi più familiari i TV COLOR:

Larghi, bassi e piatti. Queste le caratteristiche salienti dei TV *color*. Gli apparecchi in formato lungo 16:9 o 16:10 sono già da qualche anno sul mercato con prezzi attualmente interessanti. Forse hanno contribuito alla discesa dei prezzi, da una parte la crisi del settore, dall'altra l'affinamento delle tecniche di produzione dei cinescopi. Fatto sta che i prezzi degli apparecchi 16:9 sono scesi a cifre equiparabili a quelle dei tradizionali televisori.

Nei TV *Color Wide-Screen* o 16:9, è racchiuso il meglio di quel che oggi la tecnologia offre nel settore: schermo piatto, per ridurre al minimo la distorsione delle immagini, cinescopio trattato con speciali materiali per aumentarne contrasto, nitidezza e resa cromatica: *Trinitron, Black Matrix, Quintrix, Invar Mask, Quattron*, questi i nomi da conoscere per la scelta dei tubi catodici; tecnologia 100 *Hertz* per dare più stabilità alle immagini ed eliminare i fastidiosi tremolii che normalmente accompagnano la visione dei programmi televisivi; speciali circuiti per la riduzione di interferenze nei canali; l'audio stereo e le funzioni del menu visualizzate direttamente sullo schermo, tecnologia OSD[11].

Particolare attenzione è prestata al sonoro. I modelli più sofisticati, i più costosi, hanno anche 1'effetto *Surround*, un sistema audio che consente la riproduzione di uno spazio sonoro tridimensionale in ambiente domestico. Insomma, effetti da sala cinematografica. Altri modelli *Wide-Screen* impiegano speciali *microchip* per il trattamento dei segnali audio, il *Digital Sound Processor*, è il circuito che assicura la qualità audio di molti di questi televisori aumentando la dinamica e la brillantezza dei suoni riprodotti dall'apparecchio. Effetti *Dolby Surround, Pro Logic* per l'audio (il meglio degli effetti speciali da salotto), 100 *Hertz*, 200 Hertz, schermo piatto, audio stereo da 120 Watt con *Digital Sound Processor*, televideo, doppio sintonizzatore per la visione

---

[11] **On Screen Display**, e' un'immagine in sovra impressione che appare sullo schermo dei televisori o monitor e che mostra all'utente informazioni riguardanti ad esempio il volume , il colore, il canale etc. etc.

di più canali contemporanei (uno su grande schermo e l'altro su di un piccolo riquadro PIP Picture Into Picture, PAP Picture and Picture, oppure due canali presi da diverse fonti suddivisi sullo schermo), sistema di riduzione delle interferenze e amplificazione del segnale per una migliore ricezione.

Tutti i modelli hanno tutti i connettori necessari per il collegamento di videocamere, videoregistratori, sintonizzatore per TV via satellite e impianto stereo.

Un'altra Tecnologia, presente sul mercato consumer, è la tecnologia a retro-proiezione, in cui l'immagine televisiva è proiettata sullo schermo attraverso un proiettore a cristalli liquidi interno. Lo schermo di questo tipo di televisori; può raggiungere una dimensione di ben 50 pollici. Una maggior dimensione dello schermo non implica però una migliore qualità delle immagini.

Dopo aver effettuato una panoramica sull'effetto digitale che ha invaso ormai le nostre case, riferendoci in particolare agli oggetti di *entertainment* (Televisori, Videocamere, Lettori Dvd, Blu Ray) non bisogna dimenticarsi, in questo ricco scenario, del telefono e soprattutto della sua integrazione con il personal computer ed insieme con l'integrazione di alcuni tra gli oggetti trattati in questo tema, allora veramente si può affermare senza mezzi termini che "L'era del Digitale è finalmente arrivata e ci sta travolgendo, facendoci cambiare le nostre abitudini!"

Gli Elementi di Base di un Personal Computer

L'architettura di un computer moderno deriva da idee di un ricercatore degli anni '40, tale Von Neumann[12], oggi famoso, nella letteratura informatica proprio per aver dato il nome all'architettura di base di tutti gli elaboratori elettronici dai sistemi mainframe ai sistemi mini, compresi gli attuali e diffusissimi *personal computer*. L'idea di base di quest'architettura è che sia i programmi che i dati condividono le stesse locazioni fisiche di memoria. Non vi sono luoghi di memorizzazioni differenti tra le celle di memoria contenenti istruzioni eseguibili e le celle contenenti dati.

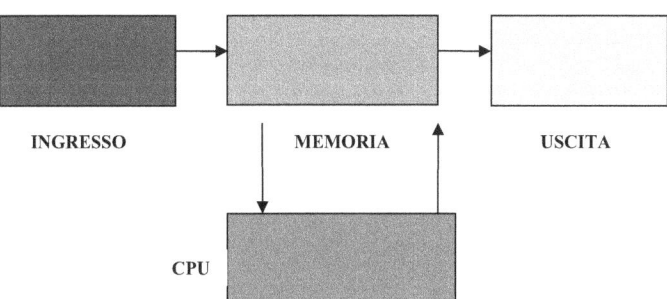

INGRESSO   MEMORIA   USCITA

CPU

Figura 1 Schema della macchina di Von Neumann
Prima di parlare dei singoli componenti di un computer, bisogna innanzi tutto chiarire il concetto di hardware. L'hardware è l'insieme di dispositivi fisici di un computer, ossia l'unità centrale o Unità di Elaborazione o (C.P.U.)[13], Memoria centrale Dispositivi RAM[14] e ROM[15], Memorie di Massa (Dischi rigidi o *floppy disk*), il monitor, la tastiera, il mouse, la stampante, il lettore Cd-Rom, Masterizzatori, Lettori DVD (le unità periferiche: dette *device,* in lingua inglese, sono elementi hardware che permettono la comunicazione del mediante il modulo base, con i moduli periferici, le varie schede per l'Audio ed il Video.
Quando si analizza un personal computer il primo elemento da tenere in considerazione, è il cosiddetto microprocessore, che rappresenta un po' il "motore" dell'elaboratore. Il microprocessore ha una sua "cilindrata" che si misura in *Giga-hertz* (Ghz), in miliardi di *hertz*. I *Gigahertz* rappresentano la velocità dell'orologio del microprocessore, il *clock*, ovvero il tempo che impiega il *chip* nel leggere ed eseguire un determinato numero di istruzioni: più alto il clock, più veloce sarà il microprocessore. Diversi i 'motori' presenti oggi sul mercato dei personal computer il: **Dual Core, Quad Core, I3, I5, I7** della Intel e il **PowerPc** prodotto da Ibm, Motorola e Apple, **Athlon, Phenom** della AMD. Questi processori vengono utilizzati nei *computer* con sistema operativo Windows; o Macintosh e nei *computer* di fascia medio/alta di HP, IBM, Dell, Asus, Acer, etc.
Il *clock* attuale si pone ben oltre il GigaHertz. Ma a determinare l'efficienza del computer non è il solo microprocessore, bensì un complesso insieme di chip e circuiti.

---

[12] Si parla proprio di architettura 12**Von Neumann** riferendosi ad una struttura dell'elaboratore a blocchi, che può essere vista partizionata fino ad arrivare a blocchi singoli elementari, quali i registri di memoria, o le celle di memoria.
[13] **Center Processing Unit**, è l'unità centrale che consente l'esecuzione delle istruzioni contenute nel programma ed è in grado di assumere alcune decisioni.
[14] **Random Access Memory** Memoria ad accesso casuale
[15] **Read Only Memory**, memoria a sola lettura dove di solito è installato la parte di sistema operativo necessaria alla fase di bootstrapping di ogni elaboratore

Anche la *motherboard*, la scheda madre, il circuito che contiene tutte le parti del computer (microprocessore, *chip* di memoria, schede di controllo dei dischi, stampanti, video, ecc.) ha una sua velocità operativa, un proprio *clock*. Così come i *chip* di memoria.
Spesso si fa confusione tra la memoria del computer, la RAM, e la capacità del disco dello stesso personal computer. Fonte di tale confusione l'unità di misura utilizzata: i famosi *Megabyte*, milioni di *byte* o (Mbyte) o gli attuali GigaByte,miliardi di byte (Gbyte). Esiste invece una sostanziale e funzionale differenza fra le dimensioni del disco del *computer* e quelle della RAM o DRAM (*Dynamic Random Access Memory*). La capacità del disco può essere assimilata al numero di pagine di un corposo libro o di un'intera enciclopedia, ovvero allo spazio di cui disponiamo per registrare i nostri dati e i programmi che vogliamo utilizzare.
La RAM ha una funzione del tutto diversa. Se consideriamo il disco alla stregua di un libro, possiamo considerare la Ram come il nostro cervello che una volta letto il libro ne immagazzina il contenuto compreso.
La RAM è costituita da *chip* e la sua lettura avviene in modo elettronico, mentre i dischi risultano essere più lenti per le parti meccaniche coinvolte al momento della lettura: spostamento delle testine, rotazione dei dischi, etc. In sostanza, più memoria RAM abbiamo a disposizione maggiori saranno le prestazioni del nostro *computer*. La **Memoria Cache**, affianca il microprocessore nell'esercizio delle sue funzioni. Si tratta di una specie di 'cassetta postale in cui sono depositati di volta in volta i dati più frequentemente richiesti dal processore. Questa 'cassetta postale è posizionata in prossimità del microprocessore ed è in comunicazione diretta con esso. La vicinanza della memoria *cache* al microprocessore consente una veloce lettura dei dati, una velocità ben più elevata di quella consentita dalla memoria generale del *computer*, ovvero della RAM (*Random Access Memory*) che contiene i programmi e i dati sui cui stiamo lavorando. Esistono due tipi di memoria cache, quella di 'primo livello', di piccola dimensione ed interna al microprocessore, la cui dimensione è stabilita al momento della fabbricazione del *chip*; e quella di 'secondo livello', esterna al *chip* e di cui possiamo scegliere le dimensioni al momento dell'acquisto del personal *computer*. In conclusione più capace sarà la cache di 'secondo livello', maggiore sarà la velocità con cui il nostro pc eseguirà i programmi. Importante nella scelta della memoria se il proprio *computer* anche della velocità dei *chip* RAM, velocità che si misura in nano-secondi, miliardesimi di secondo. Attualmente sul mercato si trovano *chip* RAM da 50, 60 e 100 nano-secondi. Più basso il valore in nanosecondi maggiore sarà la velocità di lettura e quindi la velocità del nostro computer.
Inoltre tutti i personal computer sono dotati di *floppy disk e di Hard Disk,* le cosiddette Memorie di massa, il dischetto di plastica che ci consente di registrare e trasportare piccole quantità di dati. I *floppy disk* hanno una capacità fissa, attualmente sono sostituiti nella loro funzione dai diffusissimi *Pen-drive* supporti che arrivano a capacità superiori ad un Gigabyte ed hanno connessioni USB[16] (*Universal Serial Bus*). Al contrario dei dischi interni, il disco rigido del nostro personal computer, la cui dimensione può variare in funzione della cifra che vogliamo spendere e delle esigenze che abbiamo. Negli ultimi anni le dimensioni dei programmi sono cresciute a dismisura, basti pensare che il vecchio sistema operativo Windows 98, nella sua versione più completa, richiede uno spazio su disco di ben 100 milioni di byte e molto più spazio richiedono i sistemi operativi utilizzati adesso, **Windows XP, Windows Vista e Window 7**.

---

[16] Porte USB oggi sono molto diffuse sui nostri personal computer e sui nostri computer portatili, servono per collegare le periferiche, quali stampanti, *pen-drive*, *hard-disk* esterni. Il trasferimento dei dati tra personal computer e periferica avviene in maniera veloce.

Come comportarsi dunque per la scelta del disco rigido? Un disco rigido da 500 Gigabytes, da 500miliardi di *byte*, dovrebbe essere sufficiente nel caso in cui si intenda utilizzare il personal computer con programmi di scrittura, disegno, di gestione archivi di media dimensione e spettacolari videogame ed inoltre che ci consenta la navigazione in Internet. Mentre è un po' stretto per la grafica tridimensionale, per il montaggio video e la grafica in alta definizione: qui servono dischi da almeno 1 Terabyte (dell'ordine dei mille miliardi di byte) a salire o più dischi sistemati in RAID[17].

Importante anche la scelta del *controller,* la scheda, che consente al *computer,* di governare le operazioni di lettura e scrittura sul disco. Anche in questo caso la velocità diventa determinante. Quel che di meglio la tecnologia oggi offre è racchiuso in due diverse sigle:

- **EIDE (*Enhanced Integrated Device Electronics*)**
- **SCSI-2 (*Small Computer System Interface*)**

L'irruzione delle opere multimediali impone di dotarsi di un *personal computer* predisposto per queste funzioni. Ma cosa serve per usufruire di tutto questo nuovo patrimonio culturale e ludico che in questo periodo "viaggia" sui comuni Cd-Rom o DVD Rom?

Ciò che serve è un buon lettore di DVD per *computer.* Un buon lettore ha una meccanica solida: il cassetto che accoglie il Cd o il DVD entra ed esce agevolmente dal lettore, meglio ancora se controllato via *software* e si apre e chiude al semplice *click* del *mouse*. Ma un buon lettore deve soprattutto essere sufficientemente veloce per poter leggere le enormi quantità di dati registrate sul DVD, soprattutto quando si tratta di videogiochi" caratterizzati da lunghe sequenze animate e quindi da altrettanti *file* lunghi.

I lettori che, di fatto, possono oggi essere considerati *standard*, sono quelli con velocità 54x, in altre parole a velocità 54 volte in più rispetto ai primi modelli degli anni '80 che leggevano alla velocità di 150 Kbyte al secondo. Ma sul mercato esistono anche modelli più veloci, ovviamente più costosi. Colui che oggi acquista un DVD o il solo lettore, dovrebbe scegliere un modello veloce, al fine di avere una compatibilità con le produzioni multimediali future. Per avere un vero *computer* multimediale occorrono però altre due importanti cose, la scheda video e la scheda audio. Per quanto riguarda la scheda video, oggi si può orientare la scelta su di un modello dotato di circuito di decodifica MPEG. Con questo tipo di schede, sarà, infatti, possibile vedere anche i CdVideo, veri e propri film da registrare su Cd o i diffusissimi DVI. Tenete, comunque, presente che lo *standard* Mpeg è andato già in soffitta, perché è stato sostituito dalle schede con codifica Mpeg-2, la stessa tecnologia utilizzata per i *Digital Video Disc*, oramai ideali sostituti dei vecchi CdVideo, CdRom e Cd audio. DvRom, versione per *computer* dei *Digital Video Disc* casalinghi. Non meno importante, per avere un *computer* multimediale, è la scelta della scheda audio. Le schede oggi in vendita, quelle al passo con le evoluzioni tecnologiche, hanno l'audio stereo e garantiscono una riproduzione del suono con qualità paragonabile a quella dei Cd audio. Una buona scheda, deve inoltre disporre del sintetizzatore **Wavetable,** che consente di riprodurre un più alto numero di suoni, rispetto alle precedenti tecnologie, e naturalmente di buona qualità. Per non avere problemi con i *videogame*, la scheda audio deve essere **Soundblaster** compatibile. Per la riproduzione dell'audio si possono acquistare delle casse da collegare direttamente al personal computer, ne esistono buoni modelli per tutte le tasche, o utilizzare l'impianto stereo di casa. Ritornando alla scheda video, c'è da precisare che non è proprio il caso di lesinare soldi giacchè è in ballo la nostra vista. Per l'uso del *personal computer*, in ufficio, ma anche a casa, la risoluzione oggi

---

[17] **Redundant Array of Independent Disks**, insieme ridondante di dischi indipendenti. Il sistema RAID permette di comporre un insieme di dischi in una sola unità logica, in pratica il sistema operativo dispone dei differenti dischi come un unico disco.

consigliata nella pratica è minimo 1024x768 punti o *pixel* di memoria per i monitor da 17 pollici, 1280x1080 per i monitor da 19 pollici e a salire. Anche la scheda Video ha una sua capacità di memoria, una sua Ram, la Video Ram. Per ottenere il massimo bisogna disporre di un certo quantitativo di memoria per la scheda, memoria che non ha nulla a che vedere con quella dell'intero sistema. Il numero di colori che una scheda può visualizzare contemporaneamente, e, la stessa risoluzione (nitidezza) video, sono determinati dalla quantità di memoria utilizzata. Ad esempio, per avere il massimo numero di colori oggi disponibili per un computer 16,7 milioni (*true color*), ad una risoluzione di 800x600 punti (Super Vga), occorre una memoria Video da 1 Mbyte. Mentre conservare la stessa nitidezza d'immagine su di un monitor a 17 pollici oggi diffusissimi con tecnologia LCD[18] (*Liquid Cristal Dyod*), e prima ancora con tecnologia CRT (*Cathod Ray Tube*)[19] perché molto economici, ad una risoluzione di 1024x768 punti e 65356 colori occorrono 2 Mbyte di memoria video; 4 Mbyte per avere milioni di colori. Per i montaggi video ad alta risoluzione (1600x1280 punti) con milioni di colori sono necessari più di 6 Mbyte di memoria. Le schede video attuali dei maggiori produttori, **Nvidia** e **ATI,** distribuiscono su i computer di fascia medio/bassa, possiedono almeno 512Mbyte di VRAM, fino ad arrivare a 1Gbyte e più, per le macchine che richiedono maggiori performance.

Se tenete alla vostra salute, è consigliabile acquistare i *monitor low emission* (a basse radiazioni) naturalmente con tecnologia LCD. Se invece tenete alla vostra tasca, comprate monitor *energy safer*, che consentono cospicui risparmi di energia elettrica nel corso di un anno. A conclusione di quest'excursus, sugli elementi di base di un personal computer, ribadiamo il concetto che la struttura interna dei nostri modernissimi personal computer si ispira all'architettura Von Neumann degli elaboratori elettronici, teorizzata negli anni '40, tutto questo nell'era del digitale dove tutto cambia molto rapidamente, sembra un po' paradossale, ma è proprio così.

---

[18] Acronimo di schermo a cristalli liquidi, e' una tecnologia per monitor e televisori che negli ultimi anni ha avuto un grande successo perche' si possono creare dispositivi sottili e che consumano poca energia rispetto ai tradizionali CRT.

[19] Tecnologia per monitor e televisori che ha segnato il passo alle nuove tecnologie LCD e Plasma, ma che e' stata utilizzata per alcuni decenni.

Tipologia di Computer e loro utilizzo nelle applicazioni lavorative, di svago o domestiche

In questo tema vogliamo dare una classificazione dei tipi di elaboratori di dati che incontriamo nel quotidiano, sia esso lavorativo, sia esso legato allo svago ed all'informazione. I Tipi di elaboratori, (*Mainframe*, *Personal Computer*, Reti di *Workstation* (stazioni *Server*, *Diskless*, *Dataless*) si possono classificare in relazione a tre diverse caratteristiche, vediamo quali:

1. **Risorse Hardware** (RAM, dischi, *swap*, stampanti, dispositivi *special purpose*).
2. **Risorse Software** (Sistemi Operativi, *file*, librerie, manuali, applicazioni e loro accesso).
3. **Tipo di Accesso** (locale o centralizzato).

Elenchiamo le Tipologie di elaboratori più diffuse:
I Sistemi Mainframe, sono macchine molto potenti e di costo piuttosto elevato, spesso multiprocessore, che offrono i vantaggi della condivisione delle risorse (unico punto di manutenzione e di aggiornamento di risorse hardware e software) con i relativi svantaggi (competizione per l'utilizzo della CPU[20] e dello spazio disco). Un Sistema *Mainframe* ha le seguenti caratteristiche:

- Separazione totale tra i ruoli di utente e di amministratore di sistema, quest'ultimo affidato ad una squadra costituente il Centro di Calcolo (CED).
- Alta affidabilità e continuità di funzionamento, a supporto delle operazioni cosiddette *mission critical*.
- Ambienti di programmazione e di gestione anche complessi e che seguono procedure ben definite.
- Capacità relativamente elevate per quanto riguarda la potenza di calcolo, la capacità di immagazzinamento dati, il *throughput*.
- Parte principale ma non esclusiva di una "soluzione" fornita da un rivenditore specifico al cliente, insieme a software, contratti di manutenzione e di assistenza, etc.
- Prezzo tipicamente elevato.

In questo periodo le soluzioni *mainframe* rappresentano un mondo che è considerato un po' obsoleto nel campo dell'informatica moderna, e che è tendenzialmente soppiantato dagli applicativi *Client-Server*, dalla migrazione della potenza di calcolo. Gli applicativi tradizionalmente supportati dai Mainframe sono di tipo gestionale e rivolti ad un ambito di *enterprise*. Inoltre i sistemi *mainframe* hanno costituito in passato un investimento notevole, di *hardware*, *software* e sforzo organizzativo e viene ritenuto necessario mantenere tale investimento per evitare la spesa elevata di re-ingegnerizzazione del software anche perchè di parte del software può mancare il sorgente, la conoscenza, la documentazione, o essere scritto in linguaggi e ambienti ormai ignoti ai moderni informatici. Il sistema Operativo dei Mainframe di solito è il sistema MVS[21]. Si parla a proposito dei sistemi basati sui *mainframe* di *legacy systems*

---

[20] **Center Processing Unit**, è l'unità centrale che consente l'esecuzione delle istruzioni contenute nel programma ed è in grado di assumere alcune decisioni.
[21] **Multiple Virtual System**, è predisposto per i calcolatori Serie IBM 370 ed è destinato ai centri di calcolo di grosse dimensioni, è un sistema multiutente con opzione *Time Sharing* (TSO), quest'opzione consente un breve tempo di risposta per i comandi più semplici, qualunque sia il carico attuale del sistema.

o di pesi storici, ma è pur vero che molti sistemi *mainframe* sono ancora perfettamente funzionali per gli scopi che svolgono.

I Personal Computer, Prima di passare alle caratteristiche salienti dei personal computer, ci sembra doveroso ed utile andare un po' indietro nel tempo e rievocare ciò che è stata la storia dei personal computer. Nel 1980 la IBM presenta il Personal Computer, corredato da un cabinet da tavolo, tastiera professionale, monitor monocromatico e con 64 Kbyte di RAM e unità a dischi da 5 pollici e 128 Kbyte di capacità. Il sistema operativo e' il PC-DOS, della Microsoft, anche commercializzato separatamente con poche modifiche come MS-DOS, ed e' un derivato semplificato del CP/M. I Personal Computer ben presto si espandono di capacità e altre ditte producono 'cloni' dei PC IBM. Famoso in Italia è stato il sistema M24 dell'Olivetti, un vero status symbol nei primi anni 80. Il sistema operativo PC/MS-DOS passa attraverso varie versioni e si complica e si completa. La CPU usata di preferenza è stata la Intel 8086, disponibile successivamente in versioni 80186 e 80286 ed a seguire fino ai Pentium. Il problema e' che i PC, in quegli anni, era ancora poco potente e che pochi erano disposti ad investire in video grafici più potenti vista la mancanza di applicativi; d'altronde le case di software non producevano applicativi grafici visto lo scarso mercato e la mancanza di standard. La soluzione è stata un intervento che forniva sia l'ambiente grafico che alcuni grossi applicativi. Alla fine degli anni 1980 la Microsoft commercializza Windows 3.0, seguito presto da 3.1, corredato di programmi Word ed Excel. E' da notare che il precedente Word 5 a caratteri non aveva ottenuto molto seguito e che la versione Excel a caratteri non esisteva. Insieme, Windows con Word ed Excel affascinano il mercato e, grazie anche ad una forte operazione marketing, l'ambiente grafico per PC prende piede ed inoltre un'altra cosa da non trascurare è l'abbattimento dei costi dell'hardware che avvenne con la diffusione del personal computer. Quindi in pochi anni, poco più di un decennio, la diffusione dei personal computer e' stata veloce e superiore alle aspettative. Il pubblico è stato attratto dalla possibilità di velocizzare operazioni un tempo manuali e di possedere personalmente strumenti tecnici di prestigio. Come caratteristiche, un personal computer si presenta come sistema *single user* a basso costo (negli ultimi 5 anni ma non nei primi anni '80) con risorse dedicate. La CPU è di tipo *CISC* o *RISC*[22] a seconda se il processore è Pentium/Athlon o Power Pc la memoria RAM per una configurazione base parte dai 1 Gbyte ed è espandibile, il Disco rigido, attualmente, ha una capacità da 300/500 Gbyte in poi. Inoltre vi sono una serie di periferiche multimediali quali lettori Cd-Rom, Masterizzatori, Lettori DVD ed inoltre le periferiche, diciamo, "classiche" come Monitor (con tecnologia LCD o CRT) e Stampanti (con tecnologia *Ink-Jet* o *Laser*). Per quanto riguarda i sistemi operativi, Windows con le sue ultime versioni (Windows 98, Windows 2000, Windows XP, Windows Vista, Window 7) ha monopolizzato il mercato, anche se eventi come i sistemi *Open Source* (in primis il Sistema Operativo Linux) sono emersi in maniera prepotente. Possiamo dire, che in vent'anni l'architettura strutturale del personal computer è rimasta intatta, quella teorizzata da Von Neumann, ma i dispositivi hardware hanno delle funzionalità e delle capacità elaborative impensabili solo vent'anni fa, se avessimo avuto un'evoluzione tecnologica analoga a quella dei personal computer (e della tecnologia informatica e telematica in generale), in un intervallo di tempo così esiguo, anche in altre branche della scienza, chissà l'uomo che traguardi ancora avrebbe raggiunto.

---

[22] *Reduced Instruction Set Computer.* Architettura di particolari processori che funzionano più velocemente e con più efficienza con quasi tutti i programmi. Questo è dovuto al fatto che hanno un minor numero di istruzioni da eseguire che comporta una struttura interna meno complessa.

Le Work-Station hanno caratteristiche distintive ben precise. Il sistema operativo e' quasi sicuramente UNIX, con minoranze esigue di VMS ed altri. Naturalmente esistono numerose varianti del sistema UNIX, da Linux che ha i requisiti minimi a Solaris o HP-UX o AIX che tendono a essere su macchine corpose. E' comunemente detta *Workstation* anche una versione di Windows NT, che però si dovrebbe classificare tra i PC. La CPU è varia e va da Pentium ad Alpha a RISC 6000 a MIPS a PowerPC e infatti un numero elevato di altre CPU proprietarie. La RAM tipica va da valori bassissimi per i sistemi Linux (2Gbyte)a valori tipici da 8 GByte per una *Work-Station* standard. Lo spazio disco è paragonabile a quello di un PC di fascia alta, alcune centinaia di Gigabyte. Il video è ad alta risoluzione, tipicamente 1280x1024 pixel, ma anche superiore, con VDU molto più grandi in media di quelle dei PC. Per quanto la grafica sia molto curata, raramente sono supportate applicazioni multimediali, quindi è raro trovare schede audio o video o microfoni e telecamere. Periferiche tipiche sono porte USB e un DVD-ROM su bus SCSI. Quasi sicuramente vi è anche un'unità a nastro per i *backup* o sullo stesso bus SCSI, o facilmente disponibile in rete: i *backup* sono tradizionalmente molto importanti nel mondo UNIX. Scanner e stampanti sono più rari in locale, ma senza dubbio vi è l'accesso ad almeno una stampante di qualità in rete: Il sistema operativo UNIX supporta fortemente lo standard *PostScript*. Le *Work-Station* non sono percepite di solito come unità fisiche personali; chi vi lavora ha di norma un rapporto utente-computer meno coinvolgente, probabilmente perchè l'utente ha già lavorato su molte altre *Work-Station* in precedenza e ha in ogni caso accesso ad un suo Personal Computer. Il sistema operativo UNIX è mediato dall'interfaccia grafica X Window System, e l'aspetto visivo di una sessione di lavoro e' tipicamente comune qualunque sia il tipo di *Work-Station* o la versione di UNIX sottostante: il *Common Desktop Environment*, basato sull'interfaccia *Motif*, I programmi di corredo di una *Work-Station* sono tipicamente applicativi verticali, quasi tutti specialistici e con un alto contenuto grafico. E' raro trovare una *Work-Station* con un *Word Processor*, a meno che sia una stazione di lavoro tipografica. Inoltre una *Work-Station* di qualità medio-alta e' quasi sicuramente connessa alla rete elettrica tramite un'unita' di continuità e soppressore di picchi di potenza. Attualmente, una *Work-Station* e' collegata ad una rete TCP/IP[23] con altre Work-Station e Server dipartimentali o anche sistemi *Mainframe*. In molti casi, una *Work-Station* è usata come sistema grafico di alta qualità per il display e la post-elaborazione di applicativi complessi, che sono fisicamente eseguiti su una macchina potente connessa alla rete.

Le Reti di *Workstations* forniscono, in base alla configurazione, i vantaggi delle risorse centralizzate insieme ai vantaggi di avere a disposizione anche risorse private (CPU, memoria RAM ed eventualmente parte dei dischi locali); da notare che con opportuni accorgimenti (es. *software* di emulazione e di condivisione di risorse) spesso è possibile inserire in questo tipo di configurazione anche dei *personal computer.*

Ma quando si parla di Macchina *Server* cosa vuol dire.
Una macchina può essere *Server* in diverse forme, vediamo quali:
1. **Un *Server* di *Boot*** che fornisce in rete il sistema operativo a macchine *Client*.
2. **Un *Server* di *File*** che condivide in parte o totalmente il proprio spazio di dischi. Partizioni non sovrapposte possono essere condivise separatamente e montate da *client* diversi. Tipicamente sono condivisi i direttori utente, librerie, manuali, e

---

[23] ***Transmission Control Protocol/Internet Protocol***, Protocollo di controllo della trasmissione/ Protocollo di Internet. È il Protocollo di comunicazione più utilizzato in Internet. E' stato sviluppato per la prima volta alla fine degli anni '70 da parte del DARPA (Ufficio dei Progetti Ricerca Avanzata della Difesa statunitense). Il TCP/IP racchiude l'accesso al mezzo fisico, il trasporto dei pacchetti, comunicazioni di sessione, trasferimento dei file, posta elettronica e l'emulazione di terminale.

tutto ciò che non presenta variazioni di configurazione da una macchina all'altra. Può succedere che una macchina fornisca una partizione e sia invece *Client* per un'altra.
3. **Un *Server* di Applicazioni,** viste sia come caso particolare di file, sia, in maniera più specifica, nel caso di applicazioni distribuite che prevedono o possono prevedere un *Server* centrale. Un caso di applicazione che può essere distribuita è Oracle, in cui il *Server* centrale mantiene la base di dati relazionale ed effettua su di essa le transazioni, mentre moduli *Client* su altre macchine permettono di effettuare in locale il lavoro non transazionale, alleggerendo la CPU del *server*;
4. **Un *Server* di Servizi** come ad esempio i servizi di indirizzamento di rete (DNS - *Domain Name Service*) per cui il *Server* mantiene tabelle degli *host* locali e informazioni su *host* di livello superiore di indirizzamento IP. I *Client*, in questo caso, richiedono al *Server*, informazioni per mappare indirizzi a domini (es. host.dom1.dom2.org) in indirizzi numerici (es. 192.100.7.2) e viceversa. Un altro esempio è il servizio di Trasferimento file (*File Transfer Protocol*), per rendere possibile l'accesso e il trasferimento di *file* da remoto. In realtà, limitatamente ad utenti autorizzati, questo è un servizio presente praticamente su tutte le macchine con sistema Unix. Ciò che caratterizza un *Server*, in senso più largo, è la possibilità di accesso pubblico (*Anonymous*) a file di vasto interesse. Ancora un altro esempio è il servizio di Pagine gialle (ora dette NIS - *Network Information Service*): in questo caso il *server* mantiene centralmente varie informazioni, atte ad identificare gli utenti, le loro directory, i gruppi, le altre macchine connesse al servizio e in generale alla rete (*file* delle *password*, degli *host*, ecc.). Infine il servizio WWW (World Wide Web)[24], per cui il *Server* gestisce file in formato html accessibili sulla rete *Internet*.
5. **Un *Server* di altre Risorse**: ad esempio stampanti, scanner, plotter, etc. messe a disposizione a tutte o ad un sottoinsieme di altre macchine. Per alcuni tipi di dispositivi, come lo scanner, è comunque necessario che anche i *Client* abbiano una copia del software di gestione, per cui spesso e' richiesto un ambiente con Sistema Operativo omogeneo. E' ovvio che una stessa macchina può essere *Client* per certi servizi e *Server* per altri, cioè richiedere certe tipologie di servizi e fornirne certe altre tipologie di servizi. Il tipo di stazioni da utilizzare e la loro configurazione dipende dalle esigenze di calcolo, ma in linea di massima un *Server* molto potente collegato a stazioni *diskless* o *dataless* (che vedremo successivamente) consente di mantenere centralizzata la gestione delle risorse, sfruttando nello stesso tempo le CPU locali, e ottenendo un ambiente di calcolo omogeneo. Al contrario, un *pool* di stazioni indipendenti permette di specializzare ogni macchina per particolari applicazioni, soprattutto se tali applicazioni occupano molto spazio su disco. In questo caso, a seconda delle esigenze, si può decidere in ogni caso di controllare centralmente gli accessi degli utenti. L'ipotesi intermedia prevede la centralizzazione di ciò che non presenta variazioni tra le macchine, come per esempio le pagine di manuale di sistema e le librerie di largo utilizzo, lasciando in locale risorse d'uso più specifico. In ogni caso, è importante che la RAM sia dimensionata in maniera sufficiente per supportare anche applicazioni dispendiose (grafica, *database*, programmi di simulazione), nonché il sistema operativo (l'evoluzione

---

[24] Creato da un ricercatore del CERN (Centro Europeo di Ricerche Nucleari) di Ginevra Tim Berners Lee che aveva l'intento di facilitare la diffusione, di informazioni multimediali legate alle ricerche accademiche in modo dia rendere più facile l'esplorazione della rete. Una delle caratteristiche fondamentali del WEB è il suo orientamento all'ipertesto, cioè, i documenti Web contengono collegamenti incrociati ad altri documenti, detti link. Per accedere alle varie risorse WWW, si può direttamente specificare l'indirizzo URL (*Uniform Resource Locator*). Esso utilizza il protocollo http.

dei sistemi operativi richiede sempre maggiore spazio di RAM, specie se è prevista un'interfaccia utente grafica, es. OpenWindows su Sun). Lo spazio di *swap* va dimensionato di conseguenza, sia che risieda su disco locale sia su remoto, e si consiglia da due a tre volte la taglia della RAM. Avere un'area di *swap* ulteriormente sovradimensionata migliora le prestazioni, ma ovviamente sottrae spazio disco ai dati.

I sistemi *Diskless* sono definiti come, stazioni che forniscono localmente processore e RAM, essi effettuano il *boot strapping* (la fase di partenza del Sistema Operativo) da un *Server* su cui risiede una copia di Sistema Operativo, effettua lo *swap* in remoto e monta da uno o più *Server* in maniera distribuita direttori utente e risorse *software* (librerie, compilatori, applicazioni utente, ecc.).

I Sistemi *Dataless* sono stazioni che forniscono localmente processore, RAM e tipicamente un minimo spazio disco, anche se può in ogni caso effettuare il *boot strapping* da un *Server*. Un'area di *swap* locale e il fatto di avere una partizione di *boot-strapping* indipendente (/*root*) permettono di avere prestazioni migliori che con le stazioni *diskless*, perché la maggior parte del lavoro è eseguito localmente e il *Server* non è eccessivamente appesantito. I dati e gli eseguibili rimanenti sono montati da altri sistemi, il che permette appunto di utilizzare dischi di bassa capacità. Inoltre, sul disco locale possono risiedere dati non condivisi (es. applicazioni *special purpose*).

3. Temi su Basi di Dati

I Database Relazionali

Con il termine "modello relazionale", s'intende una rappresentazione dei dati sotto forma di Tabelle. Esso è caratterizzato da una potenza logica intrinsecamente superiore rispetto ai modelli gerarchici e reticolari[25], fornisce un metodo per descrivere i dati solamente con la loro struttura naturale ed è una base per operare tramite linguaggi d'interrogazione evoluti di tipo non procedurale, che garantiscono la massima indipendenza tra programmi e dati. Ogni tabella è composta di un certo numero di Colonne (attributi della relazione) e di Righe (le tuple della relazione). Ogni Colonna contiene tutti dati, appartenenti ad un determinato insieme di valori, chiamato il Dominio dell'attributo, alle Colonne è assegnato un nome unico all'interno della Tabella stessa, ogni Riga contiene una combinazione di valori, uno per ogni Colonna della Tabella. Uno schema di base dati nel modello relazionale è descritto mediante la definizione delle varie Tabelle in esso presenti. Le operazioni di manipolazione, definite per il modello relazionale, consentono l'inserimento, la cancellazione e la modifica di una tupla in una relazione. Per la mancanza di vincoli inter-relazionali espliciti, tali operazioni, non richiedono l'esecuzione di ulteriori operazioni su tuple di relazioni diverse, se non esplicitamente invocate. Le operazioni d'interrogazioni sono di natura diversa, secondo il tipo di linguaggio d'interrogazione utilizzato. Come si è già detto, un D.B. relazionale, è visto dall'utente, come una collezione di Tabelle (o Relazioni), vale a dire strutture dati bidimensionali costituite da Righe e da Colonne. Una Riga contiene un insieme di valori tra loro correlati (*record*) appartenenti a tipi diversi, una Colonna contiene valori tutti appartenenti allo stesso tipo.
Per definire una Tabella si ha bisogno dei seguenti elementi:
1. **Nome Tabella**
2. **Nomi Colonne della Tabella**
3. **Dimensione Colonne**
4. **Tipologia Colonne**
5. **Caratteristiche Colonne (*Null o Not Null*)**
6. **Chiavi**
7. **Indici**

L'insieme delle Righe è una relazione ed è rappresentata da una Tabella, ogni Colonna ha un nome e gli elementi della Colonna appartengono all'insieme di tutti i possibili valori di una Colonna (Campo), o come si definisce dominio del campo.
Il dominio può essere un insieme molto ristretto o molto vasto. Nella Tabella di sopra e in tutte le Tabelle Relazionali, una costruzione non ammessa è la presenza di valori multipli in un campo, in altre parole ogni intersezione Riga-Colonna deve contenere un valore semplice, atomico, non ulteriormente decomponibile. Alcune Colonne sono predisposte a ricevere valori NULL, mentre altre non sono "adatte" a ricevere valori NULL (NOT NULL), poi vedremo quali Colonne in particolare.

---

[25] Tipologie di modelli di DataBase usati attualmente molto raramente o usate per applicazioni particolari (Catalogazione componentistica per auto, aerei ,etc.), la struttura logica di un modello di dati di tipo gerarchico è ad albero.

NOME	ETA	CONIUGE	PROFESSIONE
GIANNI	33	MARIA	CONTABILE
LUIGI	41	LIDIA	REVISORE

Figura 1 esempio Tabella Impiegati.
Ci siamo ristretti ad un minimo numero di colonne, le più significative, ma naturalmente in una Tabelle reale di un DB relazionale vi possono essere molte più colonne, che mantengono altre informazioni della Tabella. La Tabella o meglio le tabelle, costruite nello schema di DB relazionali sono manipolate ed interrogate con linguaggi ad Hoc per l'interrogazione e la manipolazione dei dati. Le primitive di tali linguaggi sono operazioni di tipo insiemistico, in pratica, si applicano ad intere relazioni come singoli oggetti e danno come risultato nuove relazioni. Un linguaggio d'interrogazione o di manipolazione è, tipicamente, composto di un insieme di primitive (o comandi) e da un insieme di operatori, che permettono di comporre le primitive in programmi. Nel caso dei linguaggi d'interrogazione, le primitive permettono il ritrovamento e la composizione di relazioni in nuove relazioni. Nei linguaggi di manipolazioni le primitive tipiche permettono l'aggiunta, la cancellazione, e l'aggiornamento di singole tuple o insiemi di tuple, selezionate per mezzo di primitive d'interrogazioni, (intere relazioni). I linguaggi d'interrogazione proposti per il modello relazionale si basano su due approcci fondamentali, o meglio due notazioni diverse atte ad esprimere operazioni su Relazioni: **Algebra Relazionale** e **Calcolo Relazionale**. L'Algebra Relazionale è un linguaggio procedurale costituito da un insieme d'operatori: Unione, Intersezione, Differenza, Selezione, Proiezione, Join Naturale, Prodotto Cartesiano. Mediante l'Algebra Relazionale, le interrogazioni sono espressioni composte di operatori algebrici (ad esempio Unione) applicati ad una o più relazioni, diversamente il Calcolo Relazionale. Con questo termine si fa riferimento ad una famiglia di linguaggi d'interrogazione, tra cui il linguaggio **SQL** (*Structured Query Language*)[26], che ha la caratteristica di essere un linguaggio dichiarativo, in altre parole di specificare le proprietà del risultato delle interrogazioni, piuttosto che la procedura seguita per generarlo. Le interrogazioni sono espresse per mezzo di predicati o formule logiche che descrivono le proprietà della relazione risultante.
Vediamo dapprima un elenco di operatori tipici dell'Algebra Relazionale:
- **UNIONE**: l'Unione di due relazioni R e S è la relazione U che contiene tutte le tuple sia di R sia di S.
- **DIFFERENZA**: è la Relazione che contiene l'insieme delle tuple, che sono in R e non in S.
- **PRODOTTO CARTESIANO**: date due relazioni R e S, definite sugli insiemi di attributi X e Y, il Prodotto Cartesiano C è una relazione, definita sull'insieme di attributi Unione di X e Y, e formata dall'insieme di tuple, ottenute combinando in tutti i modi possibili le tuple di R e di S.
- **JOIN NATURALE**: l'Operatore si applica a due relazioni R e S, e da come risultato una nuova relazione T, le cui tuple sono la composizione di tutte le coppie di tuple di R e S, che hanno gli stessi valori negli attributi comuni.

Si deve notare che, le relazioni sono insiemi e quindi ha senso definire su di esse operatori insiemistici tradizionali, come quelli menzionati sopra, però, bisogna prestare attenzione al fatto che le Relazioni non sono generici insiemi di tuple, ma insiemi di

---
[26] Linguaggio per la creazione, l'aggiornamento, l'interrogazione e il controllo di sistemi di gestione di basi dati relazionali.

tuple omogenee, cioè definite sugli stessi attributi. Quindi, non ha senso definire gli operatori di sopra su relazioni con attributi diversi e che non abbiano lo stesso numero. La Join più frequentemente utilizzata è la INNER JOIN che effettua l'intersezione delle tabelle, (in pratica prende tutti i campi della tabella A e B se i campi di *join* si confrontano positivamente. Poi vi è la LEFT OUTER JOIN cioè prende tutte le righe delle tabelle, se si confrontano le righe sono complete, altrimenti i campi della tabella di destra sono a **null**. Analogamente per la RIGTH OUTER JOIN. Per la FULL OUTER JOIN si fa il prodotto cartesiano.

Nelle Tabelle che compongono i DB Relazionali alcune colonne assumono un importanza strategica nell'ottica delle relazioni tra gli oggetti (in primis le Tabelle). Vediamo com'è strutturato l'uso di Chiavi nei DB Relazionali.

Una **Chiave** è l'insieme delle Colonne che identifica univocamente un'occorrenza della relazione.

Possiamo distinguere vari tipi di chiave:

CHIAVE CANDIDATA: Insieme non ridondante di una o più Colonne di una Tabella (Relazione) che individuano univocamente una Riga, e identicamente sottoinsieme di Colonne della Tabella che individuano univocamente una Riga. Nel caso di più colonne siamo in presenza di una chiave composta. Questo è un caso molto frequente nei Db Relazionali reali.

CHIAVE PRIMARIA (*PRIMARY KEY*) Una delle Chiavi Candidate scelta come primaria, perché più rappresentativa e perché è il sottoinsieme minimale delle Chiavi Candidate.

CHIAVE ALTERNATIVA: (Secondaria) Ogni Chiave Candidata non primaria, anche composta da più colonne della Tabella.

CHIAVE ESTERNA (MUTUATA o *FOREIGN KEY*): Insieme di Colonne che costituiscono la Chiave Primaria di un'altra Tabella, la Tabella che relaziona quella contenente le Chiavi Esterne. Le Chiavi, Principale e Mutuate, sono utilizzate per collegare logicamente le Tabelle di un DB Relazionale.

Dopo aver riassunto le principali caratteristiche su cui si basano i DB Relazionali, possiamo sicuramente concludere, affermando che attualmente sono il modello di Database più utilizzato nei Sistemi Informativi a qualunque livello noi li analizziamo, cioè sia per grossi archivi di dati (***Oracle, DB2***, etc.), sia per archivi di dati per singolo utente (***Microsoft Access***) soppiantando, i modelli di database gerarchici e reticolari, sviluppati nel periodo degli Anni '70, periodo nel quale si utilizzava quella che è passata alla storia, come l'Informatica Centralizzata.

Basi di Dati e DBMS (Data Base Management System)

Le informazioni archiviate possono essere meglio reperibili. I *computers* possono essere in grado di elaborare **meglio** e in **meno tempo** grandi quantità d'informazioni.
Riflettiamo sulla frase appena enunciata e notiamo che il compito dei DataBase e' quello di rendere vera la 2° e la 3° affermazione e cioè elaborare **meglio** ed in **meno tempo** grandi quantità d'informazioni.
Le informazioni sono evidentemente catalogate in *files*, reperire le informazioni e' possibile facendo riferimento al nome del file, ma nell'ipotesi di un grande numero di dipendenti sarebbe seriamente macchinoso ricercare un file specifico.
Per sapere i nomi di tutti i dipendenti nati a Roma siamo costretti a visionare tutti i file e dedurlo. Ciò significa che il computer, non è in grado di elaborare un'informazione così strutturata.
I *DataBase* offrono un meccanismo efficiente per risolvere questo problema utilizzando una tecnica che permette di:

- **RAPPRESENTARE L'INFORMAZIONE E CATALOGARLA**: tramite un insieme di dati organizzati in Tabelle.
- **REPERIRE ED ELABORARE I DATI**: tramite un **meccanismo di interrogazione (SQL)** che permette di effettuare ricerche, visionare ed elaborare i dati.

Generalizzando un DATABASE è una collezione di dati organizzati in Tabelle che possono essere interrogate per reperire l'informazione
Al progetto di *Files* fra loro indipendenti e creati ad hoc per le singole applicazioni, si è sostituito, (con i sistemi *Database* che vedremo) il progetto di una struttura integrata dei dati resa, disponibile a diversi ambienti applicativi con diverse specifiche, espresse in termini di:

- **Possibilità d'accesso a determinati dati.**
- **Occupazioni complessive di memoria.**
- **Tempi di risposta medi e massimi.**

Le attività di raccolta, organizzazione e conservazione dei dati sono state sempre tra i compiti più importanti dei Sistemi Informatici. Quindi, i Sistemi di gestione di Basi Dati DBMS *(Data Base Management System)*, sono quei sistemi *software* specificamente realizzati per coordinare e controllare l'utilizzo delle basi di dati da parte di più utenti. Vi è da aggiungere che i DBMS sono preposti a gestire collezioni di dati, che sono grandi, condivise e persistenti, assicurando la loro affidabilità e privatezza. Vedremo le principali funzioni svolte da un DBMS e l'architettura di questi sistemi, inoltre evidenzieremo i vantaggi che questi ultimi offrono rispetto ad un approccio tradizionale e quindi non integrato di archivi di dati. Infatti, l'utilità di tali sistemi è più evidente nei sistemi di grosse dimensioni, proprio perché si dispone di una struttura dei dati unica ed integrata atta a descrivere compiutamente l'ambiente applicativo e a supportare le azioni elaborative, interfacciando le strutture logiche dei dati, con quelle fisiche.
Il progettista è quindi esonerato dal doversi spingere fino ai singoli dati fisici, ed al tempo stesso può inserire nell'ambito del progetto le specifiche sulla privatezza, l'integrità, la gestione delle code, che sono requisiti tipici dei *database*. Analizzeremo ora le principali funzionalità dei DBMS analizzandole più in dettaglio. Una delle funzionalità più importanti, è il **Controllo Centralizzato dei dati**. I DBMS consentono a diversi utenti di memorizzare, accedere e modificare i dati di un'organizzazione assicurando il controllo centralizzato ed integrato del loro trattamento, questa caratteristica evita problemi nella ridondanza dei dati, poiché per il fatto che diversi utenti richiedono l'uso degli stessi dati non implica che essi siano memorizzati in differenti archivi fisici, ma il DMBS fa si che si fruisce dell'accesso ad uno stesso

archivio fisico a diversi programmatori applicativi. L'eliminazione della ridondanza dei dati, consente anche di minimizzare eventuali inconsistenze delle informazioni gestite dal sistema. Queste inconsistenze sono generate perché uno stesso dato può assumere diversi valori nei differenti archivi in cui è memorizzato. Un'altra caratteristica fondamentale dei DBMS è *l'Indipendenza dei dati*, cioè la separazione degli aspetti logici da quelli fisici. Il DBMS gestisce la base dati a differenti livelli (Architettura a livelli del DBMS, che vedremo in seguito), affinché gli utenti e i programmi applicativi possono interagire sui dati di loro interesse ad un elevato livello d'astrazione senza conoscere tutti i dettagli riguardo alla costruzione dei dati e la loro allocazione, in altre parole indipendenza della struttura dalle base dati, cioè Il DBMS realizza ciò che è chiamata indipendenza dei dati, più specificamente si parla di indipendenza fisica dei dati, intendendo la possibilità che l'organizzazione degli archivi possa cambiare, (ad esempio modificando le strutture fisiche) senza modificare necessariamente i programmi applicativi che accedono ai dati in esso contenuti e senza influire sulle descrizioni di questi ultimi. Nei DBMS si parla anche di indipendenza logica, vale a dire intendendo la possibilità di modificare anche la struttura logica della base dati senza necessariamente modificare tutti i programmi applicativi che vi accedono, ad esempio, aggiungere una vista, in base alle esigenze degli utenti, senza dover modificare lo schema logico e quindi la sottostante organizzazione fisica dei dati. Inoltre un DBMS gestisce il **Controllo dell'Accesso Contemporaneo dei dati**. I DBMS assicurano che, l'accesso concorrente ai dati, da parte di diversi programmi applicativi, non causi errori nel trattamento e nell'utilizzo dei dati stessi, in particolare il sistema agisce da arbitro, nei casi in cui diversi programmi, richiedono contemporaneamente l'accesso agli stessi dati. Questa caratteristica consente l'utilizzo, in tempo reale, dei dati memorizzati nella base dei dati. Infine per ultimo, ma non in ordine di importanza, un DBMS si occupa del **Controllo della Sicurezza dei dati e della loro protezione.** Il DBMS ha anche il compito di proteggere gli archivi dei dati da malfunzionamenti di vario tipo, che possono accadere, si parla di sicurezza dei dati intendendo che le informazioni non sono influenzate da eventi esterni, come guasti ai circuiti elettronici, comportamenti errati di programmi. La capacità che un DBMS assicuri un certo grado di sicurezza, richiede che il sistema stesso è in grado di riconoscere i malfunzionamenti e di ripristinare stati corretti della base dati. Inoltre i DBMS consentono di stabilire meccanismi di protezione delle informazioni, gestite affinché solo utenti autorizzati possano accedere ai dati di particolare importanza. Occupiamoci ora dell'aspetto architetturale dei DBMS.

L'architettura tipica di un DBMS è distinta in tre livelli d'astrazione:
1. **Livello Interno (fisico)**
2. **Livello Logico (concettuale)**
3. **Livello Esterno (vista)**

Come vedremo, per ciascun livello esiste uno schema.
Livello Interno, esso è relativo al modo in cui i dati sono organizzati nelle strutture fisiche di memorizzazione, la descrizione di una base di dati a questo livello è chiamata schema Interno. Il livello interno è la rappresentazione dello schema logico, per mezzo di strutture fisiche di memorizzazione. Ad esempio, una relazione può essere fisicamente realizzata mediante un *file* sequenziale o ad indice oppure un *file hash*.

Livello Logico, esso è relativo alla definizione logica della base dati, ossia alla descrizione dei dati e delle relazioni tra essi, indipendentemente dalla loro allocazione ed organizzazione negli archivi fisici. Questa descrizione è fatta mediante il modello logico adottato dal DBMS. Si parla di schema logico (o concettuale) per indicare la descrizione di una base dati a questo livello.

Livello Esterno esso è relativo al modo in cui diversi utenti percepiscono la base dati, ad uno stesso schema logico potranno corrispondere diverse viste esterne. Ogni vista costituisce la descrizione di una porzione della base dati di interesse. Una vista può prevedere organizzazioni di dati diverse rispetto a quelle utilizzate nello schema logico, che riflettono il punto di vista di un particolare utente. Per concludere questo tema riguardante le basi di dati e i DBMS esaminiamo un particolare funzionamento di DBMS. Si consideri una richiesta di un utente, per aggiornare il valore di un certo dato, tale richiesta avviene con riferimento ad uno schema esterno dalla base dati di interesse, il DBMS, analizzerà la richiesta e tradurrà la formulazione che ne ha dato l'utente in termini dello schema logico. La richiesta, in termini dello schema, sarà poi riformulata in termini dello schema interno e sarà effettivamente eseguita in modo da modificare il valore del dato nell'archivio fisico in cui esso è memorizzato.

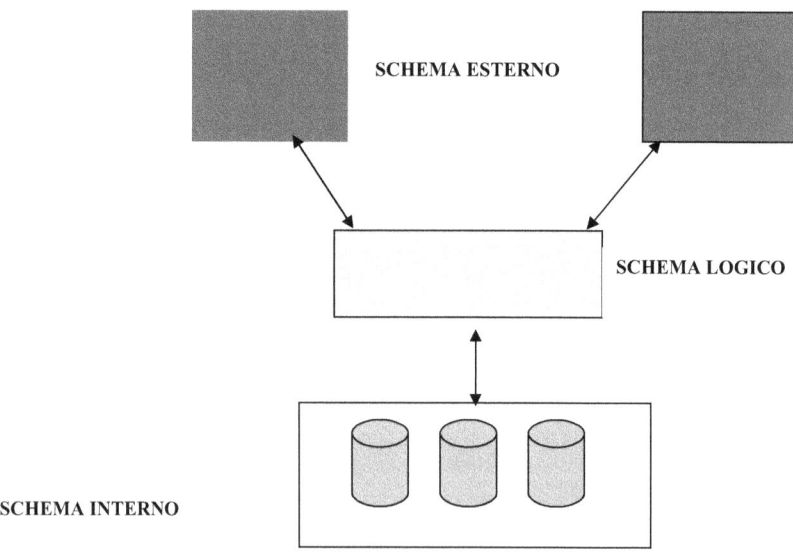

Figura 1 Architettura a livelli di un DBMS

Ad esempio per quanto riguarda Il DBMS Oracle lo schema esterno è l'ambiente **SQL Plus** dove l'utente applicativo costruisce le sue interrogazioni o gli aggiornamenti della base dati di interesse utilizzando un linguaggio come il PLSQL, estensione del linguaggio SQL, in pratica integra il linguaggio SQL di istruzioni procedurali quali (IF, LOOP, WHILE, etc.) consentendo un incremento della produttività, ed una maggiore portabilità delle applicazioni.

Per quanto riguarda il DBMS DB2[27] uno schema esterno è l'ambiente QMF (*Query Management Facility*) che consente di effettuare analogamente operazioni di interrogazione e manipolazione dati, nonché di creazione e definizione degli oggetti dello schema del Database, in maniera semplificata utilizzando il linguaggio SQL. Inoltre negli ultimi anni si sono affermati dei *Tool* molto potenti ad interfaccia grafica di tipo G.U.I.[28] quali TOAD della *Quest software* per effettuare in maniera semplificata operazioni sul Database, questo strumento è molto usato per DBMS Oracle.

---

[27] Data Base Relazionale sviluppato dalla IBM è diffuso soprattutto tra i sistemi *mainframe*.
[28] **Graphic User Interface** interfaccia grafica orientata all'utente finale dell'applicazione.

Il Linguaggio SQL (*Structured Query Language*) con esempi di Query sui dati e sugli oggetti del DataBase

L'obiettivo del linguaggio SQL è quello di definire un *data language* che acquisisce i principi del modello relazionale, la definizione degli schemi e la modifica delle istanze di un DB relazionale, e che inoltre fornisce un insieme di primitive per la formulazione delle interrogazioni.

- I dati sono strutturati in relazioni, una relazione può essere rappresentata da una Tabella, le tuple di una relazione corrispondono alle Righe della Tabella, che sono per definizione non ordinate.
- I comandi del linguaggio alla pari delle operazioni dell'algebra e della logica formale operano su relazioni (o Tabelle, Insiemi di righe), un linguaggio così definito non necessita delle strutture di controllo tipiche dei linguaggi procedurali.

Il Linguaggio SQL mette a disposizione 6 domini elementari di dati a partire dai quali si possono costruire i domini da associare agli attributi dello schema (vedi paragrafo Tipi di Dato). Inoltre il linguaggio SQL esprime interrogazioni in modo dichiarativo, in altre parole, specifica l'obiettivo dell'interrogazione e non il modo in cui ottenerlo, in ciò si contrappone ai linguaggi di programmazione di tipo procedurale (Algebra Relazionale). In SQL esistono le interrogazioni semplici, con raggruppamento di tipo insiemistico e nidificato. Oltre ai comandi orientati all'uso interattivo; il linguaggio SQL definisce anche un insieme di comandi orientati alla programmazione tradizionale (*EMBEDDED SQL*). Questi comandi, specificati all'interno dei linguaggi ospiti (*host*), consentono di trattare le Tabelle come dei *file* sequenziali, con la possibilità, ad esempio, di costruire delle letture di dati all'interno di cicli di istruzioni, verificando o meno le istruzioni condizionate, ed effettuando, nel qual caso, altri cicli di lettura, di scrittura, e aggiornamento dei dati all'interno delle Tabelle, o gestendo delle eccezioni nel caso di mancata verifica delle istruzioni condizionate. Naturalmente, coerentemente con il modello relazionale, tutti i dati su cui operano i comandi del linguaggio SQL sono strutturati in Relazioni o Tabelle.

Tutti i valori assunti da una Colonna di una Tabella appartengono ad un tipo di dato che è fissato in fase di creazione della Tabella. Come in tutti i linguaggi di programmazione, anche in SQL, i tipi di dato si compongono di un insieme di valori e di un insieme di operazioni, le quattro operazioni sono quelle algebriche: somma, sottrazione, moltiplicazione e divisione. Per quanto riguarda i tipi di dato in **DB2** ne distinguiamo cinque principali:

1. CHARACTER- Rappresentazione dei singoli caratteri, stringhe a lunghezza fissa o variabile.
2. SMALLINT INTEGER –Rappresentazione dei valori interi.
3. NUMERIC DECIMAL- Rappresentazione dei numeri su base decimale.
4. DATE/TIME- (Anno-Mese-Giorno/Ora Minuti Secondi)
5. TIMESTAMP- (Anno Mese Giorno Ora Minuti Secondi).

Si noti che in SQL gli insiemi dei valori di tutti i tipi dati possiedono un particolare elemento, detto valore indefinito, denotato col simbolo NULL, si badi che, esso non va confuso con una stringa di spazi per i tipi di carattere o con lo zero per i tipi numerici, e all'interno delle Istruzioni SQL, sia interattive, sia *embedded* si possono costruire condizioni su una Colonna di una Tabella affinché abbia o non abbia il valore nullo.

Per quanto riguarda i Comandi SQL/DB2, in generale, ne possiamo individuare di tre tipologie:

- **DDL** *Data Definition Language*. Questi Comandi consentono la definizione di uno schema di base dati come collezione di oggetti e le modifica degli stessi. Con questa tipologia di comandi, si definiscono e modificano gli oggetti DB2. Tra i principali ricordiamo i seguenti:

-CREATE (CREA): Comando che consente la definizione di componenti (Tabelle, Domini, Vincoli, Indici).
Vediamo degli esempi di comandi D.D.L.
CREATE TABLE DIPARTIMENTO
NOME–DIP: CHAR (20) Primary Key
INDIRIZZO CHAR (50)
CITTÀ CHAR (20)

CREATE TABLE IMPIEGATI
(MATRICOLA   NUMBER(4)
              CONSTRAINT IMPIEGATI_MATRICOLA NOT NULL,
COGNOME   VARCHAR2(25),
NOME VARCHAR2(25),
UTENZA   VARCHAR2(8),
SALARIO   NUMBER(9,2))

-ALTER (MODIFICA) il comando ALTER si usa per modificare le Colonne (o i domini) di una relazione.
ALTER TABLE DIPARTIMENTO
ADD COLUMN NUM-UFFICI numeric (4).
Questo comando modifica la Tabella Dipartimento, aggiungendo una Colonna (Num Uffici).
-DROP (Cancella). Il comando DROP, in particolare, permette di rimuovere dei componenti, Schemi, Domini, Tabelle, Viste.
Bisogna fare molta attenzione nell'uso di questo comando perché è un comando distruttivo senza possibilità di recupero del componente cancellato.
DROP TABLE IMPIEGATI
In definitiva si possono, con questi comandi, Creare: Tabelle, Viste, Indici, Domini etc. cancellare gli stessi oggetti. Ad esempio, si può creare un indice sui campi di una Tabella per accelerare l'accesso ai dati in essa contenuti. Una Tabella SQL è costituita da una collezione ordinata di attributi e da un insieme (eventualmente vuoto) di vincoli. Esistono delle opzioni al comando DROP che aiutano nella cancellazione dei componenti:
- L'opzione *Restrict*, specifica che il comando non deve essere eseguito in presenza di oggetti non vuoti, ad esempio, una Tabella non è rimossa se possiede delle Righe.
- L'opzione *Cascade* specifica che tutti gli oggetti possono essere rimossi.
Vediamo ora i comandi di tipo:
- **DML** *Data Manipulation Language*. Questi comandi permettono l'accesso e la modifica dei dati.

Come già detto, il linguaggio SQL fornisce primitive per la manipolazione delle basi di dati, che permettono di estendere e ridurre uno schema di base dati.
I comandi di Manipolazione dei dati, utilizzati, sono:
INSERT (Inserisci). Si noti che, l'istruzione di INSERT modifica sempre una ed una sola riga.
UPDATE (Aggiorna)
DELETE (Cancella)
Interrogazione dei dati:
SELECT (Seleziona)
Vediamo degli esempi:
SELECT cognome,nome FROM IMPIEGATI WHERE salario> 2850
Questa query[29] sceglie il cognome ed il nome di tutti gli impiegati che hanno un salario superiore a 2850 Euro

SELECT e.nome, e.cognome, d.nome_dipartimento,d.località
from IMPIEGATI e, DIPARTIMENTI d
where e.num_dipartimento = d.num_dipartimento and e.località = 'napoli'
Questa query sceglie il cognome e il nome di tutti gli impiegati che appartengono ai dipartimenti situati a Napoli.

INSERT into IMPIEGATI
values (8000, 'MAURIZIO', 'ROSSI', 7698, SYSDATE, NULL, NULL, 10)
Questa *query* inserisce nella Tabella IMPIEGATI l'impiegato MAURIZIO, ROSSI.
DELETE DIPARTIMENTI where num_dipartimento = '800';
Questa *query* cancella dalla Tabella DIPARTIMENTI la ricorrenza riguardante il dipartimento con matricola 800.
Infine vediamo i comandi di tipo:
- **DCL** *Data Control Language*. Questi comandi gestiscono l'accesso ai dati e la loro sicurezza e integrità:

Ad esempio il comando GRANT, abilita un utente ad effettuare determinate operazioni su un determinato oggetto del *database*, il tipo di autorizzazione individua cinque classi di privilegio, che conferiscono al comando caratteristiche precise e diverse. Vediamo uno degli esempi più ricorrenti di istruzioni di GRANT.

GRANT ALTER ON TABLE ORARIO_VOLI.
Questo comando consente di abilitare un utente ad effettuare delle modifiche sulla Tabella ORARIO_VOLI.
Viceversa il comando di REVOKE, è il comando che viene utilizzato per revocare i privilegi concessi mediante il comando di GRANT. Si noti che la "revoca" di un privilegio comporta l'annullamento di tutti i privilegi a esso direttamente o indirettamente dipendenti. In conclusione il linguaggio SQL si è imposto come il *data language* per i Database Relazionali con tutte le varianti per tutti i diversi DBMS, (PL/SQL per Oracle, SQL per il DB2 della IBM), che però si riferiscono sempre al linguaggio SQL standard, definito dall'ANSI, l'ente internazionale che regola gli standard dei linguaggi di programmazione.

---

[29] Interrogazione a un database, di solito è posta mediante un linguaggio di interrogazioni, il più utilizzato e' SQL *(Structured Query Language)*.

Il candidato illustri il modello E-R il suo utilizzo nel progetto concettuale di una base dati relazionale.

Prima di parlare delle caratteristiche e delle componenti del modello concettuale, ci sembra interessante analizzare il contesto in cui si colloca questo modello, e precisamente in quale fase della progettazione di un sistema informativo. Ci serviremo di uno schema esplicativo che ci mostra la collocazione del modello E-R[30] all'interno della progettazione concettuale.

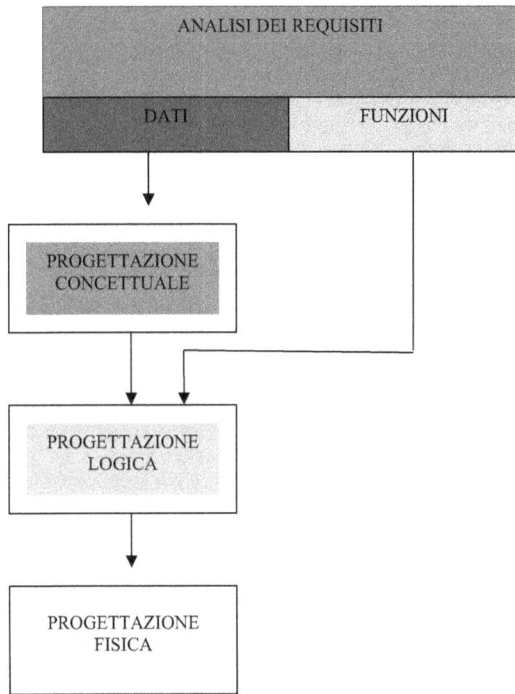

Figura 1 progettazione di un sistema informativo con particolare riferimento ai dati del sistema.

Ci sembra opportuno commentare questo schema, premettendo che ci siamo riferiti in particolar modo ai dati, tralasciando dettagli sulla parte delle funzioni e sulla prosecuzione della progettazione di un sistema informativo tutto questo è voluto per non divagare con argomentazioni che porterebbero l'elaborato su altre strade. Abbiamo visto la progettazione di un sistema informativo divisa in quattro macro fasi. Naturalmente ognuna di queste macrofasi si partizionerà in tante altre sottofasi, ma ciò

---

[30] **Entity Relationship Model** e' uno dei modelli concettuali più diffusi ed utilizzati, per l'analisi dei dati di un sistema informativo.

esula dal nostro contesto. L'analisi dei requisiti e il primo *step*, la prima macro fase, naturalmente scaturisce da uno studio di fattibilità effettuato dal management della committenza, in questa prima fase si effettua una divisione, pressoché netta, tra requisiti sui dati ed i requisiti sulle funzioni, la raccolta dei requisiti sui dati porterà alla realizzazione di un modello concettuale sui dati con il quale si effettuerà l'analisi dei dati del sistema. La metodologia utilizzata per l'analisi dei dati e quindi il modello *entity-relationship*, teorizzato da Chen[31], questo modello si fonda sulla percezione della realtà circostante in termini di insiemi di oggetti di base, **entità**, e **relazioni** tra essi, questi oggetti presentano un insieme di proprietà, **attributi**. Le informazioni raccolte e analizzate sul modello E-R vengono rappresentate mediante il diagramma E-R (che vedremo dopo in dettaglio), che assume il ruolo di *output* della progettazione concettuale. Possiamo dire che il modello E-R, nella letteratura informatica, è considerato un modello universale della fase di analisi dei dati, a prescindere dai modelli di database[32] utilizzati nella progettazione logica dei dati. Dopo questo excursus, che ci ha portato a illustrare il contesto in cui interviene il modello E-R, possiamo analizzare nel dettaglio la teorizzazione di questo modello, la costruzione e la rappresentazione diagrammatica.

Teorizzazione del modello E-R
Il modello E-R o il modello concettuale è un modello semantico sui dati per l'analisi dei dati di un sistema. I dati del sistema sono visti come "dati in sé" e non come dati su cui agiscono delle funzioni. (Tutto ciò si evince anche dalla figura 1, le funzioni intervengono nella progettazione logica dei dati).
In un tale modello viene focalizzata la natura intrinseca dei dati. Le basi teoriche utilizzate da Chen nella realizzazione di tale modello, sono:

1. La teoria insiemistica
2. La logica dei predicati

Costruzione del modello E-R **e sua rappresentazione**
La costruzione del modello E-R viene fatta mediante delle astrazioni sulla realtà; astrarre dagli oggetti del mondo reale, di natura dinamica, dei concetti di natura statica. Tutto ciò può sembrare molto astratto, quasi vago con un esempio capiremo meglio. Ad esempio prendiamo l'oggetto **IMPIEGATO**, quest'oggetto "fa e subisce" molte azioni, che possono essere viste come le funzioni di quell'oggetto, o i metodi se siamo lavorando in una realtà di programmazione *object oriented*. Mediante l'astrazione sull'oggetto si ottiene il concetto di **IMPIEGATO** con delle sue caratteristiche e con delle relazioni con altri concetti astratti del mondo reale. Dopo queste astrazioni, l'oggetto **IMPIEGATO**, diventa l'entità **IMPIEGATO**, le sue caratteristiche, diventano i suoi **attributi** (o **proprietà**) del modello E-R.
I legami che due o più **entità** possono avere sono le **relazioni** tra le **entità**, **relazioni** sicuramente logiche che collegano un'**entità** all'altra. Solitamente nella costruzione di un modello E-R si parla di insiemi di **entità** e di insiemi di **relazioni**. Un insieme di **entità** e definita come:
$E = \{e/\ p(a) \in E\}$
Cioè tutte le **entità** per cui la proposizione predicativa di appartenenza all'insieme è vera.

---

[31] Peter Chen ricercatore che verso la metà degli anni '70 teorizzò il modello E-R per l'analisi dei dati di un sistema informativo, dandone anche una rappresentazione grafica E.R.D. (*Entity Relationship Diagram*).
[32] Ricordiamo che abbiamo tre modelli di database:
reticolare, gerarchico, relazionale e tra i database relazionali è stato introdotto il concetto di Database relazionale *object-oriented* dalla seconda metà degli anni '90.

Ogni **entità** è formata da **istanze** dell'**entità**. Ad esempio, se l'insieme dell'**entità impiegato** è formato dai seguenti attributi: **matricola, nome, cognome, qualifica,** un'**istanza** dell'**entità** può essere:

(050,ANTONIO, ROSSI, CENTRALINISTA) Istanza Entita' IMPIEGATO

Attributo chiave: MATRICOLA
Fig. 2 Rappresentazione del modello E-R
Ovviamente per illustrare la figura 2 parleremo della fase di rappresentazione del modello E-R schematicamente ogni **entità** viene rappresentata mediante un rettangolo, all'interno del quale vi è il nome dell'entità. Un attributo viene rappresentato mediante una linea agli estremi della quale vi è la corrispondenza che l'**attributo** istaura con l'**entità** (vedremo in seguito i dettagli).
Ogni **relazione** viene rappresentata nel diagramma E-R mediante un rombo, all'interno del quale vi è "l'azione" che relaziona logicamente le due o più **entità**, collegate.
Ritornando agli attributi, di un'**entità**, dobbiamo dire che i valori che essi assumono devono appartenere a un determinato dominio. Ad esempio se abbiamo un **attributo DATA**, in formato giuliano, di una particolare **entità**, è naturale che il *range* di valori che l'**attributo** può assumere è tra 1 e 365.
Un'altra cosa importante riguardo gli **attributi** e' la corrispondenza che hanno con l'**entità**, una corrispondenza uno ad uno (biunivoca) tra **attributo** ed **entità**, fa si che l'**attributo** diventa un **attributo** particolare per l'**entità**, l'**attributo** chiave di quell'**entità**, esso referenzia un'unica istanza dell'**entità**. Nel nostro esempio **matricola** è l'**attributo** chiave dell'**entità IMPIEGATO**. Gli **attributi nome, cognome** insieme all'attributo **anno nascita** potrebbero essere una chiave alternativa per la nostra **entità IMPIEGATO,** in questo caso avremo una chiave composta per la nostra **entità** perché è composta da tre **attributi: NOME, COGNOME e ANNO_NASCITA,** oppure l'attributo codice fiscale potrebbe essere ancora un'altra chiave alternativa per la nostra entità.

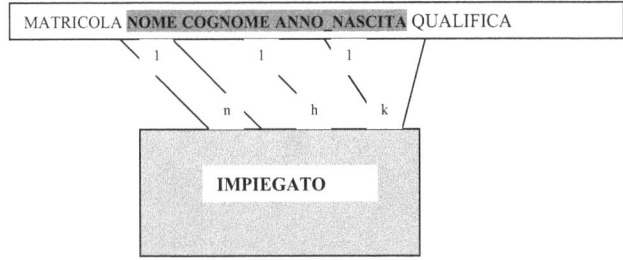

Fig. 3 Schema con chiavi composte
I tre **attributi** insieme realizzano una corrispondenza biunivoca con l'**entità**.
Ad esempio se analizziamo l'**attributo turno,** ci rendiamo conto che istaura con l'**entità IMPIEGATO** una corrispondenza molteplice (o multivalore), perché ogni turno è di più impiegati, e ogni impiegato può partecipare a più turni in questo caso abbiamo un **attributo** molteplice. Gli **attributi** molteplici sono molto pericolosi perché propagano, nel database relazionale (in questo caso) che si implementa nella progettazione logica, cattive integrità dei dati e dipendenze funzionali tra **attributi** non in chiave, di solito questa problematica viene risolta con l'introduzione, al posto dell'attributo molteplice, con una relazione ed un'entità, come schematizzato nella figura 5.

ENTITA'	ATTRIBUTO	DESCRIZIONE	NOTE
1	1	Attributo Chiave	Corrispondenza Biunivoca
1	M	Attributo	1 ad m
N	1	Attributo Molteplice	Sconsigliato
N	M	Attributo Molteplice	Sconsigliato

Fig.4 Corrispondenza tra Attributi ed Entita'.

Anche le **relazioni** tra **entità** possiedono **attributi** che possono essere propri della **relazione** o mutuati dalle **entità** che sono collegate dalla **relazione**. Per le **relazioni** abbiamo le caratteristiche di cardinalità della **relazione** e di opzionalità della **relazione**.
La **relazione** può stabilire una corrispondenza con le due entità di:
  1. **Uno ad uno**
  2. **Uno a molti**
  3. **Molti a molti**

Questo si tradurrà in una differente costruzione del modello del database relazionale (come vedremo in seguito).

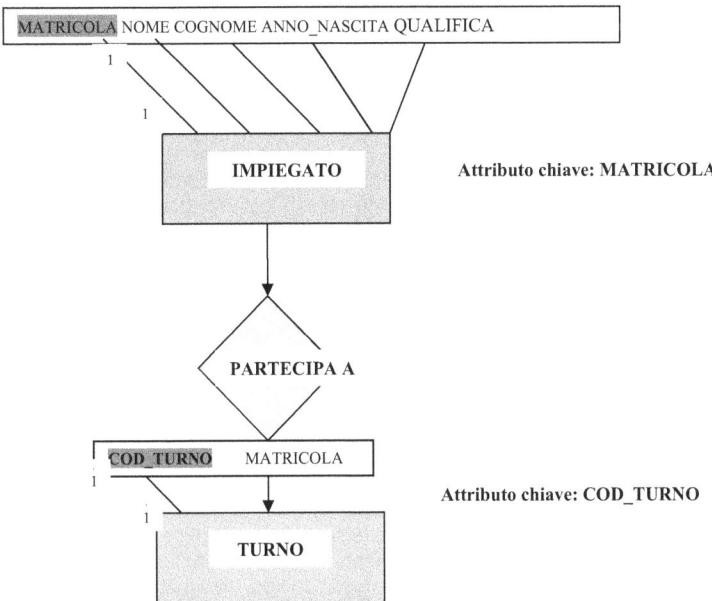

Figura 5 Schema per le risoluzioni di attributi molteplici.

L'opzionalità di una relazione è la caratteristica per cui non tutte le **entità** partecipano ad una **relazione** ad esempio riferendoci alla figura 4, gli impiegati, quadri o funzionari, non partecipano ai turni di servizio, quindi alcune **entità** non partecipano alla **relazione** "partecipa a". Alle **entità**, alle **relazioni** ed agli **attributi**, che come abbiamo visto, sono le componenti di un modello E-R possiamo applicare le operazioni di:

- Fondere due **entità** in un'unica **entità** (Generalizzazione)[33].
- Scindere un'**entità** in due **entità** o sotto **entità** (Specializzazione).
- Aggiungere **entità** o **relazioni** in un modello E-R.
- Togliere **entità** o **relazioni** in un modello E-R.
- Effettuare lo *shift* degli **attributi** da un **entità** o ad una **relazione**

ed altro ancora, per la realizzazione di un modello concettuale dei dati che sia corrispondente alla realtà che si sta analizzando. È naturale che un modello E-R definitivo per la realtà in esame viene realizzato dopo raffinamenti successivi sulle **entità**, le **relazioni**, e gli **attributi** perciò possiamo sicuramente parlare di processo *top-down*, quando ci riferiamo alla realizzazione di un modello E-R., a volte si parla di modello E-R concettuale, logico e fisico, ciò avviene specialmente in ambito didattico.

La traduzione del diagramma E-R dopo i raffinamenti effettuati, nel modello di database scelto, (in questo particolare caso, modello relazionale) è fatto come primo *step* di progettazione logica del sistema informativo. Ogni **entità** è tradotta in tabella, gli **attributi** chiave saranno le chiavi candidate per questa tabella, da cui si sceglierà la chiave primaria (*primary key*) da scegliere per ogni tabella e come vedremo le chiavi

---

[33] Relazione ISA è una relazione di sottinsieme o una gerarchia di specializzazione, tramite questa relazione si stabilisce una parentela tra due entità (genitore-figlio).

esterne (*foreign key*), ma queste operazioni si evidenziano meglio nella progettazione logica.
Gli altri **attributi** formeranno le colonne della tabella, nelle **relazioni 1 ad 1**, ed **1 a N** si creeranno due tabelle, una per ogni **entità** coinvolta nella **relazione**, mentre per le **relazioni M a N** si creeranno tre tabelle, due realizzate con le due **entità** ed una realizzata dalla **relazione**, l'**attributo** chiave della **relazione**, o meglio la chiave della tabella costruita sulla **relazione**, sarà data dall'unione delle chiavi delle tabelle costruite dalle **entità**. Nella corrispondenza **1 a N** tra **entità**, come si è detto saranno create nel database due tabelle relazionate tramite una chiave esterna presente nella tabella dipendente (quella creata dalle **entità** molti). Anche nei database relazionali si mantiene questo *link* logico tra le tabelle costruite, sui valori, e non su puntatori fisici. Alla progettazione logica è demandata la fase di normalizzazione (eliminazione delle ridondanze, verifica delle dipendenze funzionali e di conseguenza mantenimento dell'integrità fisica dei dati) che può essere effettuata anche nel modello E-R. Con queste fasi si completa l'analisi dei dati, semantica, introducendo nella progettazione logica anche la componente funzionale.

Conclusioni
Il Modello E-R ancora oggi è considerato un modello concettuale di riferimento e rimane un validissimo strumento per l'analisi semantica dei dati, dove l'aggettivo semantico vuole dire che il modello si occupa del significato dei dati, ignorando la componente funzionale che agirà sui dati del sistema; cosi finalmente giungeremo ad una descrizione formale della nostra realtà di interesse. L'ultimo sforzo sarà di passare dal modello concettuale della base dati a quello logico attraverso la progettazione logica.

4. Temi su Ingegneria del Software

I vincoli del Software

Le tecniche d'automazione si prefiggevano, quando sono nate, due obiettivi principali:
1. L'incremento della qualità e dell'efficacia del lavoro svolto.
2. La riduzione dei costi.

Gli obiettivi prefissati sono stati raggiunti anche se spesso molto parzialmente ed in modo inefficace, sovente le previsioni sui tempi sono state clamorosamente errate, di conseguenza anche le previsioni sui costi e la qualità del prodotto sono risultati scadenti. Una volta completati, i progetti *software,* si sono rivelati un " *elemento rigido* " del processo organizzativo automatizzato, i mutamenti delle tecnologie di sviluppo per l'automazione considerano, infatti, il software come un invariante, ciò fa si che, mentre l'*hardware* e il *software* di base dei calcolatori evolvono rapidamente su base sostitutiva, ad esempio, un calcolatore o un sistema operativo obsoleto è sostituito da calcolatori o S.O. più evoluti. Il *software* applicativo, presenta notevoli vischiosità nei confronti del cambiamento, quindi si scarta un'evoluzione di tipo sostitutivo, che implicherebbe la riprogettazione del *software* e di solito quindi si opera su base aggiuntiva comportando alti costi per il mantenimento d'applicazioni con tecnologie *software* in cui sono stati a suo tempo sviluppato. Vi sono leggi empiriche sul mantenimento di progetti *software* già completati, ad esempio *la legge del* **Continuo cambiamento** che può essere enunciata:

Un prodotto software consegnato all'esercizio è oggetto ad evoluzione continua, fino a che non si giudica che è preferibile dal punto di vista costi/ricavi congelarlo e riprogettarlo ex-novo.

Un'altra legge empirica è quella dell'***Entropia crescente****:*
Un prodotto software ha una non strutturazione intrinseca (entropia) che aumenta nel tempo per effetto della degenerazione strutturale, conseguenza della legge del Continuo cambiamento.

In poche parole si ha un decadimento progressivo del *software* prodotto, che tende a rendere il *software* stesso meno gestibile e controllabile. Inoltre si ha che la produttività del personale che fa l'analisi prima, e la programmazione poi è difficilmente valutabile con le conseguenze del caso; la qualità delle singole parti che compone il *software* prodotto è spesso insoddisfacente, si evidenziano errori quali:

- Mancata aderenza alle specifiche
- Errori d'impostazione di codifica

La gravità di questi errori è tanto maggiore, quanto più in là nel ciclo di vita del *software* gli errori sono stati compiuti, in pratica, vi è un costo di correzione o "*rimozione dell'errore* " tanto più elevato quanto si è più avanti nel ciclo di vita. Infine si può osservare che il *software* prodotto per l'automazione di una funzione aziendale, anche se di buona qualità tecnica non raggiunge appieno gli obiettivi prefissati. Un concetto che è fondamentale, nello sviluppo del *software*, è quello relativo al fatto che come in tutte le problematiche di progettazione ci troviamo davanti ad un problema caratterizzato da tre vincoli:

1. La Prestazione
2. Il Tempo
3. Il Costo

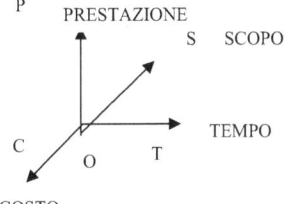

OC Budget del Progetto
OT Periodo di sviluppo
OP Specifiche funzionali
OS Lo scopo da raggiungere

Figura 1 Vincoli nelle problematiche di progettazione e sviluppo del software.

1. Per quanto concerne la **prestazione**, può subire variazioni causa la scarsa comprensione delle specifiche. E' possibile, infatti, che, a causa delle differenti variazioni delle culture professionali tra utenti e progettisti *software*, si hanno delle percezioni differenti delle specifiche funzionali e delle parole che le rappresentano, inoltre essendo il processo di produzione *software* di notevole complessità, la frequenza d'errori di progettazione può influenzare la prestazione prevista in maniera pesante, questi errori possono essere intrinseci al processo o esterni, vale a dire, causati da fattori tipo variazione dell'ambiente *hardware*, del *software* di sviluppo, delle risorse umane che abbandonano il progetto per vari motivi.
2. I **tempi** di sviluppo variano per molteplici ragioni, tra le principali, vi è quella della troppa attenzione prestata agli aspetti tecnologici a scapito di una visione ragionevole di tutti gli aspetti del progetto. Un altro aspetto importante, che fa spesso saltare la pianificazione, consiste nel fatto che le risorse sia umane, sia tecniche (*hardware*, ambiente *software*) non sono disponibili nel momento in cui ciò è necessario, perciò si ricorre a situazioni d'emergenza coinvolgendo personale non sufficientemente specializzato, comportando degli allungamenti nei tempi o addirittura fallimento degli obiettivi parziali prefissati. Ancora, con riferimento al personale, vi possono essere progettisti non sufficientemente motivati.
3. Per quanto concerne i **costi** essi sono naturalmente direttamente correlati con i tempi di sviluppo, quindi uno slittamento di sviluppo comporta necessariamente uno slittamento dei costi. Una sottostima dei costi può essere fatta perché si è all'inizio dal ciclo di vita del progetto, in tale fase l'ordine di grandezza dell'errore può essere molto ampio, si ricorda che, di solito, la stima del costo è fatta nello studio di fattibilità. Ancora altri fattori possono far si che il costo di un progetto può salire quali: aumento del costo del lavoro, variazioni delle valute.

Per tutte le ragioni elencate in precedenza, si è avuta la necessità di ingegnerizzare lo sviluppo del software, proprio per evitare una crisi profonda dell'elemento software, una situazione di stallo in un contesto tecnologico, come quello dell'*Information Technology*, in rapida e repentina evoluzione, quindi si sono andate sempre più sviluppando delle Tecniche Procedurali Avanzate per lo sviluppo del software, dove per tecniche di produzione avanzate, s'intendono, tecniche di produzione, che pur rimanendo molto procedurali sono da considerare avanzate, perché basate su una pianificazione accurata del processo di sviluppo e su misure e controlli di qualità molto rigorosi.

La Fase di Test e la Fase di Manutenzione del Software

Completata la fase di codifica, il programmatore si ritrova con un programma che si può dire "neonato", che muove i primi timidi passi. Inizia così la fase di test. Un programma, se non è una semplice esercitazione, è sempre qualcosa di così grosso da non poter essere sicuri di non aver fatto alcun errore; ed ecco quindi la necessità di un'accurata fase di test tesa a scoprire il maggior numero di difetti possibile.

Il meccanismo stesso del *test* ha però un intrinseco difetto: non sarà mai possibile verificare il comportamento di un programma di fronte a tutte le possibili situazioni, in altre parole non sarà completamente esaustivo; è stato dimostrato che servirebbe un computer grande come l'universo e tutto il tempo dell'universo stesso anche per testare in maniera esaustiva programmi semplici come le *subroutine* di moltiplicazione in *floating-point*.

Il test ha successo solo se fa scoprire un errore, non quando viene superato senza problemi. Molto spesso la mancata rilevazione di errori viene confusa con l'assenza di errori in senso assoluto, confidando così in una qualità del *software* ben più elevata di quella reale.

Dopo un'accurata fase di test, il programma viene consegnato all'utente che inizia ad usarlo.

In questa fase sono presenti due attività fondamentali: un'ulteriore fase di test, ora con dati reali sia come archivi che come carichi macchina, ed un'attività di addestramento e formazione del personale che adopera lo strumento appena consegnato.

I *test* condotti in casa difficilmente riescono a simulare le reali condizioni di utilizzo di un programma, per cui quando l'utente inizia a caricare dati e richiedere i primi risultati, saltano alla luce una serie di errori sfuggiti in precedenza ed inoltre errori di *perfomance* delle funzioni, cioè viene fatta quello che in gergo si chiama la fase di pre-esercizio del *software* rilasciato.

In questo momento però, oltre ad errori di codifica, possono venire alla luce anche difetti di analisi e progetto. L'utente, dopo aver raccontato i propri bisogni nelle interviste con l'analista, spera di essere stato abbastanza esaustivo e di aver coperto ogni aspetto del problema, ma è solo quando incomincia ad usare il programma che può dare un'effettiva accettazione dell'intero lavoro.

Se un errore di codifica è riparato senza grosse difficoltà, un errore delle fasi a monte, cioè nelle fasi di progettazione o analisi ha un costo decisamente superiore e in termini di costi economici e in termini di costi lavorativi.

L'attività di addestramento e formazione del personale contribuisce al successo finale tanto quanto una buona fase di codifica. Un programma mediocre ma ben documentato, con manuali completi ed esaustivi, è sicuramente destinato ad un successo migliore di un programma bellissimo e ricco, ma che nessuno è in grado di adoperare al meglio.

Posto in opera il programma, si passa alla fase di manutenzione del software.
La manutenzione può essere divisa in tre attività principali:
1. **Correttiva,**
2. **Adattiva**
3. **Migliorativa o Evolutiva.**

Man mano che il ciclo di vita del programma procede sono rilevati errori residui, in un graduale miglioramento del prodotto al passare del tempo. A volte poi gli errori noti non vengono neppure più corretti, ma semplicemente segnalati ed evitati.

Se l'uso di un programma si protrae nel tempo, può accadere che la macchina su cui il programma gira diventi obsoleta, e che sia quindi necessario un lavoro di adattamento a nuove realtà operative dell'intero pacchetto. In questo caso non si tratta né di correzioni di errori, né di creazione di nuove parti, anche se si è costretti ad una revisione dell'intero progetto.
Il terzo punto della manutenzione è la creazione di nuovi pezzi di programma. Come già evidenziato, una soluzione informatica modifica l'ambiente stesso che ha generato la richiesta: le persone che ora utilizzano il computer ora hanno tempo libero e nuovi dati a disposizione, per cui sono in grado di immaginare ed esprimere nuove necessità.
Le nuove richieste possono essere così consistenti da costringere ad un ritorno alla fase di analisi, per percorrere poi tutta la strada fino ad un nuovo ciclo manutentivo.
La qualità del lavoro svolto in ogni fase influenza in modo positivo o negativo quello che si svolge nelle fasi seguenti.
Come si e' già evidenziato, è possibile entrare in un nuovo ciclo di produzione a causa di grosse richieste di crescita durante la manutenzione, per cui non sono solo le fasi a valle a beneficiare di un'elevata qualità del prodotto di ogni singolo momento, ma anche quelle a monte.
Questo discorso vale anche, naturalmente, per la fase di *Test* che rimane una delle più delicate: se il programma è provato a dovere vi saranno pochi errori residui, sia del tipo da "*beta test*", cioè quelli che si evidenziano immediatamente con l'uso del programma con dati reali e non di laboratorio, sia di quelli legati alle fasi manutentive, cioè gli errori che sono sfuggiti perché dovuti a configurazioni particolari o uso non previsto del programma.
Se un programma non è stato testato con cura ed è consegnato con un grosso carico di errori, il cliente perde facilmente fiducia nell'intero lavoro, anche se poi si apportano tutte le correzioni necessarie.
Consegnare il pacchetto software, quando non è ancora pienamente testato, affrettare l'addestramento del personale, in generale curare poco questa fase, porta ad una manutenzione difficile. Se l'utente non usa correttamente il pacchetto software farà grosse richieste di miglioramenti semplicemente perché non è in grado di ottenere quello che il sistema è già capace di fornirgli, ma un uso errato può portare anche ad interventi estremamente difficili come per esempio ricostruire il contenuto degli archivi perché operazioni errate hanno distrutto dati preziosi.
La manutenzione è estremamente delicata: se non sono seguite le direttive impostate nelle fasi precedenti, se si interviene più a rappezzare che a dare dignità di costruzione anche a tutti lavori svolti in questo momento, non sarà mai possibile gestire l'evoluzione del programma, della soluzione software, a coprire le nuove esigenze che man mano si riveleranno.
Tutte le fasi hanno una ricaduta sulle attività manutentive. In un certo senso è proprio in questo momento che "i nodi vengono al pettine", che qualunque parte del lavoro svolto viene messa alla prova.
Mantenere non è un'attività a se stante: è solo rientrare in analisi, verificare se la segnalazione di errore o la nuova richiesta impone nuovi interventi, passare al progetto, codificare per correggere o implementare, testare e consegnare; in poche parole, mantenere è ripercorrere tutte le fasi fin qui esposte.

La manutenzione non è l'ultima fase di un pacchetto morente, ma semplicemente il trampolino di lancio di un nuovo ciclo di produzione che ripercorre tutte le fasi. In definitiva possiamo concludere che:

- **produrre software non è solo programmare**
- **la qualità di un programma dipende dalla qualità di ogni fase**

e in particolare come in una catena un solo anello arrugginito rende inutili tutti gli altri anche se di ottima fattura, e la catena cederà, anche nella produzione del software trascurare uno solo dei vari passi porta inevitabilmente alla produzione di un *software* scadente e poco aderente alle specifiche per cui era commissionato.

> **La manutenzione è un'attività base di un centro elaborazione dati che gestisce applicazioni proprietarie. Il candidato illustri come detta fase si posiziona nel ciclo di vita del software, i suoi possibili scopi, le metodologie appropriate, gli strumenti a supporto.**

La produzione del software è un'attività molto sui generis, poiché si produce qualcosa d'immateriale "che non si fabbrica", non è come la produzione di un'automobile, dove entrano in gioco dei fattori legati ai materiali utilizzati, all'assemblaggio di componenti e/o ad altro. Questa non tangibilità dell'oggetto software non prescinde dal fatto che, come tutte le attività di produzione, è legata strettamente a tre parametri fondamentali:
1. **Prestazioni**
2. **Tempi**
3. **Costi**

La prestazione è legata all'efficacia del software, l'aderenza del software alle specifiche dell'utente. I tempi della realizzazione del software sono legati al costo, se slittano i tempi di realizzazione, di conseguenza aumenterà il di costo del software. Ed è proprio il costo che incide molto nelle attività di manutenzione del software. Da statistiche lette su articoli specializzati, ed effettuate dal Dipartimento della difesa degli Stati Uniti d'America, si evince che, più della metà del costo di un intero ciclo di vita di un'applicazione software, di dimensioni medio-grandi, è legato alle attività di manutenzione del software. L'elevato costo delle attività di manutenzione del software, storicamente, è stata una delle cause della "crisi del software", ed allo stesso tempo conseguenza dell'introduzione di nuove metodologie di realizzazione del software, e nuovi paradigmi di codifica ad esempio programmazione *Object Oriented*[34], in antitesi alla programmazione procedurale[35]. Vediamo adesso dove viene a collocarsi l'attività di manutenzione del software, all'interno del ciclo di vita. In molti casi, a quest'attività di manutenzione non è assegnata la giusta valenza, è consuetudine riservare più peso ad attività antecedenti, quali l'analisi e la codifica. Infatti, nella maggior parte dei progetti software, alla fase di manutenzione sono assegnate risorse umane non sufficientemente esperte, con delle conseguenze immaginabili. Un'applicazione software dopo un certo periodo che è in uso (in esercizio), decade, in pratica degenera perché è sottoposta a una destrutturazione intrinseca, di conseguenza è soggetta a ripetute attività di manutenzione affinché lo rendano meno destrutturato e più funzionale, fino a quando, anche un'egregia manutenzione non è più sufficiente. Vi è da dire inoltre, che le applicazioni software non evolvono su base sostitutiva, come avviene per hardware e software di sistema solitamente, quindi la fase manutentiva e' piuttosto critica.

---

[34] Il paradigma Object Oriented accentra l'attenzione verso i dati. L'applicazione è suddivisa in un insieme di oggetti in grado di interagire tra loro, inoltre, il programmatore decide di quali attributi (dati) e funzionalità (metodi) dotare gli oggetti. includendo le modalità d'interazione tra gli oggetti. Proprio grazie a queste interazioni sarà possibile riunire gli oggetti e formare un'applicazione.

[35] Il paradigma procedurale, può essere riassunto nell'espressione latina: "*Divide et Impera*" ossia dividi e conquista. Difatti secondo il paradigma procedurale, un problema complesso è suddiviso in problemi più semplici in modo che siano facilmente risolvibili mediante programmi "procedurali". E' chiaro che in questo caso, l'attenzione del programmatore è accentrata al problema.

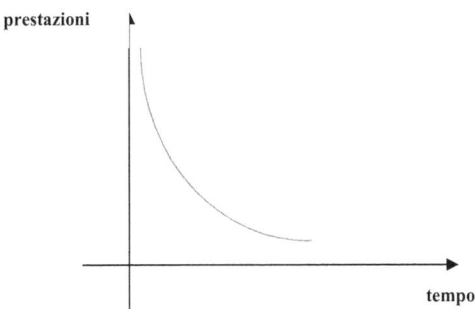

Figura 1 grafico riguardante la degenerazione del software lungo il ciclo di vita.
- **p** prestazioni,
- **t** tempo

Il processo di realizzazione di un'applicazione software può essere sintetizzato in tre azioni, che descriviamo con tre parole:
1. Che cosa
2. Come
3. Cambiamenti

Questo processo di sintesi può essere fatto, a prescindere dal modello di ciclo di vita adottato, tra i modelli di cicli di vita del software ricordiamo:
- Modello a cascata (*Water fall model*).
- Modello RAD (*Rapid Application Development*).
- Modello a prototipo.
- Modello incrementale.

Il **che cosa** è lo studio del problema da affrontare, e per usare un termine tecnico la *Top Level Analisys,* analisi ad alto livello di dettaglio. Le attività svolte in quest'ambito possono essere: la stesura dei requisiti dell'utente del sistema, determinata dallo studio della problematica e da continui confronti tra il team di analisi e la committenza, la progettazione dell'architettura del sistema, e la progettazione dell'eventuale interfaccia grafica.

Non ci soffermeremo più di tanto su queste fasi perché potrebbero portare a descrivere argomentazioni che esulano dall'elaborato. L'azione che a noi interessa descrivere, in quest'elaborato, è i **cambiamenti**, in pratica le modifiche alle quali sono sottoposte le applicazioni software.

Il **come** individua in quale modo affrontare il problema analizzato (*Low level Analisys*), in pratica l'analisi di dettaglio. In quest'ambito riscontriamo: le fasi di progettazione, di codifica e di test unitario dell'applicazione software da realizzare, vista come singolo modulo applicativo.

I **cambiamenti**, le modifiche a cui il software applicativo viene sottoposto possono essere di varia natura. Prima di vedere i vari tipi di manutenzione che si possono realizzare su di un'applicazione software, è bene precisare meglio dove collocare questa fase, all'interno di un ciclo di vita. Per comodità nostra, ci

riferiremo a un ciclo di vita in particolare, ad esempio il modello sequenziale lineare (*waterfall model*) che rimane, per ora il modello più adottato in letteratura.
In un ciclo di vita a cascata, la fase di manutenzione è una delle ultime fasi, essa viene alla luce, quando l'applicazione è in esercizio, vale a dire è utilizzata dagli utenti del sistema. Se schematizziamo un ciclo di vita a cascata, una delle sue molteplici varianti, vediamo la collocazione temporale della fase di manutenzione. Ogni fase produce un *output* documentativo che diventa l'*input* per la fase seguente, ed inoltre su ogni fase, alcune varianti del ciclo di vita a cascata, prevedono delle azioni di rivisitazione (*review*) tese ad evitare la propagazione di errori alle fasi successive.

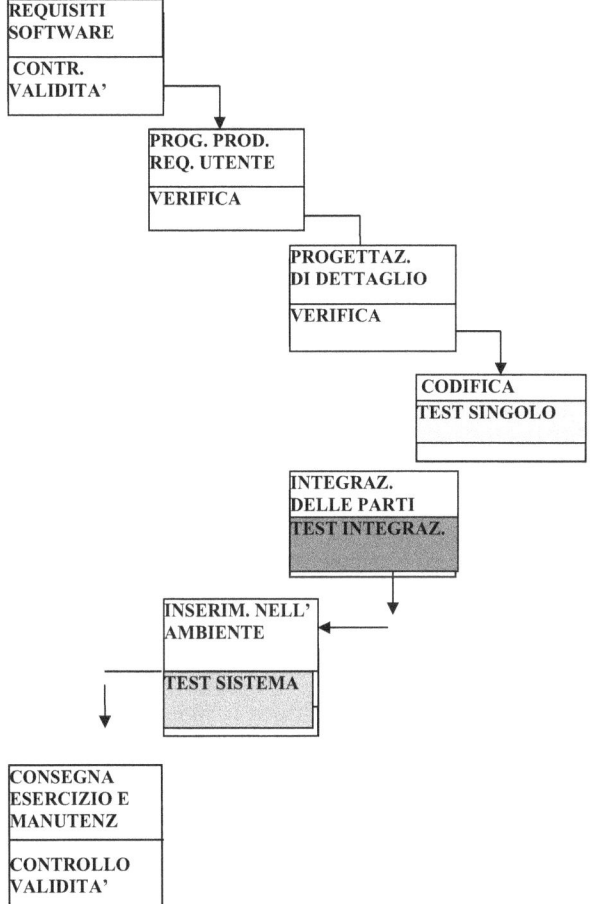

Figura 2 Ciclo di vita Waterfall.
Naturalmente all'origine di questo schema vi è una fase di studio di fattibilità è eseguito dal management dell'azienda committente dell'applicazione, nel caso di azienda esterna che realizza l'applicazione.

- **Test unitario** è complementare alla codifica del singolo modulo applicativo che viene "testato" con input ad hoc, creati dal programmatore.
- **Test d'integrazione** è complementare all'intera fase di progettazione. Con quest'attività si esegue l'integrazione dei vari moduli applicativi componenti l'intero sistema.
- **Test di sistema** è complementare alla fase di analisi dei requisiti. In questa fase si effettua il test sull'intera applicazione.

I diversi tipi di manutenzione che possiamo distinguere, una volta che il software applicativo è utilizzato dagli utenti, sono in primis, la **manutenzione correttiva**, tesa all'eliminazione di errori che si sono propagati attraverso le varie fasi, fino al rendersi evidenti in fase di utilizzazione dell'applicazione. Se l'errore individuato, è dovuto ad una cattiva analisi, allora il "costo di rimozione" dell'errore è piuttosto elevato, perché è necessario "risalire" lungo le fasi del ciclo di vita, effettuare nuovamente un'analisi corretta e poi propagare le correzioni alle fasi seguenti, allineare le documentazioni ed i diagrammi generati ad ogni fase. Questo lavoro diventa, in questo caso prospettato, molto oneroso per il team che viene assegnato alla fase di manutenzione. Naturalmente un errore verificatosi più "a valle" del ciclo di vita, in fase di manutenzione ha un costo di lavoro, e quindi di denaro, più esiguo. Come metodologie utilizzate in questa fase per la correzione di errori possono essere la consultazione della documentazione esistente, o in assenza di ciò, effettuare un lavoro di *reverse engineering* per comprendere il problema ad un livello più elevato. Di solito i *teams* per la manutenzione di un'applicazione software è buona norma, costituirli, utilizzando risorse che hanno partecipato ad una o più fasi del ciclo di vita dell'applicazione, anche se per esigenze aziendali ciò non sempre accade.

Un altro tipo di manutenzione è quella **evolutiva**, in questo caso l'utente dell'applicazione ha bisogno di nuove funzionalità, ad esempio per cambiamenti legislativi in un'applicazione di tipo gestionale, nel caso prospettato bisogna che il *team* di manutenzione implementi nuove funzionalità, quindi il team deve ripartire dall'analisi del nuovo requisito dell'utente e man mano effettuare la progettazione, la codifica ed i test fino a consegnare il nuovo requisito, integrato nell'applicazione, all'utente del sistema.

Un altro tipo di manutenzione e quello **perfettivo** o **prestazionale** (*performance*), in questa situazione, di solito ci si ritrova quando le prestazioni di uno o più moduli dell'applicazione sottraggono un elevato tempo di CPU[36] al sistema elaborativo. Molte volte ciò accade nelle applicazioni in modalità *batch*[37], un modulo dell'applicazione "consuma" un elevatissimo tempo di CPU ad esempio alcune ore. Allora bisogna creare un team di manutenzione prestazionale, che cerchi di ottimizzare le prestazioni, lavorando principalmente sull'analisi, sulla progettazione e sulla codifica di quel modulo applicativo.

Un altro tipo di manutenzione che riconosciamo in ambito dello sviluppo software e quello **adattivo**. Adattare, ad esempio, 1'applicazione software al nuovo sistema operativo, o in un contesto elaborativo differente da quello nativo. È molto frequente la migrazione di applicazioni software in contesti elaborativi più evoluti. Tra gli strumenti a supporto delle varie tipologie di manutenzione descritte abbiamo gli strumenti CASE[38], creati apposta per la manutenzione delle applicazioni software, oltre agli I-CASE (*Integrated CASE*) che prevedono automatizzazione delle fasi dell'intero ciclo di vita del software, supportate da una base dati comune (*repository*). Tra gli strumenti CASE adatti alla fase di

---

[36] **Center Processing Unit**, è l'unità centrale che consente l'esecuzione delle istruzioni contenute nel programma ed è in grado di assumere alcune decisioni.

[37] Elaborazioni differite (*Batch*), che effettuano statistiche o consuntivi o che ristrutturano il DataBase, queste elaborazioni sono inviate particolarmente nelle ore notturne, per non intralciare le elaborazioni on-line del sistema.

[38] **Computer Aided Software Engineering** testualmente ingegneria del software assistita dal calcolatore, strumenti CASE danno la possibilità di automatizzare compiti prima svolti manualmente e di controllare con più precisione 1o sviluppo del *software*.
L'obiettivo a cui si vuole arrivare con l'uso dei *tool* CASE è quello di avere uno sviluppo automatico del *software* partendo dalla definizione delle specifiche tramite schemi a blocchi od altro.

manutenzione, vi sono, non ultimi, gli strumenti CASE utilizzati per la manutenzione adattiva del software alle esigenze dell'anno 2000 (Y2K CASE) o alle esigenze della moneta unica Euro, questo a ridosso degli anni '98 e '99. Il modo di funzionamento di questi strumenti è quello di effettuare uno *scan* su tutte le istruzioni di un modulo applicativo, evidenziando le istruzioni coinvolte dalle eventuali modifiche, effettuare le modifiche di queste istruzioni, sulla base di direttive impartite dal *team* di manutenzione. Al *team* di manutenzione rimane una funzione di controllo del lavoro fatto dallo strumento CASE. Naturalmente il funzionamento di questi strumenti è molto più complesso nei dettagli, ciò che abbiamo descritto è solo per dare l'esemplificazione di come taluni strumenti possono essere d'aiuto nella manutenzione di applicazioni software.

Conclusioni

Le finalità ultime del lavoro di manutenzione di un'applicazione sono di rilevare i difetti tramite i malfunzionamenti del software, al fine di minimizzare la probabilità che il software rilasciato ha dei malfunzionamenti nella normale operatività o implementare nuove funzionalità relative a cambiamenti di situazioni sia intrinseche sia estrinseche al software. Naturalmente nessun lavoro di manutenzione può ridurre a zero le probabilità di malfunzionamenti, siccome le possibili combinazioni di valori di *input* validi sono enormi, e non possono essere riprodotte in un tempo ragionevole, tuttavia la manutenzione rimane un'attività critica nell'ambito dello sviluppo software e quindi in quest'attività le aziende e gli enti coinvolti destinano ingenti risorse sia in termini di uomini sia in termini di denaro.

5.Temi su I Sistemi Operativi

Tipi di Sistemi Operativi

Tra i Sistemi Operativi, o meglio tra l'organizzazione interna di un sistema operativo distinguiamo: Sistemi Monoprogrammati, Sistemi Multiprogrammati e i Sistemi Timesharing.

Il Sistema Monoprogrammato per antonomasia è MS-DOS[39], un sistema Monoprogammato come "Organizzazione Interna" e monoutente dal punto di vista dell'utente del sistema. I sistemi dedicati ad un singolo utente sono stati una conseguenza delle diminuzioni dei costi hardware e soprattutto l'utilizzo della CPU non riveste più un'importanza predominante, in certi casi. Caratteristica particolare di tali sistemi è che non si adatta alcuna forma di protezione sui *files*. Tutte le risorse del sistema sono dedicate a un solo Job di utenza: ad esempio un utente che siede davanti ad un personal computer, ha tutte le risorse a lui dedicate, vi è una gestione sequenziale dei programmi, solo quando un programma è terminato ci si può dedicare ad un secondo programma. L'utilizzo della C.P.U. in questi sistemi è molto importante. Un limite dei sistemi monoprogrammati è che questo rapporto è troppo basso.

L'utilizzo della C.P.U. si può riassumere nella formula:

$$T_P/T_F$$

Dove T_p è pari al Tempo dedicato dalla C.P.U. all'esecuzione del programma, mentre T_e è pari al Tempo totale di permanenza del programma nel sistema.

Collegata a questa formula vi è la definizione di:

***Throughput* di sistema è dato dal numero di programmi che sono eseguiti per unità di tempo.**

Nel caso di sistemi monoprogrammati, è piuttosto basso per lo scarso utilizzo della C.P.U.

Esaminiamo ora i Sistemi Multiprogrammati e Il concetto di Multiprogrammazione. Possiamo sicuramente affermare che, la Multiprogrammazione si è sviluppata nei sistemi operativi con l'introduzione dei dischi, in pratica di dispositivi ad accesso diretto. Con la Multiprogrammazione abbiamo più programmi (*Job*) presenti contemporaneamente in memoria principale. Quando siamo in un tale caso, diventa possibile eseguire algoritmi di *Scheduling* sui *Job*, vale a dire decidere quali *Job* caricare in memoria centrale. Più programmi presenti contemporaneamente in memoria principale, ma si deve considerare la limitatezza della memoria centrale che di solito consente di contenere meno *Job* di quanti ve ne sono nel *Pool* di Job. Mentre un programma è nell'attesa di completamento dell'operazione, la C.P.U. può iniziare l'esecuzione di un altro programma. Bisogna considerare quindi problematiche di Protezione, gestione della memoria, algoritmi di *Scheduling*. Da ciò si deduce la complessità e la sofisticatezza di tali sistemi. Nei Sistemi Operativi Multiprogrammati si parla di Partizione di memoria. La memoria è suddivisa da Job, il sistema operativo fa ottenere così un migliore sfruttamento delle risorse. L'utilizzo elevato della C.P.U. è uno di questi fattori. D'altra parte però sorgono i

---

[39] Primo tra i sistemi operativi per *personal computer* prodotto da Microsoft, MS-DOS (*Microsoft Disk Operating System*) è privo di interfaccia grafica ma era semplice da utilizzare. Proprio questa sua semplicità, insieme con la diffusione ottenuta, a partire dagli anni ' 80, dai Personal Computer, ne hanno decretato il successo.

problemi di protezione, supponendo di avere due Job chiamati Job1 e Job2, i dati di Job1 non devono "contaminare" i dati di Job2. Gli algoritmi di *Scheduling,* sono algoritmi con i quali è assegnato il Job alla C.P.U., vi sono dei criteri di scelta dei Job, vi sono inoltre dei problemi di gestione della memoria, cioè quando termina un Job, in memoria deve essere caricato il Job successivo.
In definitiva un Sistema Multiprogrammato consente:
- **Gestione di più programmi indipendenti presenti nella memoria principale.**
- **Migliore utilizzo delle risorse per una riduzione dei tempi morti.**
- **Maggiore complessità del sistema operativo: (conseguenza dei primi due punti)**

Ne consegue che si devono prevedere:
-**Algoritmi per la gestione delle risorse (C.P.U., memoria, I/O).**
-**Protezione degli ambienti dei diversi programmi applicativi.**
-**Algoritmi di *Scheduling*, cioè algoritmi che effettuano la scelta del Job da eseguire.**

Vediamo come si migliorano le proprietà di un sistema di elaborazione passando da un sistema monoprogrammato a uno multiprogrammato. Vediamo ciò con un esempio pratico:
Se P_0 e P_1 sono due programmi che eseguono per 1 secondo e quindi attendono per 1 secondo.
Vediamo cosa succede nell'esecuzione dei due programmi senza Multiprogrammazione: Il secondo Programma P_0 attenderà l'inizio, l'esecuzione e la fine del programma P_1.
Nel caso della Multiprogrammazione si noterà, che i due programmi, sono simultaneamente in memoria. La C.P.U. è sempre occupata quando il primo programma chiede un'operazione di I/O, la C.P.U. in quel periodo di tempo elabora il secondo programma, quando anche il secondo programma chiede un'operazione di I/O il controllo si trasferisce di nuovo al primo programma e così via. Si badi che questo è un caso teorico, da ricordare che quando Po interrompe la sua esecuzione, poi in seguito si riprende dal punto dove era stato fermato, con la conseguenza di dover memorizzare le istruzioni e le variabili fino a quell'istante valorizzate, e per poi riprendere l'esecuzione di P_0 dallo stesso punto.
Vedremo ora sistemi operativi a divisione di tempo (*Time Sharing).* In un sistema *Batch* multiprogrammato l'utente non può interagire con il *Job* durante la sua esecuzione, e naturalmente non può modificarlo per studiarne il comportamento. Il *Time-Sharing* è un'estensione logica della multiprogrammazione, più *Job* sono eseguiti dalla C.P.U. che commuta la loro esecuzione con una frequenza tale da poter permettere agli utenti di interagire con ciascun programma durante la sua esecuzione. Un sistema *Time-Sharing* utilizza lo *Scheduling* della C.P.U. e la multiprogrammazione per assicurare a ciascun utente una piccola parte di computer in *Time Sharing,* cioè in condivisione di tempo. Ogni utente ha almeno un programma concreto in memoria, un processo appunto. Di solito un processo, durante la sua esecuzione, impegna la C.P.U. per un breve periodo di tempo, prima di richiedere delle operazioni di I/O o di terminare: tali operazioni possono essere interattive, l'output è inviato all'utente mediante un sistema video o una stampante, l'input mediante una tastiera o un *mouse*. I tempi di tali operazioni risentono la "lentezza" del lavoro umano, naturalmente rispetto alla velocità della macchina. Piuttosto che lasciare la C.P.U. inattiva durante questi tempi, il

sistema operativo commuta velocemente la CPU al programma di un altro utente. In un tale tipo di sistema operativo ogni utente ha la sensazione che il sistema di calcolo è tutto dedicato a se, in realtà, il sistema operativo interviene quando ha da assegnare il controllo della CPU a un determinato programma, per un certo istante, o *quanto di tempo* (ad esempio 400 millisecondi). Ricordiamo che il quanto è una costante di sistema configurabile, dopodichè il programma è interrotto nella sua esecuzione, anche se non si è completato e così la C.P.U. passa all'esecuzione di un altro programma, e così via, fino a quando non si sono effettuate le assegnazioni dall'istante di tempo, quanto o (*time-slice*) a tutti i programmi. A questo punto si passa di nuovo al primo programma fino a quando poi un programma non termina ed esce dalla lista. Nell'implementazione dei sistemi *Time sharing*, si usa il *Timer*, che è usato per interrompere l'esecuzione ogni N millisecondi *(time-slice)*. Allo scadere di ogni quanto di tempo il controllo ritorna al sistema operativo, il quale si preoccupa di eseguire le necessarie operazioni di amministratore del sistema, come ad esempio di ripristinare i valori corretti dei registri, delle proprie variabili interne e dei buffer di sistema, oltre ad aggiornare molti altri parametri allo scopo di preparare l'esecuzione del programma successivo (procedure di *context switch)*. Dopo ogni *context switch* il programma che riceve il controllo della CPU, riprende l'esecuzione dal punto esatto in cui è stata interrotta allo scadere del precedente quanto di tempo concessogli. Un sistema *Time sharing* aggiunge qualcosa in più alla multiprogrammazione perché si abbreviano i tempi d'attesa dei programmi corti, mentre nei sistemi multiprogrammati si voleva ottimizzare l'occupazione della C.P.U.. Concludiamo riassumendo le caratteristiche di un sistema *Time Sharing*:
-Astrazione di più macchine virtuali.
-Ogni utente, ha un proprio programma in memoria, ed a ciascuno è dedicata una macchina virtuale e quindi si abbreviano:
-Tempi di Attesa dei programmi corti.
-Tempo impiegato dal sistema operativo per trasferire il controllo da un programma ad un altro (*overhead*).

N.B. In questo tema, ci siamo occupati solo del primo aspetto della classificazione dei sistemi operativi, la loro Struttura Interna, il secondo aspetto che è la Visibilità Utente interviene allo stesso modo nella classificazione dei sistemi operativi, per cui sentiremo parlare anche di Sistemi Monoutente, Sistemi Batch, Sistemi Interattivi, Sistemi General Purpose, Sistemi Transazionali, Sistemi per l'elaborazione a distanza, classificati in questo modo, proprio tenendo conto di come si presentano all'utenza.

Le Componenti di un Sistema Operativo

In questo Tema ci riferiremo per comodità ad uno dei sistemi operativi più diffusi su *workstations*, il sistema Unix[40]. Vedremo dapprima l'elenco dei componenti del Sistema operativo e successivamente ci soffermeremo su ogni singolo modulo e sui compiti che esso svolge. Distingueremo sette componenti principali che andiamo ad elencare:

1) **Gestore dei Processi (Gestione della CPU ai vari programmi mediante criteri e particolari algoritmi di *Scheduling*).**
2) **Gestori della Memoria Principale e Secondaria (Memoria principale, Gestione dei dischi, *Buffer Caching*).**
3) **Gestore dei Dispositivi di I/O (Interfaccia generale per i *driver* dei dispositivi, *Driver* per gli specifici dispositivi *hardware*.**
4) **Gestore dei *File* (*File System di Unix*, Creazione e Cancellazione *File*, Creazione e Cancellazione *Directory*).**
5) **Sistema di Protezione (Politiche con cui effettuare la protezione, che è eseguita a diversi livelli ed il sistema operativo, insieme all'*hardware* si occupa di ciò).**
6) **Gestione della comunicazione tra sistemi distribuiti (il sistema operativo deve far colloquiare macchine diverse e fra loro distanti, quindi gestisce la comunicazione).**
7) **Interprete dei Comandi. Nei sistemi operativi esiste un linguaggio con cui l'utente si rivolge al sistema, nasce, naturalmente l'esigenza di interpretare queste frasi del linguaggio, i comandi. L'Interprete dei Comandi è l'interfaccia tra l'utente ed il sistema operativo. Alcuni sistemi operativi contengono nel *Kernel* del sistema l'Interprete dei Comandi, altri sistemi operativi, come MS-DOS e Unix lo trattano come un programma speciale, che è eseguito quando un *Job* è iniziato.**

Vediamo più in dettaglio ciò che svolgono i sette moduli individuati:

Gestore dei Processi.
Il concetto di processo deriva dal fatto che gli attuali sistemi di calcolo consentono più programmi caricati in memoria ed eseguiti in maniera concorrente. Tal evoluzione richiede un più severo controllo e una maggiore compartimentazione dei vari programmi. Un processo è un programma in esecuzione, esso è autonomo e distinguibile dagli altri, che richiede, utilizza e rilascia risorse. Esso ha una sua vita e una terminazione e può comunicare con altri processi. Esso è l'unità di lavoro dei sistemi *time-sharing*. Come si sa, tra i compiti principali di un Sistema operativo, vi è l'esecuzione dei programmi utente o meglio dei processi utente. Ogni processo, è rappresentato nel sistema operativo, da un *process control block* PCB (o *task control block*). Esso contiene gran parte delle informazioni, connesse a un processo specifico. Il sistema operativo gestisce le Code, liste d'attesa per l'ottenimento di una risorsa, e gestisce inoltre i processi, che non sono in esecuzione, quelli che devono

---

[40] Più che un sistema operativo, Unix è un insieme di sistemi operativi che risultano, in buona parte, compatibili tra di loro. I sistemi Unix, sono stati implementati su diversi fasce di processori, dai semplici personal computer alle macchine più costose. I sistemi Unix sono noti come sistemi "aperti" grazie al fatto di basarsi su un insieme di standard riconosciuti.

aspettare che la CPU sia libera e che quindi la loro esecuzione possa riprendere, tutto questo mediante la gestione di code di *Scheduling*.

Gestore della Memoria Centrale.
La memoria è un vastissimo *Array* di parole o *byte* provvisti del proprio indirizzo. Schematicamente è un enorme casellario ed ogni casella è riferita con un indirizzo, come in figura

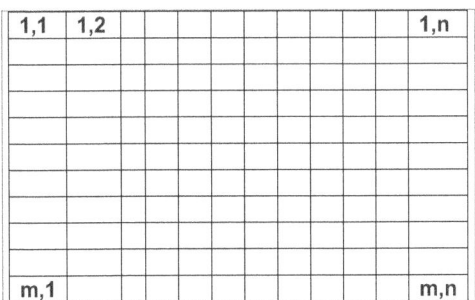

Fig.1 schema di una memoria con indirizzi.
Essa è un magazzino di dati velocemente accessibili ed è condivisa dalla CPU e dai dispositivi di I/O. La CPU legge le istruzioni dalla memoria centrale, durante il ciclo di *fetch* delle istruzioni. La memoria centrale è l'unico dispositivo di memorizzazione che la CPU può indirizzare direttamente. Come si sa, per migliorare l'utilizzo della CPU (*troughput* di sistema) e velocizzare i tempi di risposta ai suoi utenti (*Turnaround time*), occorre tenere molti programmi in memoria. Il sistema operativo è responsabile delle attività connesse alla gestione della memoria centrale:
- **Tenere traccia di quali parti della memoria sono attualmente utilizzate e da quale processo utente o di sistema**
- **Decidere quali processi devono essere caricati in memoria quando vi sia spazio disponibile.**
- **Allocare e deallocare lo spazio di memoria in base alle necessità.**

Gestore della Memoria Secondaria.
Poiché la memoria principale è troppo piccola perché contenga tutti i dati e tutti i programmi e il suo contenuto va perduto quando il sistema è spento, il *computer* deve disporre di una memoria secondaria, che "sostenga" la memoria centrale, una vera e propria estensione della memoria centrale. I sistemi moderni di calcolo utilizzano i dischi come principale mezzo di memorizzazione *on-line*, sia per i programmi, sia per i dati. Su un disco sono memorizzati la maggior parte dei programmi di utilizzo di base, specialmente in ambienti di sviluppo software, quali i compilatori, gli assemblatori, le *routine* di ordinamento, gli *editor*.
Il sistema operativo è responsabile delle attività connesse alla gestione della memoria secondaria:
- **Gestione dello spazio libero.**
- **Allocazione dello spazio.**

- Scheduling del disco o dei dischi.

Gestore del Sistema di I/O.
Le caratteristiche dei dispositivi di I/O sono nascoste alla maggior parte del sistema operativo dal sistema di I/O, che si compone delle seguenti parti:
- Un sistema di *buffer-chaching*
- Un'interfaccia generale per i *driver* dei dispositivi
- *Driver* per specifici dispositivi *hardware*.

Soltanto il *driver* del dispositivo conosce le caratteristiche dello specifico dispositivo cui è assegnato.

Gestore dei File.
La gestione dei File è uno dei componenti maggiormente visibili di un sistema operativo. Il sistema operativo mappa i file sui supporti fisici e vi accede attraverso i dispositivi di memorizzazione. Inoltre il sistema operativo implementa il concetto astratto di file gestendo i supporti di memoria di massa, come nastri, dischi e i dispositivi che li controllano. I file sono generalmente organizzati in *directory*, che ne facilitano l'utilizzo. Infine, se più utenti hanno accesso ai file, è necessario controllare chi ha la possibilità di accedervi e in che modo.

Il sistema operativo è responsabile delle attività connesse alla gestione dei File:
- **Creazione e cancellazione di *file***
- **Creazione e cancellazione di *directory***
- **Primitive per la manipolazione di *file* e di *directory***
- ***Mapping* dei *file* sulla memoria secondaria**
- ***Backup* dei *file* su dispositivi di memorizzazione stabili, non volatili.**

Sistema di Protezione
Un sistema operativo con più utenti (Multiutente) e che consente che siano eseguiti più processi in modo concorrente, i diversi processi devono essere protetti dalle attività di altri processi. Per questo motivo esistono meccanismi che assicurano, che i file, i segmenti di memoria, la CPU e altre risorse possano essere controllate solo dai processi che hanno ricevuto idonea autorizzazione dal sistema operativo stesso. Ad esempio l'*hardware* per l'indirizzamento di memoria assicura che un processo possa svolgersi solo all'interno del proprio spazio di indirizzi. Il *timer* assicura che nessun processo possa acquisire il controllo della CPU senza poi restituirglielo, inoltre agli utenti non è permesso di eseguire il proprio I/O, perciò risulta protetta l'integrità dei diversi dispositivi periferici. Un sistema di Protezione è un meccanismo che controlla l'accesso da parte di programmi, di processi o utenti alle risorse di un sistema di calcolo.

Gestione della Comunicazione
Gestione della comunicazione tra sistemi distribuiti. Lo scopo del sistema distribuito è quello di fornire un ambiente efficiente e conveniente per questo tipo di condivisione di risorse, con il nome risorse, vogliamo indicare sia le risorse hardware, come stampanti unità a nastro ed altro, sia le risorse software come file o programmi. L'accesso a queste risorse è gestito e controllato dal sistema operativo. In sostanza esistono due schemi complementari di Sistema Operativo che garantiscono questo servizio.

-Sistemi operativi di Rete: gli utenti sono a conoscenza delle numerose macchine presenti e devono accedere a queste risorse effettuando un *login* nella macchina

remota appropriata, oppure trasferendo i dati dalla macchina remota alle loro macchine.
-Sistemi operativi Distribuiti: Gli utenti non hanno bisogno di essere a conoscenza delle numerose macchine presenti, essi accedono alle risorse remote allo stesso modo in cui accedono alle risorse locali.

Interprete dei Comandi.
L'Interprete dei Comandi è l'interfaccia tra l'utente e il sistema operativo. Esso è uno dei programmi di sistema più importanti di un sistema operativo. Alcuni sistemi operativi contengono nel *kernel* un interprete di comandi. Molti comandi sono dati al sistema attraverso istruzioni di controllo. Quando in un sistema *Batch* s'inizia un nuovo *job,* oppure quando un utente apre una sessione in un sistema *Time-sharing*, è eseguito un programma che legge e interpreta le istruzioni di controllo. Questo programma, a seconda del tipo di sistema operativo, prende diversi nomi: *Shell* in *Unix*, interprete di schede di controllo (nei Sistemi *Batch*), interprete di righe di comandi, nel sistema MS-DOS). Spesso i sistemi operativi si differenziano proprio per l'interpretazione dei comandi. Esistono interpreti *user-friendly* che rendono il sistema più adatto all'utilizzo di certe tipologie di utenti. Ad esempio, i sistemi Windows della Microsoft, organizzati a finestre, icone e menù interagiscono con l'utente quasi esclusivamente con il *mouse*. Interpreti più potenti, più complessi e di difficile apprendimento sono riservati ad una tipologia di utenti più specifica. Su questi interpreti i comandi sono digitati da tastiera e visualizzati su di uno schermo, la fine di un comando è indicata pigiando il tasto *Enter* (pronto per l'esecuzione). La *Shell* Unix funziona allo stesso modo e in maniera identica l'interprete a riga di comando di MS-DOS.
Con l'individuazione e la descrizione di queste sette componenti principali, che formano l'ossatura di un Sistema Operativo, si spera di essere stati esaustivi sulla struttura e sulle funzionalità di un Sistema Operativo.

Funzioni di un Sistema Operativo

In questo componimento, cercheremo di dedurre l'insieme delle attività che un Sistema Operativo svolge, esaminando diverse definizioni di Sistema Operativo, e cercando di capire i problemi legati alla sua realizzazione. Una prima definizione potrebbe essere:
Un insieme di programmi che rendono facilmente disponibile all'utente la potenza di calcolo dell'Hardware.
Questa è una definizione un po' astratta, utilizzata per meri scopi accademici, una più concreta, potrebbe essere:
Insieme di programmi che controllano l'esecuzione dei programmi utente e l'uso delle risorse a lui necessarie.
In questo caso il Sistema Operativo è visto come supervisore, come amministratore di risorse del calcolatore quali, periferiche di I/O, memoria di lavoro, memorie di massa. Una terza definizione vede il Sistema Operativo come:
Un insieme organizzato di programmi che agisce come un'interfaccia tra l'hardware della macchina e l'utilizzatore.
Da queste definizioni riassumiamo alcune funzioni di Sistema Operativo:
1) **Controllo dell'esecuzione dei programmi (ha il compito di impedire interferenze tra i vari utenti o danni dovuti al comportamento scorretto del singolo utente).**
2) **Amministratore di risorse. Questo suo ruolo è particolarmente evidente in quei sistemi multiutente in cui le risorse sono distribuite tra più programmi e dinamicamente attribuite.**
3) **Facilitazioni della programmazione utente e tra i motivi iniziali della nascita di S.O.**

Tra le necessità che hanno guidato alla nascita prima, e all'evoluzione poi dei Sistemi Operativi, c'è quella di rendere massimo il *Throughput* di Sistema, definito come:
Il lavoro compiuto da un calcolatore nell'unità di tempo.
Altra necessità è quella di contenere quanto più è possibile il *Turnaround Time* che viene definito come:
Tempo che intercorre tra l'introduzione dei dati in ingresso e l'ottenimento dei risultati in uscita.
Vediamo un esempio tangibile di come può operare un Sistema Operativo. Quando s'introduce un programma da un dispositivo d'ingresso, come ad esempio un lettore di dischi, il Sistema Operativo fornisce a questo dispositivo gli opportuni comandi perché lo legga. Se il programma è scritto in linguaggio simbolico, il Sistema Operativo provvede a caricare in memoria il programma traduttore. Una volta che le istruzioni in linguaggio simbolico sono state convertite in istruzioni in linguaggio, macchina, esso si occupa di caricarle in memoria e quindi eseguirle, se il programma prevede la stampa dei risultati sarà sempre compito del Sistema Operativo dirigere l'uscita per una stampante opportuna, ed una volta finita l'esecuzione, predisporre il calcolatore perché prosegua con l'esecuzione del successivo programma. L'insieme di tutti i programmi (*Routine*) che asservono questi compiti, fanno parte integrante del Sistema Operativo. Dopo questo breve excursus sui compiti di un Sistema Operativo in generale, ci riferiremo, come modello di Sistema Operativo al sistema Unix, un Sistema Operativo multiutente a divisione di tempo (*Time-*

sharing) diffuso su un grande classe di elaboratori, in particolare *workstations* utilizzati come *Server*. Vedremo le funzioni svolte da un tale sistema:
- Assegnazione delle risorse del sistema di calcolo ai programmi dell'utente, in base al tipo di richiesta e agli obiettivi da raggiungere, (rendere efficiente l'uso delle risorse). Il sistema Unix, in questo caso, è visto come il gestore delle risorse e nell'ambito dell'assegnazione delle risorse si occupa della:
  - Risoluzione di conflitti nell'uso delle risorse, più utenti, più richieste, quindi è necessario risolvere i conflitti tra le risorse.

  Ed inoltre della:
  - Scelta dei criteri con cui assegnare una risorsa. Un sistema di calcolo dispone di risorse *hardware/software* (tempo di CPU, Spazio di Memoria, dispositivo I/O etc.), Il sistema Unix gestisce tali risorse allocandole ai vari utenti.
- Controllo d'esecuzione dei programmi di un utente, per prevenire errori ed un uso improprio del sistema di calcolo cioè rendere più semplice e più efficiente, l'uso di un sistema di calcolo, e occuparsi della protezione d'informazioni.
  - Disponibilità di apposite operazioni (*System Calls*), per la gestione di risorse complesse (funzioni che richiamano determinate funzioni di Unix per la gestione d'operazioni più complesse).

  Ed inoltre:
  - Macchine estese o (virtuali), dove ogni utente è assegnata una Macchina Virtuale (con C.P.U. I/O il proprio dispositivo a disco). Su ogni Macchina Virtuale può andare in funzione un Sistema Operativo.

Vediamo un esempio di funzionamento pratico del sistema Unix, Il sistema Unix come controllore di un dispositivo, il *floppy disk,* il più semplice che usiamo.
Unix deve gestire ed intervenire in diversi eventi:
a) Sono coinvolti numerosi comandi: (lettura, scrittura movimento del braccio, formattazione delle tracce etc, etc).
b) Ogni comando ha più parametri: (indirizzo del blocco, numero di settori per traccia etc, etc).
c) Si possono venire a creare numerose condizioni di stato e d'errore, al completamento del comando.

Il sistema operativo Unix, in questo caso, nasconde all'utente, i dettagli *hardware,* legati al particolare dispositivo (il f*loppy* nel nostro esempio). Il Sistema Operativo crea questa macchina virtuale, che gestisce operazioni, tipo quella vista sopra, all'utente sono "nascoste" queste operazioni, permettendo così di far concentrare l'utente sulla complessità del suo problema anziché preoccuparsi di talune situazioni legate prettamente all'*hardware*. In definitiva possiamo concludere la nostra discussione sui Sistemi Operativi affermando che, si definiscono sistemi operativi, Unix è un esempio tra i più classici, in base a ciò che fanno piuttosto che a ciò che sono.

I Sistemi Distribuiti e Il Modello Client-Server

Nel recente passato dell'Informatica (Anni '60 e '70) si aveva un modello di calcolo centralizzato con un calcolatore potente *mainframe* con dei terminali asserviti, chiamati "terminali stupidi", cioè senza alcuna capacità elaborativa. Vediamo il caso pratico di un sistema centralizzato di calcolo per la grafica. Nel calcolo centralizzato il modello geometrico e l'analisi sono effettuate sul *mainfraime*, mentre l'*input* e l'*output* sono distribuiti sui terminali grafici. Oggigiorno, invece, si utilizza il Calcolo Distribuito. Possiamo dire che il calcolo è distribuito laddove vi è più bisogno di calcolo. Dal modello centralizzato si è passati al calcolo distribuito, con scambio di dati, programmi e condivisione di periferiche. Tutto ciò porta al concetto di *work-stations* e di rete, con un'unica parola si possono chiamare i Sistemi Distribuiti di elaborazione.

Come si è già accennato, recentemente, si è diffusa la tendenza a distribuire il calcolo fra diversi processori fisici. Sistemi di questo tipo possono essere costruiti con due schemi fondamentali, vediamoli in dettaglio:

- **Un sistema multiprocessore (*tightly-coupled* strettamente accoppiato) i processori condividono le memorie ed un *clock* di sistema, la comunicazione avviene normalmente attraverso la memoria condivisa.**
- **Un sistema distribuito (*loosely-coupled* debolmente accoppiato) i processori non condividono la memoria o il *clock*, ma ogni processore ha la propria memoria locale.**

Un sistema di elaborazione distribuito è un insieme di processori *loosely-coupled*, interconnessi tramite una rete di comunicazione. Il processore specifico di un sistema distribuito considera remoti gli altri processori del sistema e le rispettive risorse, mentre considera locali le proprie risorse.

I processori di un sistema distribuito possono variare per dimensioni e funzionalità, essi possono comprendere piccoli microprocessori, stazioni di lavoro, grandi sistemi *general-purpose*, questi processori sono chiamati in molti modi: siti, nodi, *host* secondo l'ambiente in cui li ritroviamo. Lo scopo del sistema distribuito è quello di fornire un ambiente efficiente e conveniente per questo tipo di condivisione di risorse, e con il nome risorse, vogliamo indicare sia le risorse hardware, come stampanti, unità a nastro, dischi ed altro, sia le risorse software come file o programmi. L'accesso a queste risorse è gestito e controllato dal sistema operativo.

Vediamo quali sono stati i motivi che hanno supportato il passaggio da un modello di Calcolo Centralizzato ad un modello di Calcolo Distribuito.

Esistono quattro motivi principali per costruire Sistemi distribuiti:
- **Condivisione delle risorse.**
- **Accelerazione nei calcoli.**
- **Affidabilità.**
- **Comunicazione.**

Esaminiamo brevemente questi quattro punti.

<u>Condivisione delle risorse:</u> se siti diversi, con risorse differenti, sono collegati fra loro, allora un utente di un sito può avere la possibilità di utilizzare le risorse disponibili su un altro sito, per esempio, un utente del sito A può utilizzare una stampante laser, disponibile solo sul sito B, oppure un utente del sito B può accedere a un *file*, che risiede sul sito A. In generale, la condivisione delle risorse di un Sistema distribuito, offre meccanismi per la condivisione dei *file* su siti

remoti, per l'elaborazione di informazioni in un database distribuito, per la stampa dei file su siti remoti.

Accelerazione dei Calcoli: un calcolo particolare, ad esempio scientifico può essere suddiviso in più sottocalcoli eseguiti in maniera concorrente, in un sistema distribuito è possibile suddividere la computazione sui diversi siti per un'esecuzione concorrente. Vedremo in seguito un esempio che avvalora questa motivazione.

Affidabilità: nel caso in cui un sito di un sistema distribuiti si guasta, i restanti possono potenzialmente continuare a lavorare. Se il sistema è formato da un certo numero di grandi installazioni autonome (*General Purpose*), il guasto di una di esse non deve influire sulle altre installazioni. I sistemi, quindi devono essere abbastanza ridondanti, sia a livello di dati, sia a livello *hardware,* per continuare a funzionare anche se qualcuno dei siti si guasta.

Comunicazione: quando più siti sono collegati in una rete di comunicazione, gli utenti dei diversi siti hanno la possibilità di scambiarsi informazioni. Nei sistemi distribuiti, vi sono funzioni, quali Trasferimento File (FTP)[41], *Login*, Posta Elettronica (*E-mail*), chiamate di procedura remota (RPC). Un vantaggio dei sistemi distribuiti è che queste funzioni, possono essere eseguite su lunghe distanze. Un progetto può essere eseguito da più persone che lavorano su siti geograficamente lontani, trasferendo i file del progetto, entrando mediante *Login* nei siti remoti per eseguire programmi o scambiare comunicazioni per coordinare il loro lavoro.

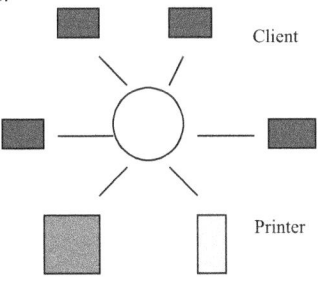

Figura 1 Schema di un'architettura Client-Server.

Un modello di Calcolo Distribuito tra i più utilizzati attualmente è il modello Client/Server, in cui viene realizzata una rete a cui le *workstation* sono collegate così da permettere lo scambio dei dati tra le varie stazioni, alcune di esse possono essere collegate con delle particolari periferiche. Il *Server* contiene tutti i dati centralizzati e inoltre contiene i programmi principali comuni alle *workstation*, così si può intervenire in parallelo permettendo un dialogo tra i vari utenti. Come si è già detto, si svolge un vero e proprio dialogo tra le varie macchine. Il *Server* in pratica fornisce dei servizi comuni alle altre *workstations*. Vediamo l'utilità' di un processo *client/server* riferendoci sempre ad un sistema di calcolo orientato alla grafica. Questo dialogo che si svolge tra i vari progettisti non è altro che il processo *client/server,* dove in una rete siffatta vi possono essere nodi più

---

[41] **File Transfer Protocol**. Protocollo di Internet, il cui scopo è quello di trasferire file da e verso un server, con esso è possibile non solo prelevare (*Download*) ma anche depositare file (*Upload*).

robusti, che sono sede di servizi comuni per altre *workstation*. Questo dialogo (Processo *client/server*) avviene con dei messaggi lanciati dal *client* (*workstation*) che descrivono richieste di dati, mentre il *Server* lancia messaggi di risposta che descrivono eventi riguardanti la prontezza del sistema a inviare calcolo. Possiamo dire che i *Client* sono "propositivi", nel senso che richiedono dei servizi, delle risorse (*hardware* e *software*), mentre i *Server* sono "dispositivi", nel senso che dispongono di servizi o risorse che inviano ai *Client* abilitati a riceverle In definitiva, considerati nel loro complesso, i vantaggi dei sistemi distribuiti hanno determinato una tendenza, tra le industrie, verso un ridimensionamento dei sistemi elaborativi. Molte aziende sostituiscono i loro *mainframe* con reti di *workstation* o reti di p.c. ciò viene detto *downsizing* dei sistemi hardware. I vantaggi per le aziende sono, in primis, un miglior rapporto prezzo-prestazioni, una maggiore flessibilità nella dislocazione delle risorse, un aumento della funzionalità, migliori interfacce utente e manutenzione più semplice dei sistemi informativi.

Concludiamo, questa dissertazione sui modelli di calcolo distribuito esaminando i ruoli *giocati* dai vari dispositivi hardware in un'architettura di rete *Client/Server*.

Le apparecchiature interconnesse tramite una *LAN* oltre e condividere un unico mezzo trasmissivo, utilizzano dei servizi comuni che possono essere localizzati: su un'unica apparecchiatura, su più apparecchiature. Ultimamente si predilige la seconda architettura, suddividendo i compiti su più stazioni, per ottenere una struttura di rete più sicura che permette di avere più soluzioni di *back-up* ed un *throughput* di sistema migliore. Le apparecchiature, connesse in rete locale, sono definite con la seguente terminologia:

-SERVER: sono quelle stazioni che mettono a disposizione le proprie risorse (disco, stampante, *gateway*). Queste risorse saranno condivise ed utilizzate sia dalle stazioni *server* sia dalle stazioni *client* abilitate.

-CLIENT: sono quelle stazioni che non mettono a disposizione le proprie risorse. Le stazioni *client* possono utilizzare quindi le proprie risorse e quelle cui sono abilitate, messe a disposizione dai *server*.

-PRINT SERVER: questo servizio è realizzato condividendo una o più stampante messa a disposizione dalle stazioni *server* connesse alla rete. Le stampanti veloci o di qualità possono essere utilizzate sia dalle stazioni *server* sia dalle stazioni *client*.

Il Sotware di Base per tutti i Linguaggi di Programmazione: (i Compilatori e gli Interpreti)

Per utilizzare i linguaggi di programmazione è necessario, disporre di un traduttore, in altre parole di un programma che interpreti, le istruzioni, formulate in linguaggio ad alto livello, e le trasformi in istruzioni eseguibili direttamente dall'elaboratore, per questo la fase di traduzione precede la fase di esecuzione di un programma. In altre parole, abbiamo bisogno delle istruzioni in linguaggio macchina. Distinguiamo due tipi fondamentali di traduttori.
-Compilatori
-Interpreti
I compilatori sono programmi che accettano in ingresso un programma, scritto in linguaggio ad alto livello (detto Programma Sorgente), e lo traducono, in un programma in linguaggio macchina, il Programma oggetto o Codice oggetto. Generalmente il programma oggetto è un codice rilocabile, in pratica in un formato in cui gli indirizzi dei dati e delle istruzioni non sono quelli definitivi, ma sono relativi all'inizio del programma stesso. Il compilatore ha assegnato al programma l'indirizzo 0 alla sua prima istruzione, ma i programmi utente sono caricati in memoria a partire da un indirizzo K. Il programma, in codice rilocabile, è memorizzato in memoria secondaria, ed ogni volta che si vuole eseguire, si carica in memoria mediante il *Loader* (Caricatore), che trasforma il programma in codice assoluto, cioè un programma che si può caricare a partire da un indirizzo di memoria K già prefissato. A volte, si può richiedere, che il compilatore generi un codice simbolico (Codice Assembler), più facilmente manipolabile del codice macchina rilocabile. In particolare nel caso in cui ad ogni frase eseguibile del linguaggio sorgente corrisponde un'istruzione del calcolatore, il traduttore prende il nome di Assemblatore, nel caso contrario, compilatori, come si è precedentemente affermato. Ad esempio nel linguaggio Pascal[42], un linguaggio molto potente, ogni frase è tradotta dal compilatore in gruppi di istruzioni in linguaggio macchina. A volte, nei sistemi informativi più grossi, con procedure molto complesse, tra le fasi di compilazione e di caricamento, vi è la fase di Correlazione (*Linking*), perché, come si diceva precedentemente, in applicazioni complesse non è conveniente prevedere un unico programma, per la gestione di funzioni automatizzate, ma è utile decomporre l'applicazione in varie unità di programmi o moduli compilabili separatamente, metodologie di programmazione *Top-down*[43]. Ogni modulo, compilato separatamente, da luogo ad un corrispondente programma rilocabile, di conseguenza il compilatore non è in grado di associare un indirizzo rilocabile ad ogni procedura, esso esegue una traduzione parziale, usando quindi una tabella di riferimenti esterni per tutti quegli oggetti che non ha trovato all'interno del modulo. Quindi, in definitiva è necessario un'ulteriore fase di correlazione (*Linking*), che serve a fondere i vari

---

[42] Linguaggio di Programmazione progettato da Niklaus Wirth all'inizio degli anni '70. Esso enfatizza la programmazione strutturata e per tale motivo e' stato proposto come modello didattico nelle Università, in quelle materie dove si studiano i linguaggi di programmazione.

[43] La metodologia *Top-down* (dall'alto in basso) ci suggerisce di decomporre un problema iterativamente in sottoproblemi, proseguendo nella decomposizione fino a quando ogni singolo sottoproblema decomposto e' di semplice risoluzione. Alternativa a questa metodologia e' la metodologia *Bottom-up* (dal basso verso l'alto) dove si parte da funzionalità elementari che si compongono via via in frammenti più grossi fino all'individuazione e risoluzione dell'intero problema.

Programmi rilocabili in un unico programma rilocabile e completa, all'interno dei moduli la compilazione, inserendo indirizzi rilocabili in corrispondenza dei vari riferimenti esterni. Il risultato, è un programma pronto per essere caricato in memoria e quindi eseguito. Gli Interpreti sono programmi che accettano in ingresso un programma scritto in un linguaggio ad alto livello ne eseguono le istruzioni. Ad esempio il linguaggio Basic[44], le singole istruzioni di un programma sono interpretate ad una ad una e quindi eseguite. Un linguaggio interpretato ha tempi di esecuzione molto maggiori di un linguaggio compilato, in compenso, gli interpreti occupano meno memoria dei compilatori e sono dei *software* meno complessi dei Compilatori, da ciò si evince anche, come dicevamo, la complessità delle fasi di Compilazione rispetto alle fasi di Interpretazione di un programma. In definitiva possiamo concludere che queste fasi devono essere comuni a tutti i Linguaggi di Programmazione, e quindi i Compilatori e gli Interpreti fanno parte del corredo di Software di Base necessario in ogni ambiente di sviluppo del Software al fine di rendere possibile l'esecuzione dei programmi. Non dimentichiamo, tra l'altro con il corredo di software di base anche un *editor* per scrivere il codice sorgente e inoltre dei programmi di *debugging* per la correzione del codice sorgente. Vediamo gli schemi di utilizzazione di un compilatore e di un interprete:

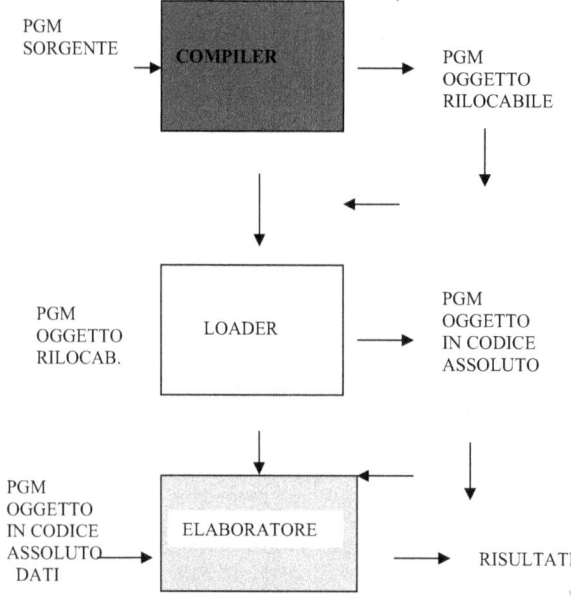

Fig. 1 Schema utilizzo di un Compilatore.

---

44 Il linguaggio di Programmazione **BASIC (Beginner's All-purpose Symbolic Instruction Code)** è un linguaggio molto potente concepito per i programmatori principianti, Esso è stato sviluppato a Dartmouth College nel 1964 dai ricercatori J. Kemeny e T. Kurtz.
Venne implementato, con lo scopo di fornire un linguaggio veramente molto semplice da imparare e facile da tradurre.

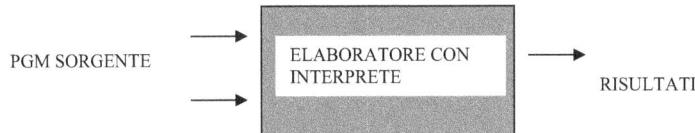

Figura 2 Schema di utilizzo di un Interprete.

6.Temi su Internet e Reti di Computer

Generalità sul linguaggio HTML (HyperText Markup Language)

Parliamo del Linguaggio HTML[45] e degli strumenti per realizzare pagine Web, definiti come **Editor HTML**.

Prima di fare ciò dobbiamo ricordare che un qualsiasi testo può essere scritto con due fondamentali modalità:

1. Come sequenza di caratteri ASCII tal quali. Viene anche detto **file di testo ASCII**[46] **puro**. Questo è il tipo di testo che si ottiene usando i cosiddetti **EDITOR** (per esempio Blocco Note di Windows, *Edit* del DOS, *Norton Editor* ecc...).
2. Come sequenza di caratteri formattati (grassetto, sottolineato, allineato a destra, a sinistra, al centro, con interlinea di una o due linee ecc...). Questo è il tipo di testo che si ottiene usando i cosiddetti **WORD PROCESSOR** (Word, Word Perfect, WordPro ecc...).

Mentre nel caso degli editor gli unici caratteri di controllo che si trovano all'interno del documento (file) prodotto sono il codice del tasto **<INVIO>** che fa andare a caporiga e quello del tasto **<TAB>** che fa avanzare di un certo numero di spazi (5 o 8, tipicamente), nel caso nel menu dei comandi di un *word processor* sono specificamente previsti delle funzionalità di **formattazione del testo**. Tipicamente esiste una voce del menu dei *word processor* denominata **Format** o un equivalente che consente di intervenire definendo gli stili di un carattere, di una parola, di una frase, di un paragrafo, di una sezione di documento o dell'intero documento. In pratica con i comandi di formattazione si agisce sugli attributi fisici di un carattere, parola, paragrafo, etc. quali l'allineamento, il colore, la dimensione, la tipologia di carattere.

Dal punto di vista tecnico ciò è reso possibile dall'introduzione nell'ambito del testo di una serie di **caratteri di controllo** che sono interpretati in sede di visualizzazione del documento o di stampa.

I caratteri di controllo o comandi di formattazione presenti nei documenti HTML sono denominati *tags*. Si tratta di sequenze di caratteri riservate che, opportunamente interpretate dal programma che consente la visualizzazione di documenti HTML detto *browser HTML*, permettono di visualizzare il documento in modalità univoca, indipendentemente dal browser e/o dalla piattaforma sulla quale si lavora.

In realtà, quest'affermazione non è del tutto vera, perchè non tutti i *browser* interpretano tutte i *tag* dell'HTML e neppure tutte i *tag* vengono interpretati allo stesso modo da tutti i *browser*. In linea di massima però, quanto sopra affermato ha una sua validità.

La codifica dei *tags* HTML è definita da un comitato internazionale. Alcuni *browser* (Microsoft *Intenet Explorer, Mozilla Firefoxs, Safari, Opera*) consentono di utilizzare dei *tags* specifici (cosiddetti **estensioni** rispetto all'HTML codificato internazionalmente) che interpretano solo loro. Non è pertanto opportuno utilizzare tali estensioni perchè ciò può comportare dei problemi di visualizzazione del documento in questione da parte di chi non utilizza il *browser* che le supporta. A questo proposito conviene anche dire anche che è buona norma da parte di chi produce documenti HTML effettuare dei *test* dei documenti HTML utilizzando i *browser* più diffusi (*Netscape, Internet Explorer, Opera*) prima di pubblicare le pagine sul *Web*. In alternativa, all'inizio o alla fine del documento stesso, si può inserire un richiamo alla versione minima del *browser* con cui il documento risulta correttamente visualizzato.

---

[45] **Hyper Text Mark-up Language** linguaggio di marcatura ipertestuale. E' possibile utilizzare questo linguaggio standard, per creare pagine da inserire sul *World Wide Web*. Mette a disposizione una serie di comandi o direttive in grado di inserire testo, immagini *in-line* e *link* ad altri documenti.

[46] Il Codice **ASCII (*American Standard Code for Information Exchange*)** è uno Standard mondiale per la codifica di caratteri all'interno del computer, i caratteri sono letti sotto forma di codici binari a 7 bit La maggior parte dei sistemi di e-mail utilizza solo l'ASCII.

Caratteristiche dei Tag HTML

1. Iniziano con un < cioè con il simbolo matematico di **minore**.
2. Terminano con un > cioè con il simbolo matematico di **maggiore**.
3. All'interno contengono uno o più caratteri che possono essere scritti in maiuscolo o minuscolo. Le tags sono cioè *case-insensitive*.
4. Se all'interno delle *tag* (per esempio quelle che definiscono **link, anchor, immagini**) si fa riferimento a un documento o a una sua sezione, il nome simbolico che lo identifica è *case-sensitive*.

Pur potendo scrivere un documento HTML con qualsiasi *Editor*, la necessità di produrre rapidamente pagine HTML di buona/ottima qualità ha creato le condizioni per lo sviluppo di una classe di prodotti denominati **Editor HTML** che, in maniera più o meno sofisticata, consentono di scrivere il codice HTML conoscendolo solo parzialmente o non conoscendolo del tutto.

In particolare esistono due grosse categorie di Editor HTML:

1. Editor HTML del tipo **WYSIWYG**

   editor visuali o, dall'inglese, **WSYIWYG** (*What You See Is What You Get*), ovvero ciò che vedi e ciò che ottieni (il risultato finale) poiché consentono all'utente di realizzare le pagine in maniera visiva, quasi come se si stesse lavorando all'interno di un browser virtuale, generando automaticamente il codice sottostante;

2. Editor HTML del tipo **non WYSIWYG**

   editor di testo o di codice, perché l'utente non modifica visualmente gli elementi di una pagina - immagini, tabelle, *frames*, ecc. - ma interviene direttamente sul codice.

Questa divisione, più netta nella seconda metà degli anni '90, è adesso più sfumata. Infatti, gli *editor* visuali consentono un facile intervento diretto sul codice, mentre gli *editor* testuali, per contro, consentono rapide anteprima di pagina e l'inserimento di elementi della pagina tramite comandi che risparmiano buona parte della scrittura diretta del codice.

Entrambi gli *editor* presentano vantaggi e svantaggi, se da un lato gli *editor* visuali consentono un più rapido apprendimento e spesso velocizzano il lavoro, dall'altro gli *editor* testuali consentono un assoluto controllo del codice, risultando così, spesso più graditi agli utenti avanzati e velocizzano, altresì, il lavoro quando si vuole inserire codice personalizzato.

Tra i primi si possono annoverare:

1. **Microsoft FrontPage** (applicazione in estensione alla *suite* Office)
2. **Netscape Composer** (ora poco usato faceva parte di Netscape Communicator).
3. **Allaire HomeSite**
4. **Adobe Pagemill** (ora poco usato)
5. **Macromedia Dreamweaver** (attualmente Adobe Dreamweaver).
6. **IWeb** (*editor* in ambiente Apple).
7. **KompoZer** (è un *editor open source*).
8. **WorldWideWeb** è il nome del primo editor per il Web, non raggiunse mai il grande pubblico, proprio perché fu creato da Tim Barners Lee, principale inventore del Web, essenzialmente a scopo di ricerca.
9. **SeaMonkey** è una suite di applicazioni internet, tra cui un Editor HTML, ed ha sostituito **Netscape Composer.**

Tra i secondi:

1. **Arachnophilia** (non utilizzato più)
2. **Screem** è un *editor Web open source*

Allo stato attuale nessun *editor* HTML può scrivere un codice HTML così bene come può farlo direttamente una persona che conosca HTML.

Per produrre documenti HTML assai sofisticati è in ogni caso necessario intervenire manualmente a livello di codice o come si è soliti dire, di sorgente. Cioè chi si accinge a produrre documenti HTML è meglio che impari anche il codice HTML (*just in case*) in modo di poter intervenire manualmente introducendo, modificando o togliendo delle *tag* qualora non si sia soddisfatti del risultato prodotto con l'HTML *Editor* utilizzato. Uno degli svantaggi degli Editor HTML e che a volte producono codice ridondante e quindi si devono effettuare delle attività di ottimizzazione del codice generato.

A cosa serve HTML

Crediamo che, a meno che motivi commerciali non determinino la sopravvivenza dei tradizionali *Word Processor*, nel giro di poco tempo tutti i documenti saranno prodotti con editor HTML (o con *editor* del linguaggio che rappresenterà la naturale evoluzione di HTML) in modo di poterli trasferire ad altri, pubblicare su WWW o stampare senza dover fare la fatica di produrre due tipi di documenti:

1. Quelli destinati alla pubblicazione sul Web
2. Quelli da stampare ed archiviare

D'altronde la stessa Microsoft con il suo programma **Word** contenuto all'interno della suite **Office 2000** prevede **HTML** come formato standard di salvataggio dei documenti, in alternativa al tradizionale formato **.doc**.

Pertanto conoscere e utilizzare HTML ha questi vantaggi:

1. Permette di scrivere documenti ipertestuali e multimediali pubblicabili in rete rendendoli visibili a chiunque acceda a Internet.
2. Permette di scrivere documenti stand-alone che possono essere letti e stampati da chiunque su qualunque piattaforma purché dotata di un browser HTML. Questi documenti, a differenza di documenti prodotti da Word for Windows e simili **NON** trasmettono virus.

Interfacciato ad opportuni programmi detti CGI-BIN[47], consente di accedere ad informazioni presenti sui server (per esempio database), preparare moduli per richiesta di invio di informazioni etc...

---

[47] **Common Gateway Interface** Standard per l'esecuzione di programmi direttamente su un Server HTTP.

GENERALITA' SUL PROTOCOLLO TCP/IP (uno Standard de facto per le Reti di Calcolatori)

Il nome completo è TCP/IP[48] *Internet Protocol Suite*, ed è un insieme di protocolli di trasmissione di cui i due principali sono appunto il TCP (*Transmission Control Protocol*) e l'IP (*Internet Protocol*). Che cosa è esattamente un protocollo? Essenzialmente è una serie di regole per comporre dei messaggi e per far sì che essi possano essere scambiati tra due macchine. Non stiamo parlando solo di computer. Anche una centrale telefonica meccanica può ricadere in questa definizione. Un protocollo può contenere regole estremamente dettagliate, come quelle che identificano il significato di ogni singolo bit nella costruzione di un messaggio, oppure fornire uno scenario di alto livello, come per esempio definire come avviene il trasferimento di un file da un computer a un altro
Quindi TCP/IP è un insieme di protocolli che si è evoluta per connettere Università, laboratori e industrie su ARPANET[49], nato per volontà dell'agenzia americana DARPA (*Defense Advanced Research Projects Agency*), per scopi militari e di difesa, e poi diventato di fatto il maggior sistema di protocolli per l'interconnessione di reti a livello mondiale, in definitiva uno standard de facto per l'interconnessione di reti.
Il TCP/IP è un insieme di regole pubbliche, aperte a tutti, o come si dice nell'ambiente, un sistema aperto (*open system*), che permette l'interconnessione di reti anche molto differenti, indipendentemente dalla tecnologia usata da ogni rete. I suoi principali vantaggi sono appunto l'indipendenza dalle tecnologie delle singole reti interconnesse, la possibilità di far comunicare fra loro ogni computer connesso al sistema, la possibilità di trasmettere conferme di ricezione (*acknowledgement*) direttamente dal destinatario al mittente, e soprattutto una notevole quantità di protocolli applicativi per qualunque possibile bisogno, come vedremo più avanti. La soluzione è l'interconnessione delle reti, o *internetworking*. Grazie a ponti di collegamento, chiamati *gateway* e la definizione di opportuni protocolli, si possono collegare fra di loro reti anche molto diverse, fornendone agli utenti una visione comune. Questa è la forza di Internet rispetto alle varie reti proprietarie, e di conseguenza del TCP/IP sui vari protocolli proprietari o sul modello OSI[50] che rimane uno standard puramente di riferimento.
Il TCP/IP definisce quindi un'unità di trasmissione dati chiamata *datagram*, e le regole da seguire per trasmettere un *datagram* in una particolare rete.
Il principio che sta alla base dell'interconnessione è quello di schermare le applicazioni dalle caratteristiche fisiche delle reti in modo semplice e flessibile. Questo avviene attraverso un livello intermedio che si occupa di spedire e

---

[48] **Transmission Control Protocol/Internet Protocol**, Protocollo di controllo della trasmissione/ Protocollo di Internet. È il Protocollo di comunicazione più utilizzato in Internet. E' stato sviluppato per la prima volta alla fine degli anni '70 da parte del DARPA (Ufficio dei Progetti Ricerca Avanzata della Difesa statunitense). Il TCP/IP racchiude l'accesso al mezzo fisico, il trasporto dei pacchetti, comunicazioni di sessione, trasferimento dei file, posta elettronica e l'emulazione di terminale.
[49] Progenitrice della rete Internet , l'acronimo sta per **Advanced Research Project Agency Network**. Rete a commutazione di pacchetto (*Packet-switching*) utilizzata per le prime ricerche di *networking* durante lo sviluppo di Internet.
[50] **Open System Interconnections**. Interconnessione dei Sistemi Aperti perché fa riferimento alla volontà di definire un insieme di regole che permette la realizzazione di sistemi di reti cui sia possibile interconnettere qualsiasi tipo di sistema.

ricevere piccoli pacchetti di dati fra due punti qualsiasi del sistema di reti. Questo meccanismo si chiama *packet-switching*. Esso consiste nella divisione di ogni messaggio in un certo numero di pacchetti di dati. Ogni pacchetto è formato da poche centinaia di byte, e contiene un'intestazione (*header*) che fornisce informazioni sul destinatario e su come raggiungerlo, poi la parte di informazioni (*data*) ed infine una coda (*trailer*) che contiene i codici di errore.

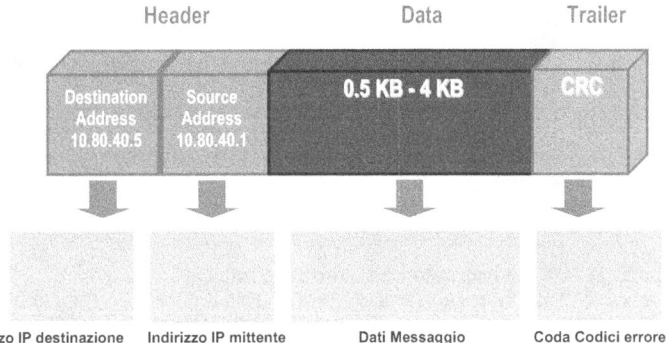

Figura1 conformazione del pacchetto dati
Questo meccanismo ha il vantaggio di ottimizzare l'utilizzo della rete, parallelizzando la trasmissione di più messaggi contemporaneamente. Lo svantaggio è che ogni nuovo sistema che si aggancia alla rete per trasferire dati riduce la disponibilità della rete per tutti gli altri sistemi già connessi. Una rete, infatti, ha una certa capacità ben definita, che dipende sostanzialmente dalla tecnologia hardware e software che utilizza. Tale capacità viene misurata in bit per secondo (*bps*). Vediamo ora in dettaglio la pila di protocolli TCP\IP tenendo come riferimento la pila ISO/OSI.

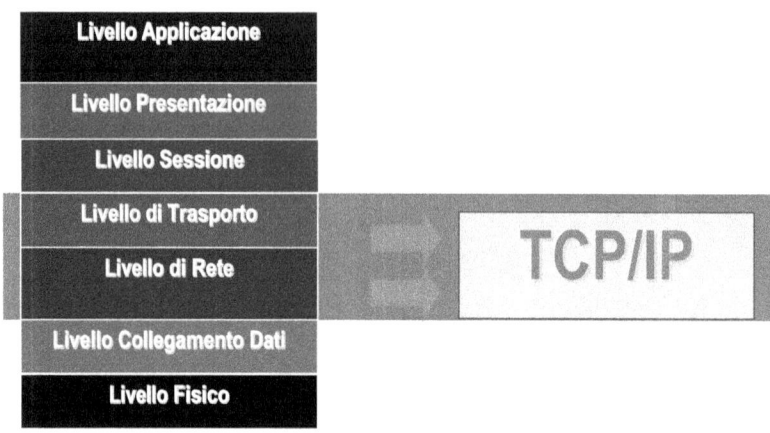

Fig. 2 Protocollo TCP/IP confrontato con il modello ISO/OSI.
La pila di protocolli TCP\IP ha meno strati di quelli stabiliti dal modello ISO/ OSI, e poiché combina diverse funzioni in ciascuno strato è, teoricamente, più difficile da implementare ma più efficiente delle reti ISO. Vediamo i Livelli dell'Archittetura TCP/IP. I livelli più bassi di TCP/IP sono il livello "*Data Link*" e il livello "Fisico" che corrispondono ai primi due livelli che si riscontrano nel modello O.S.I.. Il livello superiore al "*Data-Link*" di TCP/IP è "*Internet layer*" che è simile al *Network layer* dell'O.S.I esso è responsabile della trasmissione dei *datagram* IP, l'unità d'informazione. Comunque, il *Network layer* non fornisce sevizi di connessione, piuttosto dipende dal *Transport layer* (TCP) e fornire connessioni realizzabili, scoprimento di errori ed *Error recovery*. Il terzo *Layer* di TCP/IP e il *Transport layer* (TCP), TCP utilizza IP per trasportare in modo affidabile un flusso di informazioni tra due processi. Due grandi protocolli sono usati nel *Transport layer*:
1. *Transport Control Protocol* **(TCP)**
2. *User Datagram Protocol* **(UDP)**

quest'ultimo è un protocollo di trasporto non affidabile e senza connessione. Esso utilizza IP per trasferire i pacchetti, ma in più offre la correzione degli errori e inoltre un protocollo di indirizzo di porta per specificare il processo sul sistema remoto cui è destinato il pacchetto. Il quarto che è il più alto livello in TCP/IP e l'*Application Layer* e' il livello delle applicazioni.

Fig.3 Pila protocollo TCP/IP

Molti protocolli applicativi sono definiti all'interno di sistemi TCP/IP. Vediamo alcuni dei più usuali:
- TELNET (*Terminal Emulation Protocol*)

Protocollo del servizio di terminale virtuale che permette ad un utente collegato ad una stazione di lavoro di collegarsi interattivamente con una stazione remota.
- FTP (*File Transfer Protocol*) Protocollo di trasferimento dei File
- SMTP (*Simple Mail Transfer Protocol*)

Protocollo di Gestione della Posta elettronica. Il messaggio, sempre di tipo testo, è preparato da un *User Agent* ed è passato al *Transport Agent* del destinatario.
- X/Windows (*Distribuited Window Management*).
- NFS (*Network File Sistem*).
- Karberos (*User Authentification*).

Molti di questi protocolli dipendono da *sokets,* un meccanismo di comunicazione tra i processi di base, creato dalla *Berkeley Unix Distribution*. I *Sokets* sono implementati su sistemi TCP/IP, usando protocolli TCP UDP ICMP e IP. Si distinguono tre tipi di *Sokets*:
1. ***Stream sokets,***
2. ***Datagram sokets***
3. ***Raw sokets.***

I *Sokets* sono usualmente programmati nei modi *stream* o *datagram*. *Stream sokets* sono usati in connessione di circuiti virtuali. *Datagram sokets* sono usati per trasmissioni senza connessione NFS (*Network File Sistem*), il *Microsystem SUN* è costruita su *datagram sokets,* UDP, FTP e *Telnet* sono costruiti su *sokets stream* e TCP. Si ricorda inoltre che questo protocollo è uno standard oramai per il supporto sia di reti locali di tipo *Ethernet* sia di tipo *Token Ring,* e di reti geografiche la più famosa delle quali è la rete di Reti Internet.

Dal Testo all' Ipertesto all'Ipermedia

Introduciamo il concetto di ipertesto, le sue implicazioni e la sua storia, naturalmente bisogna sottolineare che il concetto di ipertesto è precedente di gran lunga ad *Internet*, giacché risale agli anni quaranta e precisamente nel 1945, quando uno studioso chiamato *Vannevar Bush* realizzò un progetto di "macchina associativa", un dispositivo prettamente meccanico, in pratica uno strumento destinato a supportare l'archiviazione di informazioni, il cui funzionamento simulava la memoria umana (che si basa appunto su associazioni di idee) e che consentiva una fruizione non sequenziale delle informazioni. Questo progetto, battezzato MEMEX dalla contrazione delle parole inglesi MEMory ed EXtender e documentato nell'articolo *"As we may think"* che possiamo tradurre in *"-Come possiamo pensare"*, rimase sulla carta per via dei limiti della tecnologia dell'epoca.

La coniazione del termine **ipertesto** (dove **iper** assume il significato di estensione, qualcosa in più di una stringa di testo) fu posteriore e si deve a *Ted Nelson* che nel 1965 pubblicò un testo, nel quale spiegava il progetto di uno strumento meccanizzato per l'elaborazione e la consultazione delle informazioni, una specie di *"consolle multimediale"*, con una postazione di lavoro dotata di monitor e pulsantiere con cui archiviare e recuperare dati di vario tipo. Questo progetto non andò oltre lo stadio prototipale, sempre per motivi legati ai limiti delle tecnologie del tempo. Già da allora si intuirono però le grandi potenzialità di simili strumenti nel campo educativo e divulgativo, per l'ampia gamma di scelte che l'utente può effettuare, per la grande libertà che lascia all'utente e per la grande attrazione intellettiva che può avere in special modo sulle nuove generazioni che già, grazie alle nuove tecnologie di cui sono padroni, comprendono e parlano un linguaggio multimediale. Un sistema di questo tipo può evolversi, in maniera incrementale, senza limiti, se non quelli legati alla creatività e del tempo impiegato dai creatori di ipertesti per immaginare e realizzare i collegamenti tra le risorse multimediali, includendo gradatamente sempre maggiori informazioni e conoscenze.

Bisognava aspettare il 1989, con l'aumento delle capacità di calcolo e di archiviazione dei computer e con la loro rapida diffusione in tutti i settori, affinché tutti questi studi potessero essere recepiti dalla ricerca e dalle industrie del settore ICT[51] cosicché questa tecnologia diventasse finalmente realtà. Ciò avvenne nei laboratori del CERN di Ginevra grazie al già citato *Tim Berners-Lee* e Robert Callieau ed ai loro gruppi di ricerca che diedero il la al World Wide Web. Inizialmente l'intento era di sviluppare un sistema di pubblicazione e reperimento dell'informazione scientifica, distribuito su rete geografica che mantenesse in contatto le varie comunità internazionali di scienziati, poi con l'avvento dei browser grafici e la capillare diffusione di internet il risultato e' sotto gli occhi di tutti, l'ipertesto come forma di comunicazione del presente e soprattutto del futuro.

---

[51] Acronimo che sta per **Information and Communication Technology** questi termini esprimono l'insieme di tutte le tecnologie per l'elaborazione, la memorizzazione, l'utilizzo e la comunicazione dell'informazione.

Dal Testo all'Ipertesto
Parlare di ipertesti non si tratta soltanto di mere nozioni teoriche, come può sembrare a prima vista, ma di aspetti che possono incidere sensibilmente sulla navigabilità del sito Web. In primis, si può affermare che un testo tradizionale prevede una modalità di consultazione abbastanza rigida ed unidirezionale; per poter essere compreso pienamente, un testo deve essere ricevuto e decodificato in modo lineare sequenziale, non si può leggere un testo all'indietro.
Ad esempio, un libro deve essere letto a partire dalla prima pagina per arrivare fino all'ultima; un film deve essere riprodotto e soprattutto fruito dallo spettatore nell'unico "senso" possibile, vale a dire dall'inizio alla fine.
Il lettore, volendo, può anche saltare alcune pagine del libro e lo spettatore può riavvolgere o far avanzare rapidamente il nastro del film, ma in questo caso, si perde il significato intrinseco del libro o del film, com'era stato progettato dall'autore. L'ordine di successione dei capitoli e delle pagine del libro, o delle scene del film, è stabilito in partenza. In definitiva, un testo, è costituito da un insieme di "contenuti" disposti secondo un ordine fisso e rigido, dove tutti gli elementi che lo costituiscono vanno disposti in una sequenza "*prima-poi*".

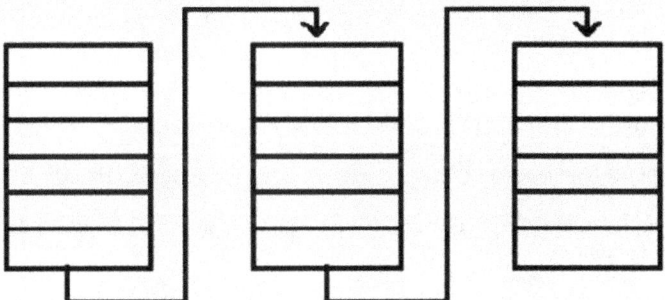

Fig. 1 Struttura unidirezionale di un testo

Diversamente, un **"ipertesto"** è un testo i cui contenuti non sono articolati secondo un ordine prestabilito, ed il cui funzionamento deve assomigliare alla mente umana, dove sono compresi passaggi mentali non lineari, o sequenziali, ma piuttosto basati su associazioni di idee. L'autore di un ipertesto crea i contenuti e stabilisce quali e quante connessioni predisporre tra essi. Tuttavia, l'ordine con cui seguire i possibili collegamenti è deciso di volta in volta liberamente dal fruitore dell'ipertesto. Un ipertesto non prevede un percorso fisso di consultazione o navigazione; è il fruitore a scegliere il proprio percorso in base ai propri interessi ed obiettivi, in pratica personalizzando di volta in volta, il proprio percorso di lettura.
Un ipertesto è la combinazione di due tipi di elementi:
1. **Nodi**: i singoli blocchi di contenuti informativi (come le pagine di un sito Web).
2. **Collegamenti (Link)**: i nessi logici (o fisici) tra un blocco di informazioni e l'altro, cioè le molteplici vie che il lettore può seguire per "saltare" da un contenuto informativo all'altro, in pratica insieme di *key word* (parole chiavi), chiamate *hyperlink* cioè collegamenti ipertestuali, che costituiscono una rete di informazioni, organizzate secondo diversi criteri,

> ad esempio paritetici o gerarchici, in modo da costituire vari percorsi di navigazione alternativi.

Il *link* e' l'elemento chiave dell'ipertesto, lo rende dinamico a differenza del testo, questo elemento e' stato fornito dalla tecnologia informatica tramite il linguaggio HTML[52] (con il *tag A* e il suo attributo *HREF)* permettendo quel passaggio per cui un testo semplice diventa un "ipertesto".

Gli studi teorici sull'ipertesto hanno da qualche tempo definito diverse tipologie di link, tra le quali e' fondamentale ricordare le seguenti:

- link bidirezionali
- link multiplo (uno a molti e molti a uno)
- link che puntano su sezioni strutturali di un documento
- link che identificano una sequenza di documenti relazionati
- link definiti all'esterno del documento

Purtroppo si utilizza solo una delle molteplici tipologie di link, la più semplice, quella del *link* unidirezionale in due modalità:

- **punto a punto** (tra documenti)
- **punto ad argomento** mediante punti di ancoraggio (*anchor point*) che si collegano a risorse esterne al documento (pagine Web o file multimediali).

La differenza fra la struttura di un testo (come un libro o un film) e un ipertesto è schematizzata sotto:

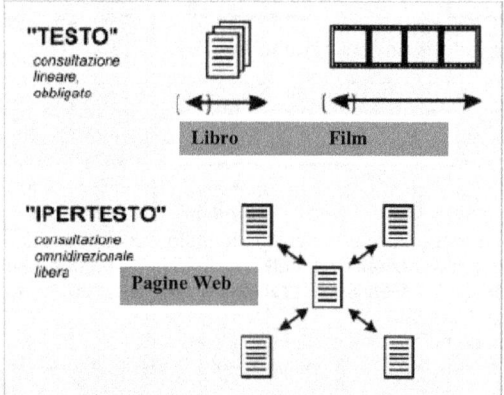

Fig. 2 Consultazione del Testo tradizionale e dell'Ipertesto

---

[52] **Hyper Text Mark-up Language** linguaggio di marcatura ipertestuale. E' possibile utilizzare questo linguaggio standard, per creare pagine da inserire sul *World Wide Web*. Mette a disposizione una serie di comandi o direttive in grado di inserire testo, immagini *in-line* e *link* ad altri documenti.

La caratteristica concettuale fondamentale dell'ipertesto è quindi quella di rompere la linearità del testo.
La seconda parte della figura 2 vuole meglio spiegare quella che è la struttura dell'ipertesto; ciascuno dei micro-testi , rappresentati dai rettangoli, sono naturalmente i "nodi". Essi contengono uno o più "ancore", o "*hot-words*" o come dir si voglia *key-words*, che hanno un "legame" con gli altri nodi: ciò significa che raggiunta l'ancora, si può, ma non "si deve" necessariamente, attivare il legame e passare così agli altri nodi. Un determinato ipertesto è quindi definito non soltanto dall'insieme dei nodi, quindi dei micro-testi che contiene, ma anche dall'insieme delle ancore e dei legami. E' facile costatare come questo tipo di struttura non sia lineare: I nodi non sono ordinati lungo una singola dimensione *prima-poi* e non vi è uni direzionalità nelle informazioni.
L'esempio più classico di ipertesto, oggi, può essere rappresentato da un'enciclopedia su DVD o appunto dalla "ragnatela" di siti del *World Wide Web*[53].
Il concetto di ipertesto oggi, viene facilmente compreso dalla maggior parte delle persone, che hanno una minima familiarità con queste realtà, ed è stato proprio l'avvento dei personal computer e di Internet che ha fatto si che il concetto di ipertesto fosse alla portata di tutti, anche se alla maggior parte degli utenti di internet, in special modo ai più giovani, che possiamo dire sono nati con il Web, questo concetto non e' molto chiaro. I punti cruciali di questa evoluzione sono stati tre, in parallelo e trasversali tra loro, e si sono verificati tra la fine degli anni '80 e l'inizio degli anni '90:

- Lo sviluppo delle interfacce grafiche basate su mouse e finestre Interfacce WIMP[54] di tipo GUI (*Graphic User Interface*), che hanno iniziato a diffondersi come standard verso la fine degli anni Ottanta (pur essendo state concepite molti anni prima);
- Aumento delle capacità di calcolo e di archiviazione dei computer con la riduzione dei costi dell'hardware.
- L'introduzione e la rapidissima diffusione del World Wide Web.

In conclusione chi naviga tra le pagine di un sito Web ha una grandissima libertà di movimento, può decidere quali collegamenti seguire e in che ordine, saltando da una pagina all'altra di uno stesso sito, dirigendosi sulle pagine di un nuovo sito, tornando indietro e così via, senza altro vincolo che la sua curiosità e i collegamenti attivi che trova disponibili.
D'altra parte, questa libertà di spostamento, unita, a volte al sovraccarico d'informazioni, può provocare sensazioni di disorientamento e fa si che il navigatore "naufraghi in un mare di informazioni", perdendosi nel corso di una lunga sessione *on-line,* non essendoci percorsi rigidi e predeterminati di fruizione dell'informazione come in altri media (giornali, libri, film etc.). Questi aspetti devono essere presi attentamente in considerazione da parte di chi costruisce un

---

[53] **World Wide Web** fu ideato da un ricercatore del CERN (Centro Europeo di Ricerche Nucleari) di Ginevra Tim Berners Lee nel marzo del 1989 che aveva l'intento di facilitare la gestione e la diffusione, di informazioni multimediali legate alle ricerche accademiche in modo da rendere più facile l'esplorazione della rete. Una delle caratteristiche fondamentali del WEB è il suo orientamento all'ipertesto, cioè, i documenti Web contengono collegamenti incrociati ad altri documenti, detti *link*. Per accedere alle varie risorse WWW, si può direttamente specificare l'indirizzo URL (*Uniform Resource Locator*). Esso utilizza il protocollo HTTP.

[54] Interfacce **WIMP**, acronimo formato dalle parole **W**indows **I**con **P**ull-down **M**enu o **P**ointing *device* furono ideate dalla Xerox nel 1973, ed ebbero la loro applicazione con il Macintosh nel 1984.

sito Web, se si vuole catturare e mantenere l'interesse dei potenziali visitatori e non farli sentire smarriti o frastornati dopo la navigazione tra le pagine del sito Web, bisogna che un ipertesto non diventi un "ipercaos", nel caso in cui non ci sia una buona organizzazione dei contenuti.

Tornando agli ipertesti possono avere diverse strutture, le più diffuse delle quali sono:

Lineare: le pagine sono collegate l'una all'altra, in sequenza; l'ultima pagina della serie contiene un collegamento che consente di tornare all'inizio (per la verità sarebbe raccomandabile inserire in ogni pagina un collegamento alla *home page*); una struttura di questo genere rappresenta il minimo livello di complessità ipertestuale, come una semplice sequenza di diapositive (ad esempio una presentazione MS PowerPoint), e si presta perciò a impieghi limitati, come un catalogo di prodotti; una presentazione con più media

Gerarchica: le pagine sono ramificate in modo gerarchico, ossia suddivise in sezioni e sottosezioni, come la gestione di cartelle e sottocartelle che si ha nella gestione dei file di Windows o qualsiasi altro file system; questa struttura, la più tipica e diffusa sul Web, funziona molto bene nel caso di presentazione di un'azienda e dei suoi rispettivi settori/reparti o di un organigramma aziendale;

Reticolare o circolare: tutte le pagine del sito sono collegate tra loro, da ognuna di esse si può saltare a un'altra o a qualunque oggetto multimediale; questa struttura è la più complessa in assoluto, poiché i collegamenti sono numerosi e fittamente intrecciati fra loro, può essere tipica di un'enciclopedia su DVD, dove ogni voce rimanda alle altre, o di un sito Web in cui non si voglia impostare alcun tipo di gerarchia.

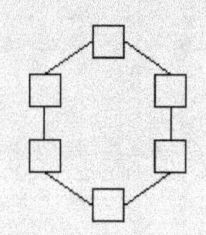

Fig. 3 Ipertesto Lineare

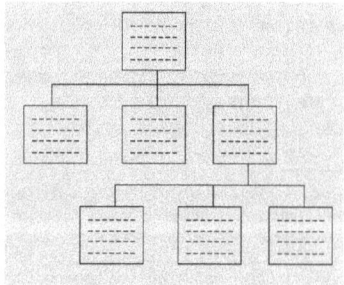

Fig. 4 Ipertesto Gerarchico

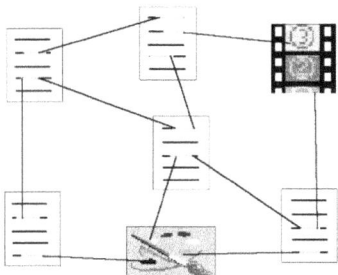

Fig. 5 Ipertesto Reticolare

La natura multimediale di un Sito Web
Tutte le pagine di un sito Web funzionano con i principi dell'ipertesto, grazie al linguaggio HTML che ne permette la codifica per il funzionamento. Oggigiorno nel Web non vi è solo testo, infatti grazie agli incrementi delle infrastrutture, a connessioni sempre più veloci (ADSL, banda larga, WIFI, WI-Max etc), e all'evoluzione delle codifiche utilizzate per i video, gli audio e le immagini, abbiamo sempre più un Web multimediale.
Ma cosa si intende esattamente con la parola Multimediale o meglio con l'aggettivo "Multimedialità"? La multimedialità è un ambito in cui le informazioni sono collegate utilizzando i linguaggi e i codici di più mezzi di comunicazione, tipicamente:

Testo
Suono
Audio parlato
Immagine statica
Video

Quindi la multimedialità è la compresenza e l'interazione di questi mezzi in uno stesso supporto informativo.
Da questo punto di vista, possiamo dire che una certa dose di multimedialità è intrinseca in tutte le forme di comunicazione che l'uomo ha sviluppato e utilizzato, come l'interazione tra parola e gesto, e tecnologie comunicative più recenti vedi il telefono, il cinema e la televisione.
Il concetto di multimedialità è molto intuitivo per quanto riguarda la comunicazione. Io sto scrivendo delle parole su un foglio, comunico dei messaggi, per fare ciò utilizzo un solo mezzo (medium), quindi il mio messaggio su carta stampata è un messaggio "monomediale". Se aggiungessi suoni ed immagini al mio messaggio originale non farei altro che utilizzare "molti" e diversi "mezzi", in una maniera coerente e naturale, in modo da dare più completezza al mio messaggio, creando così una comunicazione "multimediale".
Anche l'uomo, sostanzialmente ed effettivamente, è un apparato multimediale; egli genera e riconosce parole, numeri, immagini, suoni, li associa tra loro, li manipola, li memorizza, è capace cioè di compiere determinate azioni su oggetti, informazioni in realtà, di natura intrinsecamente diversa tra loro.
Nondimeno l'informatica, attraverso la codifica digitale si è oggi in grado di immagazzinare i dati in un unico oggetto informativo, chiamato *file (*file di testo, file di immagini, file audio, file video ecc.*)* ed in questo modo il computer, in

questi ultimi vent'anni, si e' trasformato da semplice strumento di elaborazione a veicolo di comunicazione.

Talvolta la multimedialità viene confusa con l'interattività, con la quale invece non ha niente a che spartire, o almeno non direttamente. La confusione nasce dal fatto che spesso la multimedialità è affiancata all'interattività: ad esempio un DVD video ha un contenuto multimediale, video, immagini, testo, etc. e nello stesso tempo è anche interattivo, perché è proprio grazie alla sua interattività che possiamo accedere ai contenuti informativi multimediali che esso ci mette a disposizione.

Ma dunque qual'è il legame che intercorre tra ipertesto e multimedialità? Bene la risposta è molto semplice e intuibile, l'ipertesto in realtà ci permette di accedere a risorse anche diverse da quelle testuali, tramite l'ipertesto è possibile accedere a qualsiasi risorsa disponibile in rete, da un video a un audio entrambi in *streaming*[55] oppure ad una immagine statica o dinamica. Le tecnologie oggi a disposizione del Web consentono proprio tramite l'interazione con l'utente di accedere sempre a più risorse multimediali e quindi anche più piacevoli da visualizzare da parte degli utenti e con dei contenuti informativi sicuramente più ricchi. Non c'è da scandalizzarsi della crescente evoluzione di siti come **Youtube** che fanno della multimedialità il punto di forza del loro successo.

La multimedialità è proprio alla base della crescente diffusione ed utilizzo di Internet, è proprio questo caratteristica che ha spinto e spinge tuttora gli utenti ad affacciarsi al Web, infatti l'ipertesto è diventato sempre di più multimediale così e' diventato d'uso comune un nuovo termine **Ipermedia** formato dalla prima parte della parola **Iper**testo e dalla seconda parte della parola Multi**media**. È un ambiente in cui le informazioni sono organizzate utilizzando **Ipermedia**, i linguaggi e i codici di più mezzi di comunicazione all'interno di una struttura reticolare e non sequenziale, secondo uno schema definito dall'autore dell'ipertesto, ma in modo tale che il lettore possa personalizzare il percorso di lettura in piena autonomia e libertà. Quindi non possiamo considerare un ipermedia come un qualcosa di ibrido tra ipertesto e multimedia dai quali prende il nome, ma piuttosto è l'integrazione dei media in un unico e nuovo oggetto comunicativo non riferibile e non compreso in nessuno dei singoli media specifici che lo compongono, qualcosa di più ampio che raggruppa gli ipertesti. Gli ipermedia sono documenti connessi mediante link queste connessioni sono fatte su immagini, video, suoni, testo, audio parlato ecc.

---

[55] Il termine identifica un flusso di dati audio/video trasmessi da una sorgente a una o più destinazioni tramite una rete, tipicamente dalle pagine di un sito Web a un computer locale. Questi dati vengono riprodotti man mano che arrivano a destinazione.

Internet Il Web e la Rete

La rapida diffusione della rete Internet e la sua evoluzione costituiscono uno dei fenomeni più significativi del settore dell'informatica nell'ultimi quindici anni. In quest'ambito, la tecnologia che più delle altre ha fatto registrare una crescita ed un'accettazione oltre ogni aspettativa è quella del *Word Wide Web* (WWW)[56] che ha introdotto un nuovo paradigma di diffusione (per i fornitori) e acquisizione (per gli utilizzatori) delle informazioni, con una facilità d'uso, una flessibilità ed una economicità indiscutibili. Il *Web* ha come obiettivo primario quello della diffusione di informazioni. Le basi di dati sono nate per organizzare e gestire le informazioni di interesse in un sistema informativo, ha senso domandarsi che relazione possa esistere fra le due tecnologie. La risposta è sicuramente si!

- Il Web è nato soprattutto per gestire informazioni testuali e multimediali (immagini, audio, video) o meglio iper-mediali: esso può essere definito, in maniera semplice, come un sistema che gestisce documenti multimediali distribuiti.
- Le basi di dati sono state sviluppate soprattutto per gestire informazioni rappresentabili per mezzo di dati con struttura semplice: insiemi di tuple di valori atomici, tabelle per contenere i dati.

Possono esistere sistemi informativi in cui coesistono dati e basi di dati tradizionali e dati multimediali. I *browser,* gli strumenti che gli utenti usano per accedere al Web, costituiscono una sorta di interfaccia per l'accesso a funzioni di vario tipo su sistemi locali o remoti: le informazioni di interesse possono essere documenti testuali o immagini, ma anche dati memorizzati in una base di dati.
Diamo una definizione di Internet:
Una Rete di reti, le quali comunicano attraverso lo stesso insieme di protocolli (TCP/IP).
Una caratteristica fondamentale di tutte le applicazioni che operano sulla rete Internet (e più in generale su qualunque altra rete che utilizzi i protocolli TCP/IP) è l'utilizzazione del paradigma *client/server*: i *client* gestiscono l'interazione con l'utente e richiedono servizi, mentre i *server* eseguono le operazioni richieste, fornendo ai *client* le risposte appropriate.
Il giro d'affari sulla Rete, in Italia, è ancora basso, ma il ritorno in immagine e pubblicità è assicurato se si azzeccano le mosse fondamentali. Uno dei maggiori problemi che le aziende approdate in Internet si trovano subito ad affrontare è quello della realizzazione del servizio. Progettare un buon sito *Web* non è, infatti, così semplice. Non basta fotocopiare un depliant o incollare alcune foto di prodotti e metterli sul *Web*, per conquistare credito sulla Rete o per attirare visitatori e quindi potenziali acquirenti, nel caso di un sito commerciale.
E' stato, infatti, dimostrato che il ritorno in immagine è garantito solo per quelle aziende capaci di sfruttare il mezzo telematico in modo originale e innovativo. In altri casi, quando le pagine *Web* sono usate, come se fossero dei tradizionali media, come i giornali, l'immagine aziendale può essere addirittura penalizzata. Il

---

[56] Creato da un ricercatore del CERN (Centro Europeo di Ricerche Nucleari) di Ginevra Tim Berners Lee che aveva l'intento di facilitare la diffusione, di informazioni multimediali legate alle ricerche accademiche in modo dia rendere più facile l'esplorazione della rete. Una delle caratteristiche fondamentali del WEB è il suo orientamento all'ipertesto, cioè, i documenti Web contengono collegamenti incrociati ad altri documenti, detti link. Per accedere alle varie risorse WWW, si può direttamente specificare l'indirizzo URL (*Uniform Resource Locator*). Esso utilizza il protocollo HTTP.

problema fondamentale è di analizzare i contenuti informativi del servizio, i metodi d'interazione con l'utente, la veste grafica, l'efficienza in termini di velocità dell'intero servizio.
Di solito il progetto del Web nasce dal rapporto tra il fornitore dell'accesso *Internet* e l'azienda stessa. In altri casi l'azienda commissiona il lavoro a *Service* esterni, a persone specializzate nella creazione di servizi Internet, fornendo loro tutto il materiale necessario per la creazione dei contenuti del *Web*.
Molti *Web Service Provider* provvedono anche all'inserimento *on-line* delle pagine Web fornendo all'azienda un completo pacchetto di servizi. E' il *Service* stesso, in questi casi, a mettere in contatto l'*Internet Provider* (il fornitore di accesso alla Rete) affittando spazi sul *Server* per conto del proprio cliente. Non è, infatti, necessario, per un'azienda, acquistare connettività per avere visibilità su *Internet*. Spazi e vetrine virtuali si possono anche affittare. Rivolgendosi al *Service,* l'azienda può evitare di sobbarcarsi i costi di connessione e manutenzione del servizio, affidandogli l'intera gestione del Web. L'alternativa è la gestione dell'intero servizio all'interno dell'azienda. E' quest'ultima la via preferita da editori, grandi e piccoli e dalle società che operano nel campo informatico, entrambi interessati a controllo diretto del sito e all'aggiornamento quotidiano delle informazioni in esso contenute. Grazie alla disponibilità di nuovi e potenti *software*. Il numero di aziende che preferisce gestire direttamente il servizio, cresce di giorno in giorno. E' invece in calo la richiesta di esperti in HTML (*HyperText Markup Language*), il linguaggio descrittivo delle pagine grafiche Internet, ora non più indispensabili. Nati sull'onda del successo della rete, questi tecnici devono oggi misurarsi con l'efficienza e la semplicità di programmi per *computer,* venduti a un prezzo relativamente basso, che consentono di editare pagine HTML. Questi nuovi *software* hanno conquistato il favore di molte delle aziende approdate in *Internet*: costano poco, fanno risparmiare tempo e denaro, sono alla portata di tutti, anche di semplici impiegati che conoscono l'uso del *computer* e dei programmi di scrittura, però se si vogliono utilizzare *Editor* HTML specialistici, i costi di questi software salgono, e comunque si ha bisogno di tecnici esperti per utilizzarli al meglio.
L'ultima novità, in fatto di programmi d'impaginazione HTML, viene dall'azienda americana Adobe, *software-house* specializzata nella grafica e nell'*editing*. Ricordiamo sono di quest'azienda, software quali *Photoshop* per le immagini e *Premiere Pro* per *l'editing* video. Il programma si chiama *PageMill*, costa poco ed è completamente grafico. Semplice da usare come un comune programma per videoscrittura, *PageMill* non richiede l'inserimento di pagine di HTML, ma semplici operazioni di trasferimento di oggetti, immagini e testi per mezzo del *mouse*: in pratica una specie di collage tra testi ed immagini, sfruttando appieno la natura ipertestuale del linguaggio HTML. *PageMill* è attualmente disponibile in versione Macintosh e Power Macintosh e, grazie ad un accordo tra Apple e Adobe, il programma sarà fornito in dotazione con tutti i *computer* della serie PowerMac. Sul fronte dei sistemi Windows, abbiamo l'innovativo *Netscape Navigator Gold*, l'*editor* HTML realizzato dalla stessa *Netscape*. Il programma oltre alla creazione e manipolazione di pagine HTML, integra funzioni per la gestione di programmi Java; tabelle, animazioni, applicazioni in 3D (tridimensionali) per la creazione di servizi basati sul linguaggio VRML (*Virtual Reality Modelling Language*), ultima frontiera del cyberspazio. Inoltre tra i software professionali, più utilizzati, per lo sviluppo di pagine *Web* citiamo *Macromedia Dreamweaver*, attualmente disponibile nella versione 9, esso è un

potente strumento per la progettazione di documenti HTML (pagine *Web*), che utilizza un'interfaccia puramente visuale, in definitiva è un sistema di *web-editing* basato sul completo controllo del codice sorgente *Microsoft* punta sull'editor HTML Frontpage che fa parte di un'estensione del pacchetto base di *Microsoft Office*.

Ma a mettere in crisi la «mano d'opera» del Web ci sono anche gli *editor on-line*, quei sistemi sviluppati dai *Service Provider* per facilitare i propri clienti. Un servizio particolarmente apprezzato dalle aziende che non dispongono di un proprio *computer* collegato in rete ma che non vogliono per questo rinunciare alla presenza in *Internet*.

Come funziona un *editor on-line*? E' presto detto. Il cliente si collega al servizio, realizza la pagina direttamente sul Web inserendo testi, immagini e filmati e quant'altro necessario, pigia un tasto del *mouse* e la pagina è *on-line*. Con lo stesso sistema è possibile aggiornare i documenti HTML, modificandone testi e grafica.

Ma passiamo ad argomentazioni sempre più specifiche. Java lo slogan di una marca di caffè è diventato il nome di uno dei più ambiziosi progetti della Sun Microsystem: sviluppare un ambiente informatico completo nelle minori dimensioni possibili con una portabilità elevatissima.

Ci sono voluti prima quattro anni affinchè, nel 1995, si realizzasse quel progetto, rivelando, potenzialità molto superiori alle attese. Java è un linguaggio e, al tempo stesso, un interprete, un programma che traduce le istruzioni necessarie al funzionamento di un *computer*, indipendentemente dal sistema operativo che lo governa. Java funziona come una macchina virtuale[57] dentro quella reale che lo ospita, senza interferire con le sue funzionalità. Un Linguaggio nato per dare intelligenza a televisori, telefonini, videogiochi ed altre apparecchiature elettroniche, Java scoprì ben presto la propria reale vocazione: rendere programmabile e attivo il Web nelle applicazioni *Internet*, *Intranet* ed *Extranet*.

Propri per le dimensioni ridotte, i piccoli programmi Java, le cosidette *Applet Java*[58] , possono viaggiare sulla rete, essere eseguiti dalla macchina virtuale contenuta nel *Browser* o istallata sul computer effettuato il *download* della JVM, in modo gratuito, reinviare dati o attivare altri programmi. Quanto basta per candidarsi a naturale alternativa all'attuale gigantismo di programmi e sistemi operativi, sopratutto nella prospettiva non più remota che a *personal computer* sempre più potenti e con performance elevate si possano affiancare i *network computer*, stazioni di lavoro destinate ad operare in rete prelevando da essa le risorse che i personal computer gestiscono localmente.

---

[57] **JVM Java Virtual Machine**, interpreta il *bytecode* generato dal compilatore Java e lo esegue sulla macchina su cui è installato. Grazie alla *Java Virtual Machine* il linguaggio Java è indipendente dalla piattaforma su cui viene eseguito.

[58] **Applet Java** Sono inseriti nelle pagine Web ed eseguiti localmente dal *browser*. Essendo eseguiti dal *client* l'interazione con gli *Applet* non è condizionata dalla lentezza della rete. Possono essere eseguiti su qualunque architettura, importante che sia stata installata una Java Virtual Machine.

Le generazioni del World Wide Web

Per la rete Internet, nata negli anni '60 prima come rete militare americana e poi trasformatasi in rete scientifica (*Stanford University* e *UCLA* furono i promotori), non si pensava certamente a un successo cosi clamoroso in qualche decennio di vita. Il mondo affascinante di Internet e del Web è diventato un fenomeno di massa in tutto il mondo, ed è in continua e veloce espansione. Tantissime persone, consultano le e-mail, leggono le ultime notizie *on-line*, guardano le previsioni meteo in rete, prima di un week-end, si collegano a forum e *chat* per discutere, si iscrivono ai *social network* per incontrare persone o ritrovare vecchi amici, utilizzano la rete internet per scopi commerciali. Tutte queste azioni, negli ultimi anni, sono diventate consuetudine comune ed entrate nella routine della vita quotidiana di milioni di persone. La nascita e la diffusione del Web è stata una rivoluzione culturale paragonabile, in un certo senso, a quella provocata da Gutemberg con la stampa. La differenza sostanziale è che sul Web ognuno può creare il proprio sito e presentarlo a un pubblico internazionale senza essere un editore. L'espansione della rete e del Web, per tanti fattori che non stiamo qui a elencare, è stata velocissima. Da ricerche effettuate emerge che *l'internet time,* cioè il tempo con cui si verificano gli eventi in rete e' quattro volte superiore ai fenomeni delle vita di tutti i giorni, in pratica, nel mondo di internet la variabile tempo scorre molto più velocemente che nella vita biologica, ed in poco meno di vent'anni siamo alle porte della 3° generazione del Web, infatti a marzo 2009 si sono festeggiati i venti anni esatti, tutto ebbe inizio dal 13 marzo 1989 quando il fisico inglese Tim Berners-Lee insieme al suo collega Robert Cailliau presentò, ai suoi superiori del CERN[59] di Ginevra in un documento dal titolo *"Information Management: a proposal"*, un sistema ipertestuale distribuito, pensato per gestire la documentazione del centro di ricerca, in definitiva un sistema per gestire e scambiare informazioni scientifiche.

Se vediamo il Web dal punto di vista cronologico, abbiamo:

- **Web 1.0 (nata nel 1990)**
- **Web 2.0 (nata nel 2005)**
- **Web 3.0 (alle porte)**

Il Web 1.0

Questi **20 anni** del Web hanno significato tanto, per chi fa il nostro lavoro e per tutti coloro che usano il Web, per chi è cresciuto insieme a questo potente strumento, cercando di sfruttare le sue innumerevoli potenzialità. **Il Web 1.0** è il Web di cui abbiamo parlato finora nato con l'introduzione dei documenti ipertestuali collegati fra loro dagli *hyperlink,* seguendo l'idea geniale di Tim Berners-Lee e del suo gruppo di lavoro, con l'introduzione dei primi motori di ricerca (ad esempio Altavista) che consentivano il reperimento di singole informazioni nella moltitudine di informazioni della rete Internet. Se paragoniamo i siti Web del primo decennio a quelli di oggi ci rendiamo conto di quanto le

---

[59] Centro Europeo per le Ricerche sull'Energia Nucleare.

discipline in quest'ambito si siano sviluppate, concentrandosi maggiormente sull'utente e sulla sua esperienza di navigazione. È diventato fondamentale garantire un'*user friendlyness* immediata e intuitiva. Concetti come **usabilità** e **accessibilità**, sono ora una *condicio sine qua non* per una corretta realizzazione di un sito Web, l'utente deve avere la possibilità di navigare con qualsiasi *device* (*notebook, netbook, Tablet, smartphone,* palmare, cellulare, *internet TV*), non solamente come una volta il personal computer, quindi deve disporre di interfacce tali da rendergli la navigazione molto semplice ed essere in grado di reperire tutte le informazioni in maniera soddisfacente.

Il Web 2.0

Le caratteristiche che contraddistinguono la seconda generazione del Web, nata solamente quattro o cinque anni fa e attualmente nel pieno della maturità, sono.

- **Intelligenza collettiva** degli utenti.
- **Conoscenza collettiva** degli utenti.
- Utenti soggetti **attivi** perché incrementano la conoscenza sul Web (es. Wikipedia).
- Utenti soggetti **collaborativi** perché **condividono** le informazioni sul Web.
- Nascita e rapida espansione dei *Social Network* (es. *Facebook, Second Life, My Space*).
- Nascita del ***Social software***, in pratica applicazioni software capaci di creare community di utenti, precedentemente questo software era conosciuto con il nome di *Groupware,* tutte le applicazioni software che rendono possibile l'interazione di gruppi di utenti e le comunicazioni mediate dal computer *(Email, mailing list, newsgroups, forum* di discussione, *chat,* teleconferenze, spazi di informazione condivisi, etc), utilizzati anche per funzioni di lavoro collaborativo. Tavolta, in maniera impropria, tutte queste applicazioni vengono espresse come applicazioni Web 2.0, ma bisogna dire che, con l'etichetta di *Social software* possiamo raggruppare solo le applicazioni software capaci di creare *community* di utenti, in quanto il *Groupware* faceva parte già delle peculiarità del Web di prima generazione.
- **Interazione** fra gli utenti e il Web mediante interfacce ricche di contenuti
- Il Web è una **piattaforma globale** dove si condividono applicazioni, servizi e dati.

Quali sono le parole chiave del Web 2.0, elenchiamole di seguito:
Comunicazione, Condivisione, Collaborazione, Partecipazione, Intelligenza Collettiva, *Blog*[60], *Blogging, Wiki*[61], *Social networks, Social media, Mashup*[62], *Sharing, Widget*[63], *Tagging*[64], *Feeds*[65].

---

[60] Il termine *blog* è la contrazione dei termini inglesi *Web-log*, ovvero "traccia sul Web".
[61] Il termine wiki non è inglese come si può credere ma viene dalla lingua Hawaiana e vuol dire veloce.
[62] Termine mutuato dalla *pop music* che sta a indicare l'unione di servizi esistenti per generare nuove applicazioni.
[63] **Widget** è un elemento (tipicamente grafico) di una interfaccia utente di un programma, il termine viene dall'accorpamento dei due termini inglesi **window** e **gadget**.

Gli ingredienti miscelati che ci danno le basi del Web 2.0 sono di tipo
- **Tecnologico**
  Web interattivo non solo software ma molti più servizi.
- **Sociologico**
  Misurarsi all'interno di comunità di utenti.
- **Economico**
  Chi fornisce i servizi spende poco ma può guadagnare tantissimo se ha l'idea vincente (ad esempio Google, Youtube, Twitter, Facebook).

Il *Browsing* delle pagine Web non è più inteso semplicemente come navigare tra le pagine, nella seconda generazione del Web il *Browser* è un unico programma che gestisce al suo interno tante applicazioni.
- **Posta elettronica (Gmail)**
- **Cartografia (Gmaps, Yahoomaps, VirtualEarth)**
- **Word processor (Writely, officelive)**
- **Foglio di calcolo (Google spreadsheet)**
- **Enciclopedia (Wikipedia)**
- **Agenda (30 boxes, Gcalendar)**
- **Bookmarks (del.icio.us)**
- **News, podcast, ecc. (Bloglines)**

---

[64] Dall'inglese "tag", contrassegno. L'attività di **tagging** (italianizzata in **taggare**) consiste nell'attribuzione di una o più parole chiave, dette tag, che individuano l'argomento di cui si sta trattando, a documenti o, più in generale a file sulla rete internet. È un'attività sempre più diffusa su tutti i siti per catalogarli meglio e proporre altre informazioni correlate agli utenti.

[65] Il **feed web** è un'unità di informazioni formattata secondo specifiche XML, stabilite precedentemente. Ciò per rendere interoperabile ed interscambiabile i contenuti fra diverse applicazioni o piattaforme.Un feed è usato per fornire agli utilizzatori una serie di contenuti informativi aggiornati di frequente.

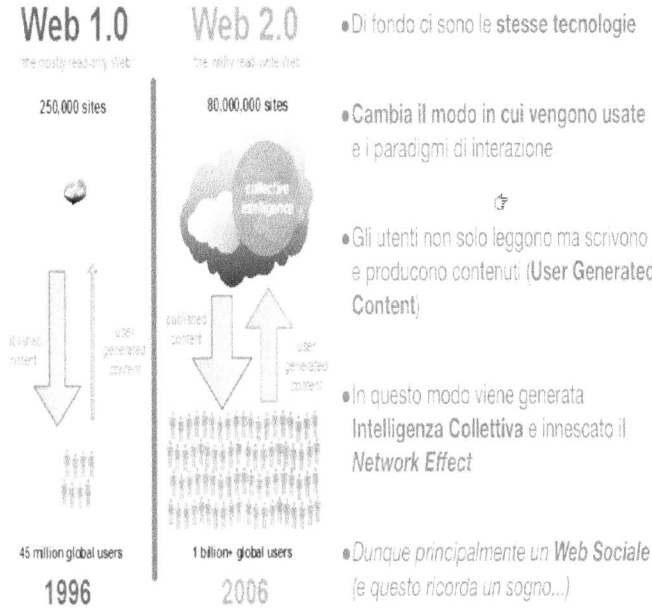

Fig.1 Schema Web 1.0 versus Web 2.0

Blog
Generalmente è un sito internet, gestito da una persona o da un ente, in cui l'autore pubblica periodicamente, come in una sorta di diario *online*, i propri pensieri, opinioni riflessioni, e altro, assieme, eventualmente, ad altre tipologie di materiale multimediale come immagini e audio-video. I contenuti multimediali sono organizzati in un ordine cronologico dal più al meno recente dei contenuti. La comunicazione avviene secondo delle regole e rispettando i ruoli all'interno del blog.
Mentre per quanto riguarda i **Microblog** gli utenti si scambiano brevi messaggi di testo (fino a 140 caratteri) rispondendo a domande base del tipo: *cosa stai facendo, dove vai?*
Le modalità di comunicazione sono via Web, o via e-mail o anche mediante messaggi sms da telefono cellulare.

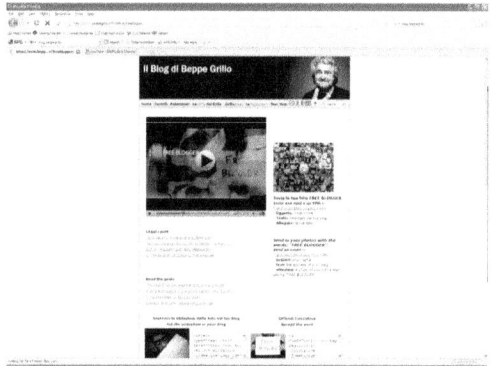
Fig. 2 Un Web site di Blog tra i più seguiti in Italia

WIKI
Un *wiki* è un sito Web che può essere modificato o aggiornato dai suoi utilizzatori e i cui contenuti sono sviluppati in collaborazione da tutti coloro che vi hanno accesso. La modifica dei contenuti è aperta a tutti utenti registrati e no. I lettori delle informazioni possono essere allo stesso tempo loro stessi redattori delle informazioni e possono condividere in maniera esplicita la conoscenza. **Wikipedia** è il sito *wiki* tra i più diffusi e utilizzati sul Web è scritta in diverse lingue e, come si evince dal nome, è l'enciclopedia condivisa tra gli utenti del Web ed è redatta in collaborazione con tutti gli utenti della rete.

MASHUP
I *Mashup* sono delle *Web application* che fondono i dati o le funzionalità da due o più sorgenti esterne al fine di creare dei nuovi servizi o applicazioni utili agli utenti della rete. La terminologia *mashup* vuole anche significare integrazione facile e veloce, tra sorgenti di dati diverse. Un esempio di *mashup* è l'uso di dati cartografici aggiunti a informazioni locali. Ad esempio, permettere la creazione dei *mashup* con dati e servizi, laddove i fornitori di servizi devono fornire le interfacce per i dati, in modo da creare una catena di servizi sul Web, consentendo la mappatura interattiva dei dati in tempo reale. Tutto ciò non era possibile naturalmente con le mappe cartacee (per esempio mappare un

itinerario sulle stazioni della metro di una grande città, e in tempo reale diffondere la classica informazione agli utenti **dove è ADESSO il mio treno?**). Un limite di queste applicazioni è che la qualità dei dati è spesso ignorata e inoltre gli aspetti legati alla privacy sono raramente considerati.

Fig. 3 Esempio di pagina di Wikipedia, l'enciclopedia condivisa

I Social Network

Data la rapida crescita ed espansione dei *network* sociali, ci sembra doveroso parlare di questi strumenti, importanti e innovativi che caratterizzano il Web 2.0. Essi portano ogni singolo individuo, che partecipa alla rete sociale, a misurarsi all'interno di una comunità, inoltre gli utenti all'interno della rete creano uno spazio personale, e un loro profilo condiviso con gli altri utenti a cui hanno concesso la loro amicizia all'interno della rete. Infatti, ogni utente può concedere o richiedere "l'amicizia" ad altri utenti. Ogni utente "amico" diventa *linkato* e può lasciare dei messaggi sui profili dei propri amici, non solo possono essere scambiati messaggi, ma foto, video ed altri file digitali. In tutte le cose che sembrano essere perfette e che possono riferirsi a dei sogni, anche in un Web "sociale" dove l'imperativo è condividere ci sono dei punti oscuri da non trascurare e sottovalutare, legati soprattutto alla *privacy* degli utenti.

Potremmo dire: **Social Network, istruzioni per l'uso.**

Come si sa, i social network, quali **Facebook**, **My Space**, **Twitter** hanno un utenza trasversale per età e stato sociale, ma hanno una grande attrattiva su un pubblico giovane che non bada agli "effetti collaterali" che possono scaturire nel fare parte di una rete sociale. Vediamo qualche esempio pratico, i social network danno l'impressione di concedere agli utenti degli spazi personali, che molto personali non sono, perché invogliano gli utenti ad esporre troppo la loro vita privata, ciò può provocare dei danni anche a distanza di anni. Ricordiamoci che per ricavare il codice fiscale di una persona basta conoscere la data e il luogo di nascita di quella persona, quindi condividere questi dati su una rete frequentata da tutti, può significare una perdita di controllo degli stessi. C'e' un'ulteriore considerazione da fare i website dei network sono animati da logiche affaristiche e purtroppo si sa gli interessi prevalgono su tutto, un modello come i *social network* e' incentrato sulle informazioni che gli utenti riversano in abbondanza sui loro profili in rete, tutto queste informazioni fanno gola alle multinazionali che possono pagarle per accedervi e costruire delle pubblicità mirate ai target di utenza. Come fare per arginare queste problematiche, il garante per la *privacy* in Italia consiglia l'autotutela, leggere scrupolosamente i termini di uso dei vari network, e usare delle impostazioni dei profili orientati alla tutela delle informazioni più riservate e verificare se si possono cancellare le informazioni personali se si esce dal network. E' vero anche, che il più delle volte alcuni siti, e non solo i *social network*, non ti consentono di cancellare il tuo profilo ma solo di disattivarlo, facendo si che le tue informazioni si possano individuare in rete per anni ed anni.

Fig. 4 Sito del microblog Twitter

Il Web 3.0
Le caratteristiche basilari di Internet di terza generazione sono in parte degli sviluppi e delle evoluzioni del Web 2.0 e in più si introdurranno nuove modalità di interazione naturale tra l'uomo ed i dispositivi. Si parla di dispositivi e non più semplicemente del computer, perché le applicazioni saranno, sempre di più, disponibili su più piattaforme operative (computer, palmare, *netbook, notebook, Tablet, Pda, SmartPhone, Iphone*, ricevitori GPS etc.), chiamate applicazioni multicanale.
Le caratteristiche basilari di internet di terza generazione, il Web 3.0 che bussa oramai alle porte, saranno
- Circolarità delle informazioni.
- Infrastrutture di reti telematiche veloci che consentono collegamenti "*sempre e ovunque*".
- Nessuna divisione netta tra reti fisse e mobili si parlerà solo di Rete.
- Modalità diversa di ricerca dell'informazione, modalità **semantica** dove l'informazione da ricercare e' contestualizzata.
- Una rete *riferita alle cose* con una diffusione di dispositivi di intrattenimento, domestici o di lavoro collegati in reti *wireless* fra loro e capaci soprattutto di interagire stimolati anche da comandi vocali per un interazione naturale tra uomo e macchina (HCI)[66] piuttosto che una rete *rivolta alle persone*.

- Largo uso di **comandi vocali** per effettuare ricerche di informazioni.

Si introduce il **sistema semantico** di ricerca delle informazioni, finora si e' utilizzato un **sistema sintattico** di ricerca dell'informazione.
- Sistema sintattico di ricerca delle informazioni si basa su una ricerca attraverso la digitazione sulle singole parole.
  - Es. Se ricerco la voce **Leonardo da Vinci** otterrò centinaia di migliaia di risultati, non solo vita ed opere dello scienziato, ma anche informazioni sull'aeroporto di Roma (Aeroporto Leonardo da Vinci) o su moltissimi Hotel o ristoranti che si chiamano Leonardo da Vinci.
  - Tutta questa ridondanza di informazioni e' fuorviante per l'utente.

Sistema semantico di ricerca delle informazioni si basa su una ricerca attraverso una **frase da ricercare** che viene **contestualizzata**.
La scopo dei nuovi motori di ricerca sul Web sarà quella di **trovare e non cercare** le informazioni specifiche nel mare magnum della rete, usando interrogazioni con richieste vicine a quelle usate dal linguaggio umano.
Trasformazione del **World Wide Web** in un ambiente dove i documenti pubblicati (pagine HTML, file audio, video, immagini, e così via) siano associati a informazioni e dati (metadati) che ne specifichino il contesto semantico in un formato adatto all'interrogazione, all'interpretazione e, più in generale, all'elaborazione automatica.
(Wikipedia: http://it.wikipedia.org/wiki/Web_semantico).
Con l'interpretazione del contenuto dei documenti che il **Web Semantico** favorisce, saranno possibili ricerche molto più evolute delle attuali, basate sulla presenza nel documento di parole chiave, ed altre operazioni specialistiche come la costruzione di reti di relazioni e connessioni tra documenti secondo logiche più elaborate del semplice *link* ipertestuali.

---

[66] **Human Computer Interaction Interazione Uomo-Macchina** (traduzione di senso più ampio ma consolidata nel campo dell'informatica) è lo studio dell'interazione tra le persone (utenti) e i computer, questi studi vengono utilizzati per la progettazione e lo sviluppo di sistemi interattivi che siano usabili, affidabili accessibili e che supportino e facilitino le attività umane.

O.S.I. interconnessione dei Sistemi Aperti (uno Standard *de jure* per le Reti di Calcolatori)

In una rete di telecomunicazioni sono in gioco tre categorie principali: l'utenza della rete, il gestore di TLC e infine i costruttori di *hardware* e *software* necessari per la costruzione di una rete. In questo tema si discuterà di quali sono state le motivazioni per la nascita di uno standard per i sistemi di comunicazione tra elaboratori. Un modo per soddisfare alle varie esigenze di queste tre categorie è una normativa internazionale alla quale si riferiscono utenti, gestori e costruttori di TLC. A tale scopo sono stati creati enti di standardizzazione quali: CCITT, ISO, ECMA.
Una situazione non normalizzata implica:
- Sistemi Incompatibili
- Applicazioni dipendenti dalla Rete
- Mezzi trasmissivi con Procedure di Accesso diverse

Conseguenze di ciò sono "Reti chiuse".
L'*International Standard Organization* (ISO) ha formulato un modello per descrivere la struttura e la funzione dei protocolli di comunicazione dei dati, un protocollo lo possiamo definire genericamente come:
Un insieme di regole di comunicazione.
Questo modello è stato chiamato O.S.I. (*Open System Interconnection*)[67] *Reference Model*. Ultimamente quando si parla di trasmissione dati, si cita questo modello di riferimento, definito, come già detto, collegialmente dai principali enti dediti alla standardizzazione nel settore delle comunicazioni e delle reti trasmissive. Il modello O.S.I. rappresenta in definitiva un protocollo di accettazione generale (standard de jure) allo scopo di scambiare dati tra sistemi diversi. Vediamo le funzioni che un protocollo deve supportare per garantire un trasferimento ordinato di informazione tra due o più calcolatori interconnessi.
- Formazione del collegamento e suo abbattimento al termine delle fasi di trasferimento dati.
- Controllo di correttezza dei messaggi ricevuti, mediante esame della parità longitudinale, trasversale o di ridondanza ciclica (CRG).
- Segnalazione di ricezione corretta o errata verso la stazione trasmittente, e gestione della fase di rinvio dei messaggi errati.
- Gestione della fase di *polling* (invito a trasmettere) o *selecting* (invito a ricevere sia come stazione primaria sia secondaria).
- Gestione dei comandi di *Reset* del collegamento, inversione dello stato di *master/slave*. Sconnessione o sospensione della trasmissione.

Per il modello O.S.I. vi sono funzioni anche di questo tipo.

- Gestione della *bufferizzazione* dei messaggi ricevuti od inviati mediante la loro inserzione in apposite aree di memoria tampone, che permettono di ovviare alla momentanea indisponibilità della linea o di cui ne permettono uno sfruttamento più efficace.
- Conversione dei codici, in modo da permettere la presentazione del messaggio ricevuto in modo compatibile con il codice di presentazione del

---

[67] Interconnessione dei Sistemi Aperti perché fa riferimento alla volontà di definire un insieme di regole che permette la realizzazione di sistemi di reti cui sia possibile interconnettere qualsiasi tipo di sistema.

terminale.
- Gestione del collegamento con il calcolatore *Host*.
- Emulazione del protocollo di alto livello di un calcolatore *Host*.

Attualmente, una suddivisione che si sta stabilizzando vede la struttura di un protocollo come formata da sette livelli di cui i primi quattro costituiscono i cosiddetti livelli di trasporto mentre i restanti tre costituiscono i livelli di controllo della sessione, di comunicazione, di presentazione ai terminali in modo intelligibile e di controllo di processi applicativi. I sette livelli (*layer*) rappresentano ognuno una funzione realizzata, quando i dati sono trasferiti tra applicazioni cooperanti attraverso una rete. Un livello non definisce un singolo protocollo, ma una funzione di comunicazione che può essere realizzata da un qualsiasi numero di protocolli. Un protocollo a seconda della complessità delle funzioni realizzate, o meglio dei servizi forniti, sarà costituito da uno o più di questi livelli, (ad es. il *file transfer protocol* e *l'electronic mail protocol* forniscono entrambi servizi utente, quindi sono parte *dell'Application Layer*, che vedremo nella pagina successiva). Da notare che ogni livello non è conscio del significato del messaggio che gli proviene dal livello superiore, e di quali siano le elaborazioni che su di esso compie il livello inferiore perché è in grado di interpretare correttamente solamente messaggi provenienti da livelli di analogo valore. Ogni protocollo comunica col suo pari, cioè con l'implementazione dello stesso protocollo al livello equivalente sul sistema remoto. Tale comunicazione deve essere ovviamente standardizzata, e in teoria ogni protocollo deve occuparsi di comunicare solo col suo pari. In pratica però, deve essere standardizzata anche la comunicazione tra livelli diversi sullo stesso sistema, in quanto ogni livello e' coinvolto nell'invio di dati da un'applicazione locale ad una applicazione remota equivalente. I livelli superiori, infatti, utilizzano i livelli inferiori per trasferire i dati sulla rete fisica. I dati sono passati verso il basso da un livello all'altro come su uno *stack*, e a ogni passaggio sono aggiunte opportune informazioni di controllo (es. l'indirizzo dell'*host* remoto) contenute in *header* e/o *trailer* del pacchetto dati vero e proprio, fino che vengono trasmessi sulla rete fisica dai protocolli del *Physical Layer*. Sul sistema remoto, i dati sono passati verso l'alto sullo *stack*, interpretando e via via eliminando le informazioni di controllo (es. l'indirizzo dell'*host* che ha spedito i dati) fino all'applicazione ricevente. In realta' i singoli *layer* non hanno bisogno di sapere come funzionano quelli superiori o inferiori, ma solo come scambiarsi i dati con essi. Quindi, purché, i dati continuino a essere passati in maniera consistente, è possibile modificare senza problemi i protocolli dei singoli *layer*. Questo è uno dei vantaggi della struttura modulare del modello, perché la modifica di un protocollo, orientato a funzioni proprie di un certo *layer* non implica modifiche negli altri. Il modello O.S.I. presenta una netta suddivisione tra le attività dei livelli superiori che definiscono un'applicazione ed i livelli inferiori che realizzano il servizio di consegna delle informazioni.

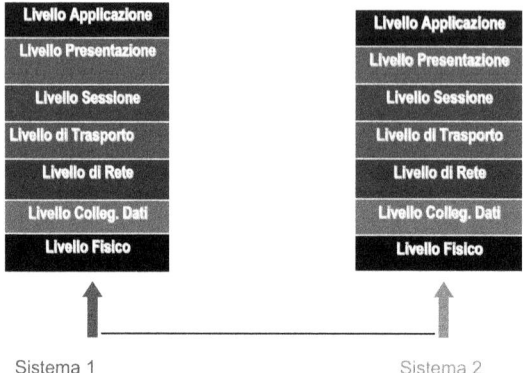

Sistema 1   Sistema 2

Figura1 Schema della Pila O.S.I.
Vediamo in dettaglio i singoli layers e le loro funzioni. Ogni *Layer* (livello) aggiunge valori ai servizi forniti dai *layers* sottostanti in modo tale che all'ultimo *layer* sono offerti i servizi necessari a supportare applicazioni distribuite. La tecnica del *Layering* consente di "dividere" il problema delle interconnessioni in sottoproblemi meglio analizzabili. I livelli da 1-4 risolvono i problemi relativi alla comunicazione tra processi. Essi possono essere definiti dediti al trasporto dell'informazione.

- **Physical (Strato Fisico):** è responsabile della gestione degli aspetti meccanici, elettrici, funzionali e procedurali della trasmissione fisica di un flusso di bit, è orientato alle caratteristiche fisiche del mezzo trasmissivo, (es. livelli di voltaggio, numero e disposizione dei *pin* dei connettori di interfaccia, ecc).. Il sistema di comunicazione si accorda sulla rappresentazione elettrica delle cifre binarie 0 e 1, in modo che, quando i dati sono inviati, come flusso di segnali elettrici, il ricevitore sia in grado di interpretare i dati correttamente come dati binari. Questo strato è implementato nell'*hardware* dei dispositivi di rete e inoltre fornisce una distribuzione dei dati affidabile attraverso il mezzo fisico.
- **Data Link (Strato di Collegamento Dati):** è responsabile della gestione dei *frame* o di parti di pacchetti di lunghezza fissa, si occupa inoltre di sincronizzazione, *Error-detection*, *Recovery*, in pratica individuazione e correzione degli errori che si sono verificati nello strato fisico. Esso definisce come le informazioni sono inserite nella rete.
- **Network (Strato di Rete):** controllo della commutazione e dell'instradamento tra sistemi, fornisce i collegamenti nella rete, gestisce gli indirizzi dei pacchetti in uscita, la decodifica dell'indirizzo dei pacchetti in arrivo. Stabilisce le modalità di indirizzamento dei messaggi sia nell'ambito della stessa rete, sia fra reti diverse. I *router* operano in questo strato. In pratica gestisce le connessioni attraverso la rete per i livelli superiori (*routing*).
- **Transport (Strato di Trasporto):** è responsabile dell'accesso a basso livello della rete e del trasferimento dei messaggi tra i *client*, nonché effettua il controllo del trasporto dei dati da sorgente a destinazione, ed inoltre il controllo del flusso dei dati, nonché definisce criteri di suddivisione di lunghi messaggi in frammenti minori. Inoltre, fornisce rilevamento ed eventualmente

correzione degli errori *end-to-end*

I livelli 5-7 possono essere definiti di supporto alle applicazioni.
- **Session (Strato di Sessione):** è responsabile dell'implementazione di sessioni, o di protocolli di comunicazioni da processo a processo. Generalmente questi protocolli sono le effettive comunicazioni per i *login* remoti, trasferimenti di *file* o posta elettronica. Inoltre si occupa del controllo di dialogo fra applicazioni e ne gestisce le connessioni.
- **Presentation (Strato di Presentazione):** è responsabile della risoluzione delle differenze di formato che possono presentarsi tra i diversi siti della rete. Rappresentazione e manipolazione di dati strutturati, conversione di codici e di caratteri fra il set di caratteri riconosciuto dalle stazioni di lavoro e quello utilizzato nella trasmissione. In pratica rende standard la presentazione dei dati.
- **Application (Strato di Applicazione):** è responsabile dell'interazione diretta con gli utenti. E' l'interfaccia per i programmi applicativi che usano la rete. Questo strato inoltre tratta il trasferimento di *file*, i protocolli di *login* remoto e la posta elettronica, *browser*, nonché gli schemi per i *database* distribuiti, tutti processi applicativi rivolti agli utenti finali. In pratica i programmi applicativi che usano la rete.

Per concludere questo argomento possiamo affermare affermare che l'O.S.I. non solo si occupa dal trasferimento dell'informazione tra sistemi ma anche alla capacità che questi hanno di cooperare tra loro ed, infatti, il concetto di cooperazione tra sistemi e' insito nell'espressione "*System Interconnection*". Inoltre con l'O.S.I. si sente parlare di Sistemi Reali Aperti. Un sistema reale può essere visto come un insieme di uno o più elaboratori, del software associato delle unità periferiche, dei terminali, degli operatori umani, dei processi fisici, dei mezzi per il trasferimento dell'informazione etc, il tutto è atto a svolgere l'elaborazione dei dati. L'obiettivo degli standard O.S.I. non è perciò quello di standardizzare il modo con cui i vari elaboratori funzionano, ma quello di standardizzare le interazioni necessarie alla loro cooperazione, ciò significa che i costruttori possono progettare e realizzare i loro sistemi come meglio credono e l'obiettivo è quello di fornire una base comune di coordinamento per lo sviluppo di standard, relativi all'interconnessione di sistemi. Ritornando ai Sistemi Reali Aperti possiamo affermare che per Sistema Reale Aperto s'intende un sistema reale conforme agli standard O.S.I., per quanto concerne la sua comunicazione con altri sistemi aperti. Un'altra parola, che abbiamo più volte trovato in questa relazione sull'O.S.I., è "Apertura" ed "Aperto", con questi termini ci si riferisce alla capacità potenziale del sistema di cooperare con altri sistemi, è naturale che tale potenzialità potrà essere esercitata solo se entrambe le parti lo vogliono. Un altro termine indicativo è "Stratificazione" (*Layering*) che abbiamo già ampiamente trattato ma che per comodità riprendono brevemente affermando che questa tecnica ci consente di comporre una rete di sistemi aperti in un insieme di strati (*Layers*-Livelli) funzionali ognuno dei quali circonda quelli inferiori e li isola dagli strati superiori. Fa parte del criterio del *Layering* o della stratificazione non avere per ciascun livello troppe funzioni che contribuiscono a complicarne la gestione, né poche da rendere il livello ingiustificato. I livelli dovrebbero poter subire modifiche interne senza ripercussioni né sulla funzionalità degli stessi, né sulla funzionalità dei livelli inferiori. I protocolli dovrebbero operare esclusivamente all'interno del livello. Si dovrebbero individuare dei confini precisi tra i livelli con interfacce più semplici possibili.

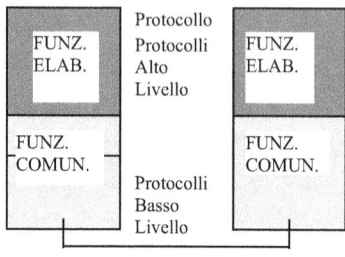

Figura2 Suddivisione in due Macrolivelli dell'O.S.I. (protocolli Alto livello e protocolli Basso livello)

RETI LAN (Local Area Network)

Le reti locali sono nate nei primi anni 70, con lo scopo di sostituire i *mainframe*, è noto che per molte imprese risulta più economico disporre che diversi *personal computer*, ciascuno con le proprie applicazioni interne, invece di un unico sistema di grosse dimensioni. Diamo una definizione di rete LAN:
Una rete *LAN* è un sistema di comunicazione atto a permettere la comunicazione tra un certo numero di terminali distribuiti in un'area ristretta e delimitata geograficamente in modo abbastanza preciso (palazzo, fabbrica, un piano di un edificio o un piccolo edificio etc.), connessi mediante l'utilizzo di un canale fisico, che permette un'alta velocità di trasmissione (un *data rate* elevato) ed un basso tasso d'errore (*error rate low*).
Di solito i collegamenti tendono ad avere una maggiore velocità ed una minore frequenza d'errore rispetto alle reti geografiche (WAN)[68]. La distanza servita può variare da decine di metri a qualche centinaio di chilometri, con velocità trasmissione dell'ordine dei Mbit/s e con la possibilità di collegare alla rete centinaia di terminali. Da ciò scaturisce che, nella definizione di reti locali, rientrano strutture che possono differenziarsi anche notevolmente tra loro. Una *LAN* di solito consente la trasmissione senza l'ausilio di mezzi pubblici di trasmissione, e per ottenere velocità di trasmissione elevate ed alta affidabilità sono necessari cavi di connessione costosi. La velocità di comunicazione varia dall'ordine di 1 megabit/s per reti come *Appletalk* e le *Token Ring* dell'IBM a 1 gigabit/s per le reti a fibre ottiche. La velocità più comune è quella delle reti *Ethernet* 10megabit/s, attualmente le reti FDDI basate su fibre ottiche funzionano a 100 megabit/s. Di solito una LAN tipica è costituita da alcuni p.c. o *workstation* e vari dispositivi periferici, i dispositivi collegati tramite la rete condividono risorse comuni (dischi, stampanti, unità a nastro e cosi via) e servizi applicativi (*Mail*, Agenda Elettronica, FTP, *Telnet*).
Riassumendo le caratteristiche salienti di una rete LAN:
- Velocità di trasmissione elevata.
- Flessibilità, affidabilità, semplicità dei collegamenti futuri.
- Collegabilità tra apparecchiature eterogenee.
- Semplicità degli ampliamenti.
- Potenziamento della funzionalità di *communication* da ambiente *LAN* ed altri ambienti (mediante dispositivi quali *GATEWAY,BRIDGE,ROUTER*).

Le caratteristiche che differenziano i sistemi di comunicazione locali e permettono quindi una forma di classificazione sono quattro:
1) La Topologia: cioè lo schema con cui i dispositivi sono connessi in rete.
2) Il Mezzo Fisico di Trasmissione: doppino telefonico, cavo coassiale, fibra ottica.
3) Il Metodo di Accesso: regole per gestire gli accessi e la trasmissione dei dati in rete.
4) La Tecnica di Trasmissione: modalità di trasporto delle informazioni *Packed, Switching, Broadband*.

TOPOLOGIE DI RETE

---

[68] Wide Area Network, rete a larga area o a lunga tratta. Si tratta di una rete di comunicazione dati, che impiega linee telefoniche dedicate o satelliti.

Reti Totalmente Connesse
Reti Parzialmente Connesse
Reti a Stella (STAR)
Reti ad Albero (TREE)
Reti a Bus
Reti ad Anello (RING)

I nodi di un sistema possono essere collegati fisicamente in vari modi, ogni configurazione ha i suoi vantaggi, e i suoi inconvenienti. I criteri per confrontare i vari schemi sono:
1. **Costo di Base**: considerazioni sul costo necessario per collegare i vari nodi
2. **Costo della Comunicazione**: Il tempo necessario per inviare un messaggio da un nodo A a un nodo B
3. **Affidabilità**: se un nodo del sistema si guasta, occorre stabilire se gli altri nodi possono continuare a comunicare tra loro.

Di solito le diverse topologie sono rappresentate schematicamente con i grafi, i cui nodi corrispondono ai siti (computer), mentre gli archi tra i nodi corrispondono ai collegamenti tra i siti (*link*).

Figura1 schema di base per una rete ad anello

IL MEZZO FISICO DI TRASMISSIONE

Come supporto fisico, per reti LAN, abbiamo visto che inizialmente è stato utilizzato il cavo coassiale di tipo televisivo, ma esigenze successive di tecnica degli impianti e di costi hanno portato all'affermazione dell'utilizzo del comune doppino di rame di provenienza telefonica e in seguito alla fibra ottica. L'utilizzo del doppino telefonico ha permesso di introdurre le reti locali anche in ambienti in cui difficilmente si sarebbero potuti istallare cavi coassiali, come nel caso del coassiale *ETHERNET* dove il cavo ha un preciso raggio di curvatura, una sezione indifferente e quindi è di semplice posizione nelle canaline di distribuzione esistenti. La fibra ottica ha reso possibile istallazioni di reti locali anche in ambienti industriali fortemente disturbati sotto il profilo elettromagnetico nei quali sia il doppino telefonico sia il cavo coassiale non assicurano il necessario grado di immunità ai rumori. Inoltre la fibra ottica è particolarmente indicata anche in applicazioni in cui si richiede il massimo della sicurezza nel trasferimento delle informazioni, intendendo con questo il grado di immunità da tentativi di intercettazione dei dati che sono trasferiti sul cavo. L'utilizzo delle fibre ottiche risulta di particolare interesse in quelle applicazioni di tipo militare, bancario o amministrativo, in cui il problema "sicurezza" è un aspetto fondamentale nel decidere o meno l'utilizzo di un particolare sistema di distribuzione delle informazioni.

IL METODO DI ACCESSO

Con metodo di accesso intendiamo di solito quell'insieme di regole che servono per gestire gli accessi e la trasmissione dei dati in rete da parte degli utilizzatori. Quei metodi di accesso più comunemente usati in ambito *PC* e *Mini* sono il CSMA con le sue varianti ed il *Token Passing* (vedremo dopo il significato). Un collegamento può connettere più di due siti nella rete, quindi è possibile che parecchi siti della rete vogliano trasmettere contemporaneamente informazioni sulla stessa linea. Questa eventualità si presenta soprattutto nelle reti ad anello e a *bus* multiaccesso e va sotto il nome di collisione per evitare collisioni ripetute sono state sviluppate parecchie tecniche che vedremo nel paragrafo.

Vediamo ora una classificazione dei metodi di accesso, classifichiamo tre tipologie di metodi di accesso:

- **TECNICHE AD ASSEGNAZIONE FISSA**:
- *Time Division Multiplexing Access (T.D.M.A.)*
- *Frequency Division Multiplexing Access (F.D.M.A.)*

- **TECNICHE DI ACCESSO CASUALE:**
- *Carrier Sense Multiple Access (con le sue due varianti).*
- *Carrier Sense Multiple Access with Collision Avoidance (CSMA/CA).*
- *Carrier Sense Multiple Access with Collision Detection (CSMA/CD).*

- **TECNICHE AD ASSEGNAZIONE SU DOMANDA:**
- *Token Passing Bus*
- *Slotted Ring*
- *Token Passing Ring*

LA TECNICA DI TRASMISSIONE

Vediamo ora come avviene il funzionamento interno della trasmissione. Vi sono tre aspetti fondamentali nella comunicazione che andiamo ad elencare e a trattare.

- **Nominazione e Risoluzione dei Nomi**: trattano di come due processi si individuano l'un o l'altro allo scopo di comunicare. La prima componente nelle comunicazioni via rete è la *Nominazione (Naming)* dei sistemi nella rete. Affinché due processi in esecuzione su due siti differenti A e B potranno scambiarsi delle informazioni devono essere in grado di fare riferimento l'uno all'altro. All'interno di un processo di sistema remoto sono generalmente identificati dalla coppia. <*nome dell'host, identificatore process-id* >. Dove il "*Nome dell'Host*" è solitamente un nome unico all'interno della rete, ed "identificatore" può essere un *Process-id* o un altro numero unico all'interno dell'*Host*. Di solito il nome dell'*Host* è solitamente un identificatore alfanumerico anziché un numero per renderne più semplice l'utilizzo da parte degli utenti (come avviene in Internet). Ma i nomi sono più comodi per noi umani, i calcolatori preferiscono usare i numeri, perciò ci deve essere un meccanismo per la risoluzione del nome dell'*host* nel corrispondente *host-id* che descrive il sistema di destinazione all'*hardware* della rete, questo meccanismo è analogo al *binding* nome-indirizzo che avviene in fase di compilazione, il *linking* ed il *loading* e l'esecuzione di un programma.
- **Strategie di Instradamento**: qui si descrive il modo in cui viene trasmesso un messaggio inviato da un processo dal sito A che vuole comunicare con un

processo del sito B. Se tra A e B esiste un solo percorso fisico (come in una rete a stella o gerarchica) il messaggio deve passare da quel percorso, ma se i percorsi fisici da A a B sono più di uno esistono diverse opzioni di instradamento. Ogni sito ha una tabella di instradamento che indica i percorsi che possono essere seguiti per inviare un messaggio ad altri siti. La tabella può contenere informazioni sulla velocità e sul costo dei diversi percorsi che possono essere eseguiti per inviare un messaggio ad altri siti ed in caso di necessità può anche essere aggiornata manualmente oppure tramite programmi che scambiano informazioni di instradamento. I tre schemi di instradamento più diffusi sono:

-**Instradamento fisso**: un percorso tra due siti A e B è fissato in anticipo e cambia a meno che si verifichi un guasto *hardware* che disabiliti il percorso stesso.

-**Circuito Virtuale**: viene stabilito un percorso da A e B per la durata di una sessione. Sessioni diverse con messaggi che vanno da A a B possono avere dei percorsi diversi. Una sessione può essere breve ad esempio il *file transfer*, o lunga come la durata di un *login* remoto.

-**Instradamento dinamico**: il percorso da utilizzare per inviare un messaggio dal sito A al sito B viene scelto solo al momento dell'invio del messaggio. Poiché la decisione viene presa dinamicamente, e messaggi distinti possono essere assegnati percorsi diversi. Il sito A prende la decisione ad inviare un messaggio al sito C, a sua volta C decide di inviare il messaggio al sito D e cosi' via. Alla fine un sito invia il messaggio a B, generalmente un sito invia un messaggio al sito che in quel momento risulta meno utilizzato sul collegamento.

- **Strategie di connessione:** Una volta che i messaggi sono in grado di raggiungere le loro destinazioni, i processi possono instaurare "sessioni" di comunicazione per scambiarsi informazioni. Esistono diversi modi per collegare coppie di processi, i tre schemi più diffusi sono:

-**Commutazione di Circuito**: se due processi vogliono comunicare, tra essi viene fissato un collegamento fisico permanente, questo collegamento rimane allocato per tutta la durata della connessione e nessun altro processo può utilizzarlo per tutto questo periodo di tempo, anche se esistono intervalli di tempo nei quali i due processi non comunicano. Questo schema è simile a quello utilizzato nel sistema telefonico. Vediamo i vantaggi e gli inconvenienti di questo schema:

Il vantaggio grosso è minor *overhead* per la spedizione di ogni messaggio, mentre gli inconvenienti sono lo spreco dell'ampiezza di banda ed il Tempo di impostazione elevato.

-**Commutazione di Messaggio**: se due processi vogliono comunicare, tra essi viene fissato un collegamento temporaneo per la durata del trasferimento di un messaggio: ogni messaggio è costituito da un blocco di dati e da informazioni di sistema, come l'origine, la destinazione e i codici per la correzione di errori tutto ciò permette alla rete di comunicazione di far arrivare correttamente il messaggio a destinazione. Questo schema lo possiamo paragonare al sistema postale. Vediamo i vantaggi e gli inconvenienti di questo schema:

Il vantaggio è il minimo tempo di impostazione, mentre lo svantaggio principale è il maggior *overhead* per la spedizione di ogni messaggio

-**Commutazione di Pacchetto**: generalmente i messaggi hanno lunghezza variabile, anche se comunemente è implementata una comunicazione con messaggi di lunghezza fissa, chiamati pacchetti, *frame* o *datagram.* Un

messaggio logico può essere diviso in un dato numero di pacchetti, ognuno dei quali può essere può essere inviato a destinazione separatamente, perciò deve contenere, oltre ai dati, un indirizzo sorgente, un indirizzo destinazione, ogni pacchetto può seguire un percorso diverso sulla rete, quando i pacchetti arrivano a destinazione devono essere ricomposti in messaggi. Vediamo i vantaggi e gli inconvenienti di questo schema, che è il metodo più comune utilizzato nelle reti di comunicazione dati:
Il vantaggio più significativo è un miglior uso dell'ampiezza di banda, mentre non vi sono particolari inconvenienti di sorta.
Concludiamo la nostra discussione analizzando un esempio di comunicazione in rete. Vediamo le elaborazioni necessarie al trasferimento di un pacchetto tra due *Host* appartenenti a due diverse reti *Ethernet*. In una rete TCP/IP, ogni *host* possiede un nome e un numero di *Internet* a 32 bit (*host-id*) a esso associato, entrambi i valori devono essere unici. Il nome è gerarchico e specifica tanto il nome dell'*host*, quanto le organizzazioni alle quali l'*host* è associato. L'*host-id* è suddiviso in un numero di rete e un numero di *Host*. Le proporzioni della scomposizione variano secondo la dimensione della rete. Il sistema di comunicazione mittente ricerca, all'interno delle proprie tabelle d'instradamento un *router* a cui spedire il pacchetto. I *router* sfruttano la parte di rete dell'*host-id* per trasferire il pacchetto dalla rete di partenza a quello di destinazione. Il sistema destinatario riceve, quindi, il pacchetto, che può essere il messaggio completo o semplicemente una componente. In quest'ultimo caso sarà necessario attendere l'arrivo degli altri pacchetti prima di ricostruire il messaggio e a passarlo allo strato TCP per la trasmissione al processo destinatario.

Il candidato illustri i criteri generali di progetto di una rete locale utilizzata prevalentemente per applicazioni di automazione d'ufficio, dettagliato, inoltre, i principali servizi di rete che a suo giudizio devono essere realizzati.

Prima di affrontare il discorso riguardo la progettazione della rete locale, LAN, (*Local Area Network*), ci sembra doveroso accennare la nascita delle reti locali e l'evoluzione che hanno avuto negli ultimi vent'anni, ed elencare i criteri per effettuare una breve tassonomia delle reti locali. Storicamente, dell'informatica aziendale, si è passati da un'elaborazione dei dati centralizzata anni '60 e '70, EDP (*elaboration data processing*) centralizzato, a un'elaborazione dati distribuita e localizzata in più punti, o meglio nodi di un sistema elaborativo. La nascita dei personal computer, la loro "quasi frenetica" evoluzione, e la possibilità di collegamenti in rete di più personal computer, sono state le cause, potremmo dire, della separazione dell'informatica in due mondi "quasi distinti". Un universo informatico costruito da ambienti centralizzati, per l'elaborazione, la gestione e la conservazione di grandissime moli di dati, con alta affidabilità dei sistemi elaborativi ed eccellente protezione dei dati, delle informazioni e del software applicativo elaborato su questi sistemi. Ad esempio, i sistemi elaborativi di I.B.M. (3070,3090, OS 390) con sistema operativo M.V.S.[69] e con sottosistemi quali CICS[70] per l'elaborazione on-line, e TSO (*Time Sharing Option*)[71] per le implementazioni dei sistemi *time sharing*. Potremmo dire, quasi contrapposto all'universo dell'ambiente centralizzato troviamo l'ambiente dei personal computer caratterizzato da problemi riguardo sia l'affidabilità del sistema, sia la protezione delle informazioni, nonché da una capacità elaborativa ridotta rispetto ai grossi sistemi, ma sicuramente con interfacce di tipo *user-friendly* e quindi accessibile a più utenti. Questo scenario si profilava nella seconda metà degli anni '80, poiché sia l'evoluzione dell'hardware, che ha portato attualmente alla costruzione di personal computer che hanno una potenza di calcolo ed una frequenza di *clock* di gran lunga superiore a sistemi mini di cinque o sei anni fa, sia la possibilità di collegare in rete personal computer creando i nodi della rete più "robusti", nel senso che sono fornitori di servizi per l'utenza della rete, hanno fatto sì che i due universi: quello centralizzato, e quello dei personal computer, si avvicinassero, mutuando l'uno i vantaggi e le peculiarità dell'altro. L'esempio di ciò sono le applicazioni di tipo *Client/Server* (anni '90), dove sono riuniti i vantaggi e le peculiarità dei due mondi:

- Alta Affidabilità,
- Protezione dell'informazione e di Dati,
- Interfaccia Grafica di tipo amichevole *User Friendly*.

Dopo quest'excursus storico possiamo segnare come la nascita delle reti locali la fine della prima metà degli anni '80, le reti LAN sono caratterizzate dall'avere un elevato tasso d'errore (*error rate*) e da un'elevata velocità di trasmissione (*data rate*) dei dati. Un'altra caratteristica saliente delle reti locali è, come si evince dall'aggettivo che ne forma il nome, che si connettono ai personal computer in ambito locale: un ufficio, un palazzo, un'azienda dislocata in più edifici nel raggio di un paio di chilometri. Altra caratteristica di una rete LAN che per la comunicazione tra i nodi della rete, non ha bisogno di servirsi di aziende che erogano servizi di telecomunicazione, ma i nodi della rete sono collegati mediante supporti trasmissivi dove viaggia l'informazione. I supporti trasmissivi utilizzati sono

---

[69] **MVS (MULTIPLE VIRTUAL SYSTEM)**, è predisposto per i calcolatori IBM370 ed è destinato ai centri di calcolo di grosse dimensioni, MVS è scritto in linguaggio *Assembler*. Da un punto di vista funzionale, è considerato un sistema che offre agli utenti sia la gestione a lotti (*Batch*) che la gestione interattiva. Il Bilanciamento tra queste due attività può essere definito sia al momento dell'installazione, sia da console in modo dinamico.

[70] **CICS (*Customer Information Control System*)** è un sistema di gestione database e comunicazione dati (Sistema DB/DC *Data-Base Data Communication*), sviluppato da IBM per i suoi sistemi *mainframe*.

[71] **TSO** è acronimo di ***Time Sharing Option***. Esso è un modulo di MVS per il quale viene assicurato un breve tempo di risposta per i comandi più semplici, qualunque sia il carico attuale del sistema.

i seguenti:

- Il doppino di rame (*twisted pair*), il classico filo del telefono di casa.
- Il cavo coassiale (Coax) utilizzato per le reti LAN di tipo Ethernet[72].
- La fibra ottica, che possiede la caratteristica di trasmettere ad alta velocità di trasmissione, anche se il supporto trasmissivo ha un elevato costo, (tuttavia negli ultimi anni il costo dei supporti si è più che dimezzato), ed e' per questo che e' poco utilizzata nella connessione di reti locali, dal canto suo ha la sicurezza e la protezione delle informazioni, oltre alla già citata velocità di trasmissione, ed infine e' indicata quando si deve costruire una rete LAN in ambienti ad alta emissione elettromagnetica, perché riduce le EMI (*Electromagnetic Interference*)

Siamo partiti dal supporto trasmissivo, ma una vera e propria classificazione delle reti LAN viene effettuata tenendo conto anche di altre peculiarità della rete quali:

- **Topologia**
    - Rete totalmente connessa.
    - Rete parzialmente connessa.
    - Rete a stella,
    - Rete ad albero.
    - Rete ad anello.
    - Rete a bus.
- **Supporto trasmissivo**
    - cavo coassiale.
    - doppino telefonico.
    - fibra ottica.
- **Tecniche di accesso**
    - F.D.M.A. *Frequency division multiplex Access*.
    - T.D.M.A. *Time Division multiplex Access*.
    - Token ring.
    - Token bus.
    - C.S.M.A. *Carrier Sense Multiple Access* con le sue due varianti:
        - C.S.M.A./C.A. *collision avoidance*.
        - C.S.M.A./C.D. *collision detection*.
- **Tecniche di trasmissione**
    - *Banda Base (Base Band)*.
    - *Banda Larga (Broad Band)*.

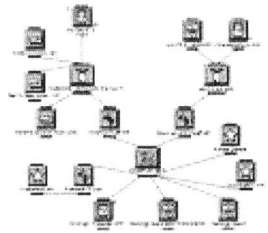

---

[72] La più diffusa tecnologia LAN che utilizza la tecnica di accesso CSMA/CD (*Collision Detection*). Opera su vari tipi di cavi (il cavo coassiale in specialmodo) a una velocità di 10 Mbps;

Fig 1 Rete parzialmente connessa
dovendo progettare una rete locale bisogna scegliere le peculiarità e le caratteristiche della rete da realizzare sulla base dell'utilizzo da parte dell'utenza della rete LAN, nel caso che ci è prospettato dalla traccia dell'elaborato, in pratica, un'applicazione locale che realizzi l'automazione di un ufficio più o meno grande. A seconda della topologia che vogliamo, per il supporto che usiamo e delle tecniche di trasmissione e di accesso alla rete, determinate aziende hanno creato degli standard di reti locali: *Ethernet*, con le sue varianti (*fast Ethernet*[73], *thin Ethernet*), IBM *token ring*[74], e la meno recente starLAN di At&t ed Olivetti). Ciascuna di queste reti locali possono essere utilizzate per la realizzazione di una rete LAN per automazione d'ufficio. Per esempio la rete *Ethernet*, ed in particolare la variante *thin Ethernet* prevede come supporto trasmissivo il cavo coassiale, con un raggio di curvatura minore rispetto ad *Ethernet* e quindi allocabile in ambienti quali un ufficio anche di piccole dimensioni come topologia della rete, si utilizza una rete a *bus*

Figura 2 Reti a bus Ethernet
Dove il costo di comunicazione e' lineare, ed inoltre ogni nodo della rete è connesso punto a punto al nodo successivo.
Alla fine della linea di comunicazione vi è un connettore finale TAP che chiude la rete. La velocità di trasmissione della *thin Ethernet* è di circa 10 Megabit al secondo. La tecnica di accesso, in pratica la modalità con cui un utente della rete accede al servizio di trasmissione dei dati è di tipo CSMA/CD. Questa tecnica è detta tecnica di assegnazione casuale ed è di tipo non deterministico, poiché non si conosce il tempo che intercorre, da quando ho l'esigenza di trasmettere, a quando avverrà l'effettiva trasmissione dei miei dati, questo a causa delle possibili collisioni che si possono verificare sulla rete, cioè delle trasmissioni contemporanee di più utenti sulla rete di comunicazione. Con questa tecnica si cerca di scoprire la collisione controllando lo stato del livello d'energia del canale trasmissivo, se questo stato risulta alterato allora sul canale c'è un altro utente della rete che sta trasmettendo. Per la nostra rete che realizza problematiche di *Office Automation*[75] potremmo prevedere una *StarLAN* dove i nodi sono connessi mediante un nodo centrale, e per problemi d'affidabilità potrebbe essere duplicato.

---

[73] Tecnologia LAN che utilizza lo stesso metodo di trasmissione di *Ethernet*, ma opera con una velocità dieci volte superiore (100 Mbps). **Fast Ethernet** è la soluzione ideale per prestazioni superiori in reti *Ethernet* congestionate, poiché utilizza lo stesso cablaggio e gli stessi software di rete.
[74] Tecnologia LAN nella quale i pacchetti vengono trasferiti tra i nodi terminali della rete da un **token** "gettone virtuale", che si muove continuamente intorno a un anello chiuso tra i nodi, ad una velocità di 4/16 Mbps.
[75] Automazione di Ufficio, tutto ciò che si rende automatico, con l'ausilio dell'informatica all'interno delle operazioni che si svolgono in un ufficio

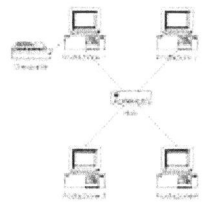 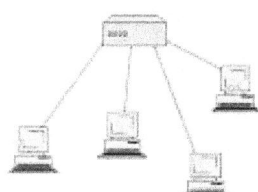

Figura 3 schemi di rete StarLAN
La velocità di trasmissione è buona perché un nodo, per inviare dati a un altro nodo, deve passare solo attraverso il nodo centrale, ma proprio il nodo centrale potrebbe rivelarsi il collo di bottiglia dell'intero sistema di comunicazione.
Secondo il mio modesto parere, al fine di realizzare una rete adatta all'automazione d'ufficio, le soluzioni più indicate le troviamo nella configurazione proposta dalla *IBM token ring* e nella configurazione *Ethernet* in special modo *FAST Ethernet* che trasmette le informazioni tra i nodi della rete ad una velocità di 100 Megabit al secondo; *IBM token ring* trasmette ad una velocità di trasmissione intorno ai 16 Megabit al secondo, rispetto alla *Ethernet*, utilizza un supporto trasmissivo tra i più semplici da reperire e da istallare e vale a dire il doppino telefonico, vi sono inoltre, come nella rete *Ethernet*, possibilità di ampliamenti della rete, anche se le possibilità partizionamento della rete, nel caso di un anello monodirezionale sono effettive. Nel caso di *Ethernet* per la sua topologia a bus, se si guasta un nodo basta isolarlo e la trasmissione continua su tutti gli altri nodi, questo è sicuramente uno dei suoi punti di forza. Come tecnologia di accesso nel caso realizziamo la nostra rete mediante la *token ring IBM*, useremo una tecnica di assegnazione su domanda, il metodo a gettone (o *token*), dove sulla rete circola questo gettone, opportunamente generato da un nodo della rete, candidato a questo servizio, per effettuare la trasmissione dei dati ogni nodo deve catturare il *token* e rilasciarlo non appena ha effettuato la trasmissione, naturalmente un unico *token* circola sulla rete. Per realizzare fisicamente una rete *token ring IBM* dobbiamo costruire una connessione tra i personal computer dotati di scheda di rete, il supporto necessario alla connessione, nel nostro caso, il *twisted pair,* un protocollo di comunicazione, in altre parole delle regole o meglio un insieme di regole che stabiliscano la comunicazione tra nodi della rete, ed un sistema operativo di rete *network operanting system* (NOS) che sovraintenda alla gestione delle risorse del sistema ed alla gestione del dialogo tra i nodi della rete. Nel nostro caso potremmo utilizzare un NOS quale Windows NT che può supportare un sistema di rete LAN di medio/grandi dimensioni. Come protocollo di comunicazione potremmo usare il NETBEUI, evoluzione di uno dei primi protocolli di comunicazione per reti di personal computer NETBIOS. Il NETBEUI viene supportato da Windows NT. Potremmo prevedere, nella nostra rete, delle "aperture" verso altre reti, magari per servizi Internet o Intranet, quindi sarebbe opportuno prevedere un NOS che supporta i protocolli come TCP/IP (*Trasmission Control Protocol/Internet Protocol*)[76] per il collegamento alla rete mondiale Internet. Quindi, predisporre un *Server Router* che faciliti l'instradamento dei pacchetti ai Router delle altre reti.

---

[76] ***Transmission Control Protocol/Internet Protocol***, Protocollo di controllo della trasmissione/ Protocollo di Internet. È il Protocollo di comunicazione più utilizzato in Internet. E' stato sviluppato per la prima volta alla fine degli anni '70 da parte del DARPA (Ufficio dei Progetti Ricerca Avanzata della Difesa statunitense). Il TCP/IP racchiude l'accesso al mezzo fisico, il trasporto dei pacchetti, comunicazioni di sessione, trasferimento dei file, posta elettronica e l'emulazione di terminale.

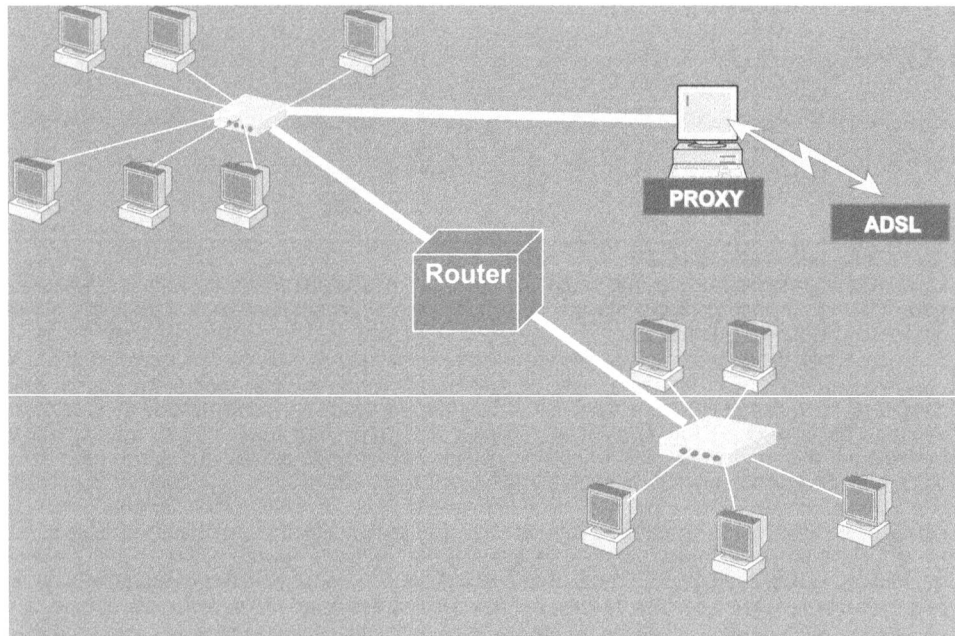

Figura 4 schema esemplificato di un servizio Internet per la nostra rete d'ufficio.
Si ricorda che il *Server router* si pone a livello *network* OSI (*Open System Interconnection*)[77] quindi nella maggioranza dei casi svolge esclusivamente il ruolo dell'instradamento dei pacchetti. Un ulteriore servizio, che si può prevedere nella rete LAN d'ufficio, la predisposizione di un nodo della rete che fa da *Print server*, in maniera semplicistica, raccoglie tutte le richieste di stampa degli altri nodi della rete ed in tale modo l'intera rete LAN condivide un'unica stampante, ad esempio quella a tecnologia *laser* che viene utilizzata per ottenere una qualità più elevata della stampa. La rete LAN allo stesso modo può condividere uno *scanner* utile all'acquisizione di documenti, dove accade che su un unico nodo della rete avremo il software per l'acquisizione dei documenti, che poi saranno a disposizione per essere visualizzati, catalogati ed immagazzinati da tutti gli utenti della rete locale, ciò significa che vi sarà un nodo della rete che metterà a disposizione di tutti gli altri nodi della rete questi servizi di acquisizione di documenti. Altri servizi da realizzare su una rete LAN d'ufficio possono essere la predisposizione di *file server* e *database server*, l'uno per il reperimento di file da altri nodi remoti, magari su altre reti LAN e l'altro per l'accesso a banche dati localizzate su altri sistemi elaborativi.

Conclusioni: possiamo dire che nel parlare di reti LAN e di servizi di rete, è imprescindibile non menzionare il paradigma *Client/Server* riguardo ai sistemi di elaborazione dell'informazione, laddove abbiamo le stazioni *Server* locali, se ci restringiamo all'ambito delle reti LAN, che mettono a disposizione delle stazioni *Client* abilitate, i loro servizi, previo riconoscimento del nodo *Client* (fase di *Acknowledgement*). Si instaura questo colloquio tra *Client* e *Server*, il *Client* è propositivo, chiede il servizio, il *Server* chiede di farsi riconoscere, e poi nel qual caso, reagisce alla richiesta del *Client* erogando il servizio richiesto. Tutto questo continuo scambio di messaggi possiamo chiamarlo "dialogo *Client/Server*" che sta alla base delle reti LAN con condivisione di risorse sia hardware sia software, e con i principali servizi di rete accorpati.

---

[77] **Open System Interconnections**, Interconnessione dei Sistemi Aperti perché fa riferimento alla volontà di definire un insieme di regole che permette la realizzazione di sistemi di reti cui sia possibile interconnettere qualsiasi tipo di sistema.

Temi Informatica Applicata

> **Descrivere un'applicazione per la gestione automatica del flusso di lavoro della verbalizzazione elettronica degli esami di profitto svolti dagli studenti di un Ateneo universitario. Si preveda la sostituzione del documento cartaceo con il documento elettronico considerando gli aspetti della sicurezza e dell'autenticità di un tale documento elettronico**

Introduzione
L'applicativo di Verbalizzazione Elettronica degli Esami nasce nell'ottica del miglioramento dei servizi agli Studenti di una Università. L'applicativo di Verbalizzazione Elettronica produrrà l'automazione di gran parte delle attività coinvolte nel processo di Verbalizzazione, tra cui la compilazione del verbale elettronico, la sua trasmissione agli uffici di segreterie studenti e la trascrizione automatica del verbale stesso. Le segreterie saranno avvisate dell'invio dei verbali già trascritti, mediante messaggi di posta elettronica interni alla Procedura di gestione dati degli studenti, e sempre mediante le funzionalità della Procedura visualizzeranno il verbale già trascritto.
Il miglioramento del processo è inteso soprattutto nell'accorciamento dei tempi delle singole attività, ad esempio il caricamento automatico del verbale trascritto, riduce, di parecchio, i tempi di trascrizione, evitando, in questo modo, anche errori di trascrizione, inoltre riduce gli archivi cartacei. L'unica attività del processo, demandata agli uffici di Segreteria, rimarrà l'attività di Validazione dei dati del Verbale.
Si noti che i docenti *(end-entity* di un tale applicativo) saranno essere dotati di:
- **Smart-card per il riconoscimento con codice personale (PIN).**
- **Laptop computer dotati di lettore di Smart-card.**
- **Istallazione dell'applicazione *Client* di Verbalizzazione Elettronica degli Esami sui loro personal computer.**

Analisi Processo di Verbalizzazione Elettronica
Vediamo come sarà l'intero ciclo del processo di Verbalizzazione Elettronica degli Esami. In questo processo vedremo che l'entità più rappresentativa è il docente che, accedendo a dedicate postazioni *client* collegate in rete (computer portatile, postazione fissa) e utilizzando uno specifico applicativo (Verbalizzazione Elettronica degli Esami), può verbalizzare gli esami in maniera elettronica. In precedenza, il docente può, attraverso una determinata pagina Web , puo' effettuare il *Download* del file delle liste di prenotati della seduta di esame, ciò può essere effettuato da qualsiasi postazione con un collegamento alla rete Internet, il file prelevato può essere salvato su un personal computer locale; questa gestione delle liste di prenotati, fatta in questo modo, diviene uno strumento molto comodo. Questo file sarà aperto e letto dall'applicativo di Verbalizzazione Elettronica degli Esami.
Una volta superato il controllo di riconoscimento della *smart card* del docente, si accederà alle funzionalità previste sull'applicativo *Client* di Verbalizzazione Elettronica degli Esami. Mediante l'interfaccia grafica del *client*, il docente può compiere tutte quelle operazioni necessarie per la verbalizzazione digitale di un esame. In dettaglio, le funzionalità previste sono relative alla consultazione delle liste di prenotazione, alla ripartizione delle diverse sedute di esame, alla registrazione del sostenimento dell'esame degli studenti prenotati e non prenotati, con il relativo esito (voto o giudizio), alla registrazione degli argomenti inerenti all'esame di profitto, alla conferma da parte dello studente del voto (o giudizio), inserendo il suo PIN[78] studente sull'applicativo di verbalizzazione. Tutti questi dati gestiti dalle funzionalità della procedura, andranno a essere raccolti nel verbale elettronico prodotto. Naturalmente ogni docente autenticato può accedere alle informazioni di propria competenza, relative alle liste di prenotazione delle sedute di esame in suo diritto. A questo punto entro in gioco il secondo modulo applicativo, l'applicazione Server che riceverà i verbali compilati e firmati, in maniera digitale, dai docenti e provvederà alla loro verifica e archiviazione dei dati nel DB centrale di Ateneo e precisamente nella porzione che gestisce i dati degli Studenti.

---

[78] ***Personal Identification Number*** numero identificativo personale della carta magnetica di cui sarà fornito ogni studente nel momento che si immatricola all'Università' e che potrà utilizzare per usufruire di diversi servizi.

L'intero processo di Verbalizzazione elettronica consta delle seguenti attività:

- **Accesso** Il docente accede attraverso una qualsiasi postazione client, per utilizzare l'applicazione, egli deve inserire la propria *smart card* nel lettore. L'applicazione chiede il codice di protezione della *smart card* (PIN), che garantisce l'autenticazione del possesso della *smart card* da parte del docente. Se il PIN è corretto ed il PC è in rete, allora, tramite le informazioni contenute nel certificato elettronico del docente (memorizzato nella carta), viene verificato che il possessore della carta sia effettivamente un docente; altrimenti, se il PC è *off-line*, tali controlli vengono effettuati al momento dell'invio del Verbale Elettronico
- **Download (dal Server) dei file della lista prenotati** di competenza del docente autenticato. Tale funzionalità è accessibile da qualsiasi postazione in rete attraverso un qualsiasi *Browser* (senza che sia richiesta l'installazione dell'applicazione di Verbalizzazione). Il docente può recuperare la lista degli studenti prenotati di un determinato esame attraverso una pagina Web appositamente creata. Tale pagina è raggiungibile da qualsiasi postazione in rete digitando semplicemente un determinato indirizzo (URL)[79]; Il docente, può salvare il file dei prenotati su postazione locale La stessa funzionalità può essere attivata anche mediante l'applicativo di Verbalizzazione, con una specifica voce di menu ed eventualmente modificare la lista creando giorni sessione o spostando le date di convocazioni degli studenti prenotati, etc.
- **Lancio dell'Applicazione**, il docente, attraverso una qualsiasi postazione *client*, su cui è stata istallata l'applicazione, accede e lancia l'applicativo *Client* "verbalizzazione Elettronica degli Esami".
- **Compilazione del Verbale**, da parte del docente, per gli esami di cui ha diritto, mediante l'interfaccia grafica dell'applicazione. Il docente inserisce i vari dati richiesti dalla schermata (voto o giudizio, quesiti, ecc.). L'applicazione provvede a registrare tutti i dati inseriti o modificati in appositi file criptati, tali file sono criptati con dati appartenenti al docente collegato, non potranno quindi in alcun modo essere decifrati o letti da altri utenti. Inoltre l'applicazione visualizza, nelle finestre di dialogo che consentono l'apertura di un file, solo i file di competenza del docente collegato applicando filtri creati con i dati letti dalla *smart card*.
- **Firma Elettronica del verbale**, da parte del docente, che al termine della compilazione del verbale di esame avvierà la procedura di firma dello stesso. Poiché un verbale può essere firmato da più docenti, l'applicazione provvederà a ripetere la prima fase di autenticazione per il secondo docente, il quale, una volta autenticato, firmerà il verbale, anche lui utilizzando la sua *smart-card*. A questo punto il messaggio è costituito dal verbale in chiaro (in quanto, il verbale, essendo un documento pubblico, non ha bisogno di essere crittografato) e dalle firme elettroniche dei docenti.
- **Upload del Verbale (sul Server)** Tale funzionalità sarà accessibile da qualsiasi postazione in rete attraverso un qualsiasi *browser Web*. Il docente invierà il verbale attraverso una pagina *Web* appositamente creata. Tale pagina sarà raggiungibile da qualsiasi postazione in rete digitando semplicemente un determinato indirizzo (URL). La stessa funzionalità si attiverà anche mediante l'applicativo di Verbalizzazione, con una specifica voce di menu.
- **Controlli sul Verbale**. Il S*erver*, a meno di problemi occorsi in fase di trasmissione sulla rete, riceverà il verbale firmato, passando a verificarne la firma ed effettuerà tutti i controlli di validità della firma ed i controlli di autorizzazione all'avere diritto alla docenza di quell'esame sul verbale che il docente ha firmato. In pratica, per fare ciò, utilizzerà la chiave pubblica di verifica del docente contenuta nel relativo certificato (facente parte anch'esso del messaggio inviato dalla postazione *client*); tale chiave pubblica deve essere verificata, in quanto potrebbe non essere più valida (ad esempio un docente ha smarrito la *smart card* oppure è stato trasferito; in entrambi i casi il suo certificato elettronico è stato, pertanto, revocato); per far questo, l'applicazione dove connettersi con la *Directory*, nel quale sono contenuti tutti i certificati validi e quelli invece revocati sono nella C.R.L.[80] Oltre

---

[79] *Uniform Resource Locator* è una sequenza di caratteri che identifica in maniera univoca l'indirizzo di una risorsa Internet.
[80] **CRL** *Certificate Revoke List* la lista dove sono contenuti i certificati digitali scaduti o revocati.

alla verifica della firma, bisogna verificare le *capability* di colui che ha firmato il documento, ossia bisogna verificare che il mittente, oltre ad avere la qualifica di docente, stia firmando un verbale per un esame per il quale ha effettivamente il diritto di docenza. A questo scopo l'applicazione *Server* consulta il database locale contente le *capability* dei docenti e ne verifica la legittimità di tale firma. Se la verifica del documento va a buon fine e quindi il verbale non è stato alterato, l'applicazione *Server* comunica all'applicazione *Client* il buon esito della verbalizzazione. Il verbale firmato sarà infine memorizzato in un apposito *Database*. Se invece l'applicazione *Server* constata un errore nel processo di verifica del verbale firmato, non ritiene valido tale documento; pertanto non effettuerà nessuna sua archiviazione, inviando un messaggio di notifica di errore al *Client*. Il *Client*, ricevendo tale notifica di errore, ha l'onere di rispedire nuovamente il verbale firmato.

- **Aggiornamento della Base Dati della Procedura** Mediante la schedulazione di elaborazioni notturne, i verbali saranno archiviati sul database centralizzato, in pratica sono trascritti, e la segreteria Studenti (abilitata su quel verbale) avrà notifica del verbale, già trascritto dalla procedura di Verbalizzazione Elettronica, mediante messaggi di posta elettronica, interni alla Procedura di gestione dei dati dello studente. Sempre mediante le funzionalità della Procedura centralizzata per la gestione dei dati degli studenti, la segreteria Studenti visualizzerà il verbale, già trascritto, avendo anche la possibilità di modificarlo, nel caso ci sono errori, o annullarlo, nel caso che il verbale non si utilizza.
- **Validazione dei dati del verbale** di esame (attività svolta dagli Uffici di Segreteria mediante la procedura di gestione dei dati degli Studenti), che così sono immagazzinati negli archivi sia cartacei che elettronici dell'Ateneo, in questa fase l'esame sostenuto e verbalizzato sarà inserito nei dati di carriera dello studente.

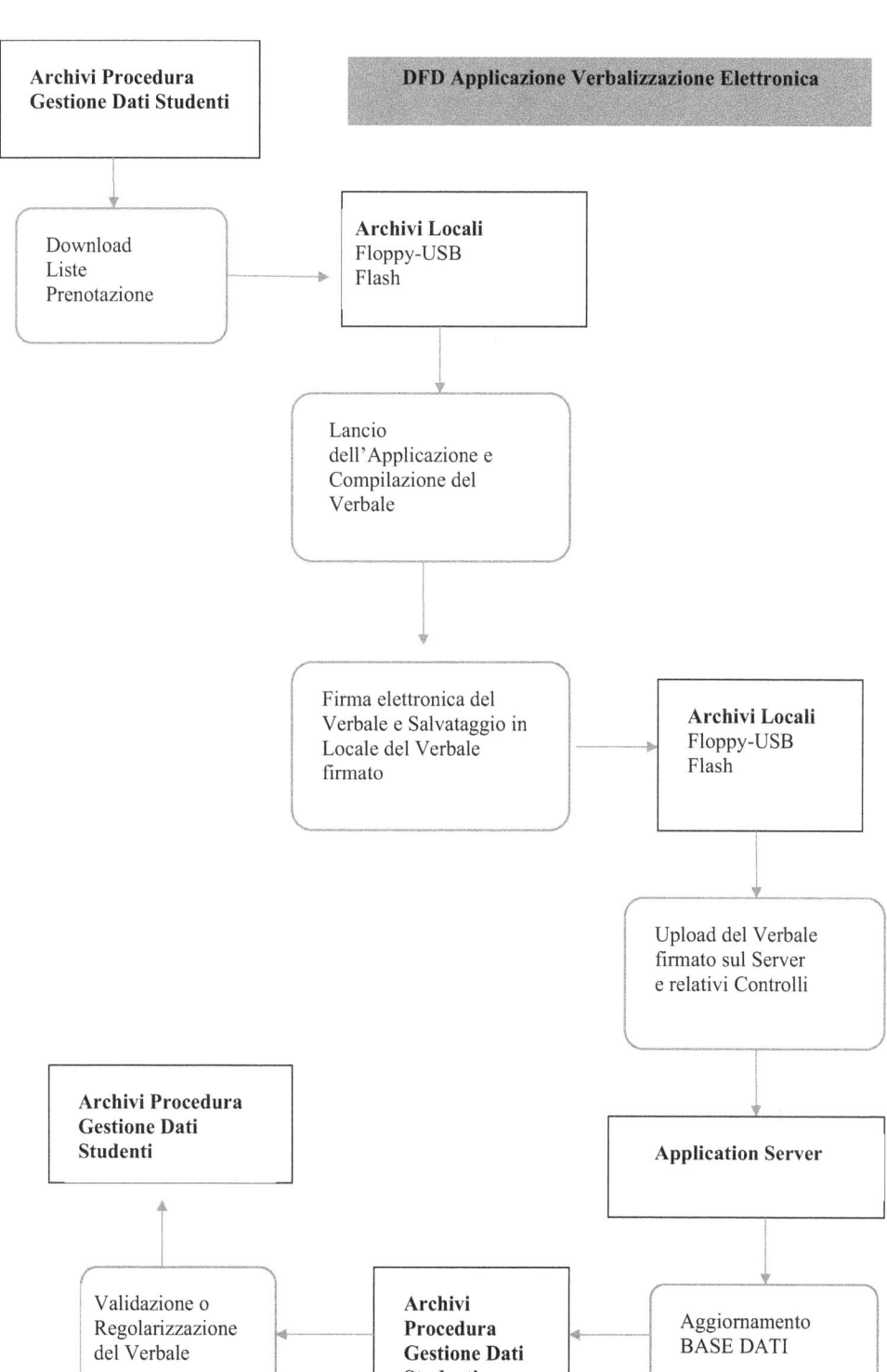

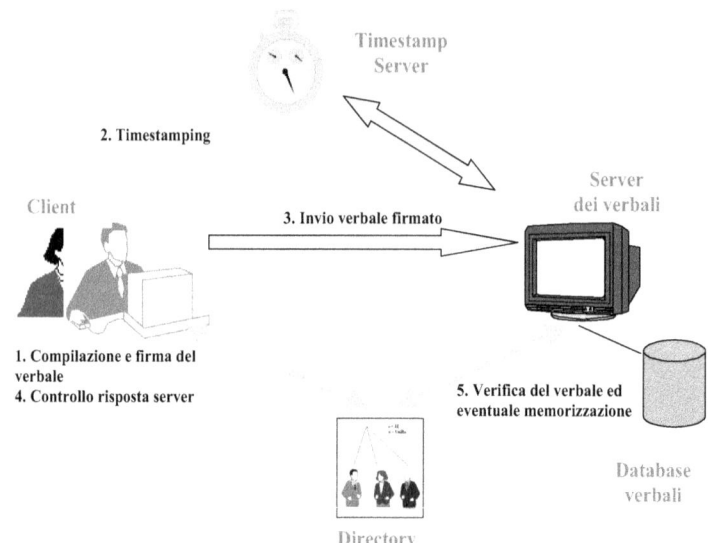

Figura 1: Flussi dei dati della Verbalizzazione di un esame

Ipotesi Aggiuntive

Le entità del sistema

Considereremo le varie entità che fanno parte del sistema e i protocolli mediante i quali esse interagiscono.
Nel nostro sistema avremo delle *end-entity* rappresentate dai docenti che, accedendo a dedicate postazioni *Client* e utilizzando una specifica interfaccia, potranno compilare i verbali degli esami. In più, ci sarà un'applicazione *Server* che riceverà i verbali compilati e firmati dai docenti e provvederà alla loro verifica e memorizzazione su di un Database. Inoltre avremo un sistema di crittografia a chiave pubblica per la gestione della sicurezza dei dati.

La transazione in sicurezza

La sicurezza è un aspetto fondamentale che riguarda tutte le tipologie di servizi in rete, soprattutto laddove è previsto l'accesso a dati riservati. Per questo motivo si rende necessario ricorrere a soluzioni in grado di contrastare ogni possibile tipologia di rischio d'intrusione nel sistema.
A tal fine ci si può basare su un'architettura di sicurezza articolata su due distinti livelli:
- Sicurezza dell'infrastruttura (fisica)
- Sicurezza applicativa (logica)

Per quanto attiene alla seconda, le maggiori garanzie si ottengono utilizzando sistemi di crittografia a **chiave pubblica**[81] atti a fornire la sicurezza necessaria per lo sviluppo di processi in cui si deve essere garantiti sull'identità di chi effettua un'operazione.

---

[81] Le infrastrutture a chiave pubblica (**PKI Public Key Infrastructure**) forniscono il supporto necessario affinché la tecnologia di crittografia a chiave pubblica sia utilizzabile su larga scala. Le infrastrutture offrono servizi relativi alla gestione delle chiavi e dei certificati e delle politiche di sicurezza. Le autorità di certificazione e la problematica di gestione dei certificati elettronici costituiscono, infatti, il cuore delle infrastrutture a chiave pubblica.
Un'infrastruttura a chiave pubblica introduce il concetto di ***third-party trust***, ossia di quella situazione che si verifica quando due generiche entità si fidano implicitamente l'una dell'altra senza che abbiano precedentemente stabilito una personale relazione di fiducia. Questo è possibile perché entrambe le entità condividono una relazione di fiducia con una terza parte comune.

Third-party trust è un requisito fondamentale per qualsiasi implementazione su larga scala che utilizzi crittografia a chiave pubblica e in una P.K.I. viene realizzata attraverso l'Autorità di Certificazione.
Le entità in gioco sono le seguenti:
- **Autorità di Registrazione (RA)**
- **Autorità di Certificazione (CA)**
- **Sistema di Directory**
- **Utenti finali**

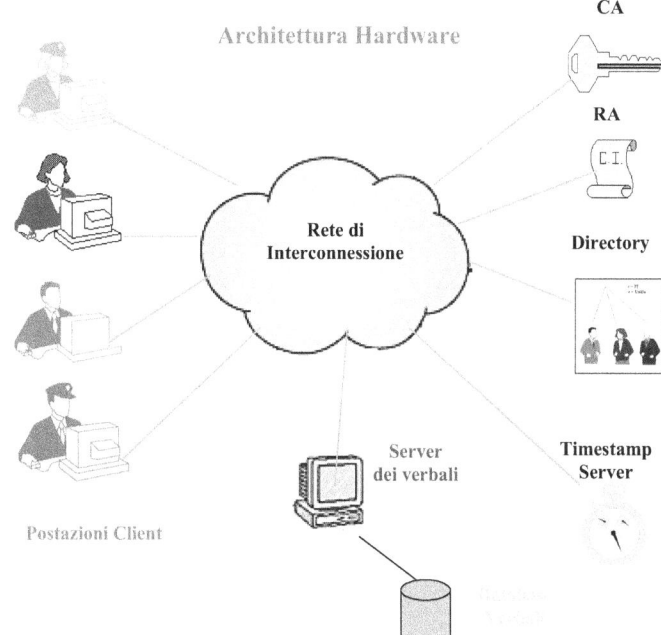

Figura 2: Schema dell'architettura del sistema

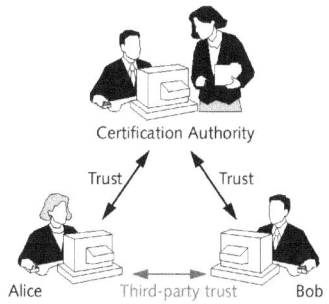

Figura 3: Schema third-party trust

Architettura del sistema.

L'architettura del sistema sarà un'architettura a "tre livelli" (*three Tier*) come quella raffigurata nella figura nella pagina seguente ed è così composta:

- **Livello Client** che comprende il *Browser Web* per effettuare il *Download/Upload* dei documenti (liste di prenotazione e verbali), Applicazione di Verbalizzazione degli Esami, a questo livello viene utilizzata l'applicazione, che quindi risiede sul *Client* (Architettura *Client/Server* di tipo *fat client*).
- **Livello Server** composto dall'*Application Server*, dove risiedono l'applicazione logica ed il software servente.
- **Livello Database** composto dal *Database Server*, dove sono immagazzinati i dati dei verbali.

Fig. 4 Schema di un'architettura a "tre livelli" (*three Tier*)

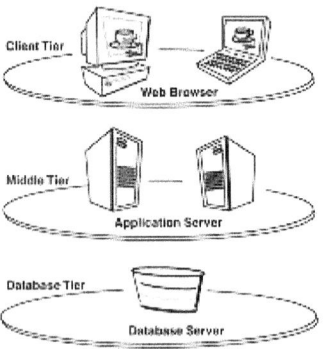

Descrizione dell'Applicazione di Verbalizzazione degli esami

L'applicativo sarà composto sostanzialmente da due moduli software, un modulo lato CLIENT ed un modulo lato SERVER:
- Il modulo *Client side* sarà sviluppato in Java[82], permetterà la gestione delle liste di prenotazione con memorizzazione dei dati in formato Xml[83], la registrazione degli esami e, se on-line, il controllo di validità dei certificati;
- Il modulo *Server side* sarà sviluppato in JSP[84], permetterà la ricezione/invio dei documenti elettronici, il controllo dei certificati allegati ai documenti (modulo software java), archiviazione dei dati nel DB dell'Ateneo.

Il protocollo di comunicazione tra *Client* e *Server* deve ovviamente tenere in conto la possibilità di eventuali malfunzionamenti nella comunicazione tra i due nodi remoti, che possono comportare la perdita di messaggi.

Riassumendo i vari componenti software del sistema abbiamo:
- Applicazione *Client*: consentirà, attraverso un'interfaccia grafica GUI[85] di tipo *user-friendly*, un veloce e intuitivo utilizzo da parte dei docenti, che tramite quest'applicazione compileranno, firmeranno ed infine invieranno al *Server* i vari verbali.
- Applicazione *Server*: riceverà i verbali firmati dai docenti, verificherà la loro validità e provvederà alla loro archiviazione.
- Sistema PKI: costituito dall'Autorità di registrazione, da quella di certificazione e dal sistema di *directory*, consentirà l'inizializzazione dei docenti e gestirà tutti i compiti tipici di un'infrastruttura a chiave pubblica, quali la gestione delle chiavi e dei certificati elettronici.

---

[82] Linguaggio *object oriented* sviluppato da SUN Microsystem utilizzato principalmente per le applicazioni WEB.
[83] **XML** *Extensible Markup Language* è un metalinguaggio che consente di caratterizzare le informazioni contenute in un documento rendendone possibile la visualizzazione via Web e l'elaborazione da parte di applicativi.
[84] *Java Server Pages* è una tecnologia, che consente di creare pagine HTML dinamiche lato *Server*.
[85] **GUI** *Graphic User Interface* interfaccia grafica orientata all'utente finale di un'applicazione informatica o di un sito Web.

I moduli software in dettaglio

Analisi dell'applicazione Client Side

L'applicazione *Client* consentirà al docente la compilazione di verbali d'esame.
Prima di tutto, bisogna effettuare il *logon*: viene prima verificata la presenza di una *Smart card* (*Smart card detection*), poi si accede al profilo contenuto nella carta, si inserisce la *password* associata al profilo e infine si verificano le estensioni che indicano se tale profilo appartiene ad un docente. In caso affermativo, il *logon* è ritenuto valido e si può procedere alla compilazione del verbale.
Il docente inserisce i dati necessari (voto o giudizio, domande sottoposte al candidato etc. etc.).
Una volta che il verbale in chiaro è stato preparato, il docente deve dare il consenso all'applicazione per poterlo firmare cosicché la *smart card* possa iniziare il processo di firma.
Un verbale d'esame ha bisogno almeno della firma del titolare della cattedra quindi l'applicazione fa il *logoff* del docente titolare che ha compilato il verbale e firmato il verbale ed eventualmente effettua il *logon* dell'eventuale secondo docente, che, dopo aver inserito la sua *Smart card* ed essere stato autenticato, procederà a firmare il verbale. Va osservato che abbiamo supposto che le firme avvengano sequenzialmente, una dopo l'altra.
A questo punto il verbale che contiene le firme dei docenti è pronto per essere spedito, per fare ciò si può utilizzare indifferentemente la funzionalità *Invio Verbali Elettronici* da menù dell'applicazione oppure richiamando la pagina JSP del modulo *Server,* digitando l'apposito indirizzo Internet sul *Browser*. Se si utilizza l'applicativo *Client* il docente responsabile della compilazione effettua nuovamente il *logon* e chiama da menu la pagina di invio verbali elettronici. Il verbale viene prima inviato al *Server* che gestisce il servizio di marcatura temporale (*timestamp*), il quale appone sul verbale la data autenticata di trasmissione e restituisce il verbale all'applicazione. Poi l'applicazione *Client* si connette con l'applicazione *Server* responsabile della ricezione dei verbali, gli trasmette il verbale, ricevuta la risposta, se la firma non risulta valida, si procede di nuovo con la trasmissione del verbale altrimenti si legge il contenuto del messaggio di risposta. Se il messaggio conferma che il *Server* ha ritenuto valido il verbale e ha provveduto a memorizzarlo, allora l'applicazione può cancellare il verbale che aveva precedentemente memorizzato sul *Client,* può essere utile effettuare un *backup* del verbale su *pen-drive* o dischetto).
Se, invece, il *Server* risponde con un messaggio *negative acknowlege*, allora, leggendone il contenuto si può capirne la causa:

- È fallito il processo di verifica delle firme del verbale, ossia una delle due firme del docente o la firma del *timestamp* server è stata ritenuta non valida.
- È fallita la verifica dell'identità del docente: la firma del verbale, pur essendo valida, corrisponde ad un docente diverso da quello che risulta nel verbale.

Nota: le *capability* del docente, ossia i controlli se il docente sta compilando un verbale per un esame di cui non è autorizzato a verbalizzare, vengono controllate all'atto dell'archiviazione del verbale sul DataBase dell'Ateneo quindi in una fase successiva all'invio; Vengono comunque memorizzate tutte le informazioni in caso di mancata archiviazione.
Nel primo caso si procede alla ritrasmissione del verbale in quanto il verbale ha subito una qualche variazione durante la trasmissione. Negli altri due casi, invece, è successo che, pur essendo valide le firme del verbale, non risulta valido il contenuto del verbale: l'applicazione segnala il fatto al docente che dovrà provvedere a controllare il suo file personale. Riportiamo di seguito i diagrammi di flusso del comportamento dell'applicazione *Client*.

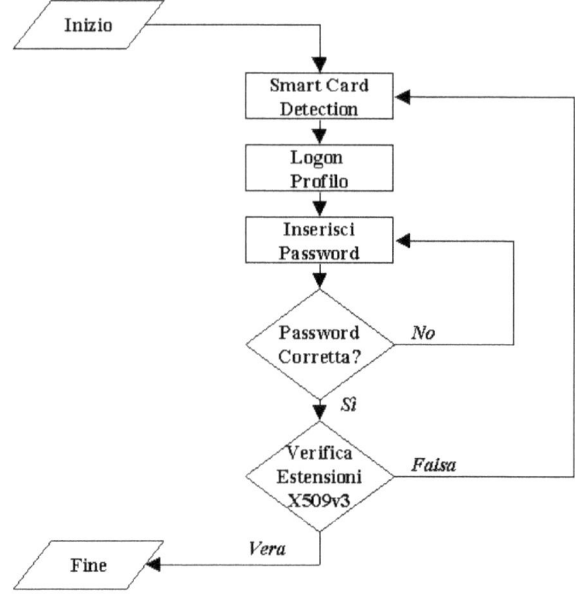

Figura 5: Diagramma di flusso del logon di un docente in caso on-line

L'applicazione Server
Si può innanzitutto dividere in due sotto moduli o macro blocchi:
- **Download delle liste di prenotazione.**
- **Invio (Upload) dei Verbali.**

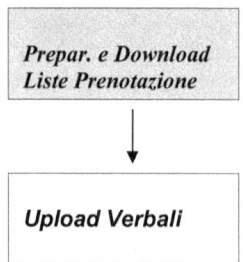

Fig. 6 Macroblocchi Applicazione Server
per quanto riguarda lo scarico delle liste, l'applicazione Server ha il compito di:
- Creare le liste di prenotazione estraendo i dati dal Database e memorizzandoli in file xml attraverso package PL-SQL[86], ricordiamo che ci stiamo riferendo ad un DataBase Oracle.
- Cifrare le liste in base a parametri legati al docente titolare della cattedra.
- Rendere disponibile ai docenti le liste di prenotazione create, da scaricare attraverso pagine JSP.

Pseudocodifica del 1° Macro Blocco
Le Liste di prenotazione possono essere create estraendo i dati dal Database di gestione dati studenti e periodicamente (ad esempio ogni notte) vengono trasferiti sul Web Server. La procedura PLSQL che effettua questa operazione la possiamo chiamare **ESTRAI_LISTA_PREN** del Package

---

[86] Linguaggio procedurale sviluppato dalla Oracle per applicazioni ORACLE, dove le istruzioni di selezioni e manipolazioni dati del linguaggio SQL sono incluse nelle unità procedurali del codice.

WEB_VERBALE, questa procedura apre un cursore per scorrere i dati della Tabella di gestione dati studenti **APPELLI_ESAME_PROFITTO** puntando a tutti gli appelli Web, in pratica quelli che contrassegneremo con un Flag **ORIGINE = 'W'** (Appelli della Verbalizzazione Elettronica) e poi si crea la procedura PLSQL **GENERA_XML** all'interno dello stesso *Package*.
Mediante questa procedura si estraggono i dati della testata dell'appello dal DB di gestione dati studenti (informazioni quali Facoltà, Corso Didattico, Docente, Titolare Cattedra, Insegnamento, Cattedra etc.) poi si apre un cursore per scorrere i prenotati dell'esame (Matricola, Cognome, Nome etc.) e tutti i dati recuperati dal DB vengono messi sotto forma di file xml e sono inseriti nelle *directory* del *Server*.
La procedura **GENERA_XML** come parametri in ingresso prevede (Anno, Appello, Lista_produrre) che sono rispettivamente l'anno dell'appello di esame, il progressivo dell'appello, Lista Prenotati.
Mediante FTP[87] periodicamente vengono trasferiti al *Web Server* in delle directory appositamente create.
Quindi a questo punto con i file xml sul *Web Server* si passa alla cifratura, in base a, parametri legati al docente titolare della cattedra.
Infine, si passa a rendere disponibili i file xml, cifrati, delle liste di prenotazione ai docenti, mediante la pagina HTML[88] di *Download*, dove si caricano questi file sui *Client*, e mediante l'Applicazione di Verbalizazzazione, sempre lato *Client*, il Docente lavora sulle liste di prenotazione creando i Verbali.
Mentre la parte di *Upload* dei verbali deve occuparsi di:
- Ricevere i verbali sempre attraverso l'utilizzo di pagine JSP.
- Verificarne le firme, controllarne il contenuto.
- Memorizzare ed estrarre i dati in file xml, per permetterne il successivo inserimento nel Database.

In particolare, se il verbale non era mai stato ricevuto, allora si procede alla verifica delle firme, quella del *timestamp server* e quelle dei docenti. Se tutte le firme sono valide, legge il contenuto del verbale e verifica l'identità del docente. Se tutte le verifiche vanno a buon esito, memorizza il verbale e prepara un messaggio di conferma per il *Client*, altrimenti visualizza il motivo del fallimento.
Se il verbale era già stato ricevuto, il *Server* effettua comunque tutti i dovuti controlli ma non archivia il verbale nel DataBase in quanto già inserito.
I file creati avranno estensione p7m (tipica dei file con firma digitale).

Pseudocodifica del 2° Macro Blocco
I file dei verbali sono inviati periodicamente (ogni notte si puo' prevedere) dal *Web Server* al *DB Server*, previa verifica e controllo delle firme e del contenuto dei verbali, in questa fase i file dei verbali sono stati trasformati in formato xml ed inviati al DB. A questo punto i dati devono essere fisicamente inseriti sul DataBase, di ciò si occupa la procedura **CARICA_FILE** del Package **WEB_VERBALE**, essa ha come argomenti (Progressivo, Tipo_file) dove Tipo_file è **V** (Verbale) oppure **A** (Aggiornamento). Nel caso Tipo_file = **A**, deve essere aggiornata (operazione di Update)la data di convocazione dell'appello nella Tabella del database di gestione dati studenti inerenti alle prenotazioni degli esami, nel caso Tipo_file è **V** (Verbale) vengono effettuate delle operazioni di **Insert** nelle Tabelle del database di gestione dati studenti inerenti ai Verbali.

Funzionalità di Archiviazione Verbale Digitale
Il file del Verbale digitale viene inviato dal docente, mediante una pagina di *Upload*, (come già visto), dalla postazione *Client* al *WebServer*, periodicamente il file, o i file dei verbali firmati sono trasferiti sul DBServer mediante *job* schedulati che effettuano il *transfer file* ed altre elaborazioni.
Per archiviare i verbali digitali prodotti, ed anche per effettuare spazio sul *DBServer*, i verbali vengono inseriti su una tabella, creata ad hoc per tenere copia del Verbale e contemporaneamente i verbali sono cancellati dal *DBServer*. La Tabella in questione è **VERBALI_DIGITALI_PROFITTO** che contiene i dati d'archiviazione del Verbale come ad esempio:

---

[87] *File Transfer Protocol*, protocollo di trasferimento dei file è uno dei tanti servizi offerti dalla rete Internet.
[88] *Hyper Text Markup Language* HTML un linguaggio per il contrassegno di file ipertestuali. Il linguaggio HTML è quindi di *contrassegno* non di *programmazione*.

- Anno Accademico del Verbale.
- Progressivo del Verbale.
- Il Nome File Verbale.
- Blob (*Binary Large Object*), che contiene il verbale firmato (file con estensione p7m).

Mediante l'utilizzo un campo Blob[89], ci si avvale della potenzialità del DBMS Oracle di immagazzinare in una Tabella dei dati binari quali:
- Immagini
- File Acrobat pdf
- File con firma digitale (come nel nostro caso).

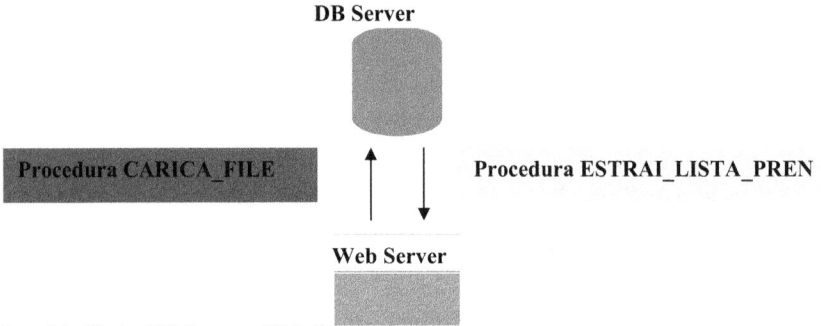

Figura 7 Scambio file tra DB Server e Web Server

Notifica della Validazione del Verbale Digitale

Come parte finale del processo di verbalizzazione, in pratica, non appena che i dati sono fisicamente inseriti sul DataBase viene creata la procedura **NOTIFICA_VALIDAZIONE_VERBALE** all'interno del *Package* **WEB_VERBALE** che si occupa di notificare l'avvenuta trascrizione del verbale al responsabile della segreteria di competenza inviando il progressivo del verbale e l'anno accademico, nel caso c'è stato qualche problema si notifica l'errore di trascrizione del verbale al gestore della procedura. Si utilizzano le funzionalità della posta elettronica interna alla procedura di Gestione dati studenti.

- **Download elenco prenotati**

Attraverso un qualunque browser digitando ad esempio il seguente URL del tipo:

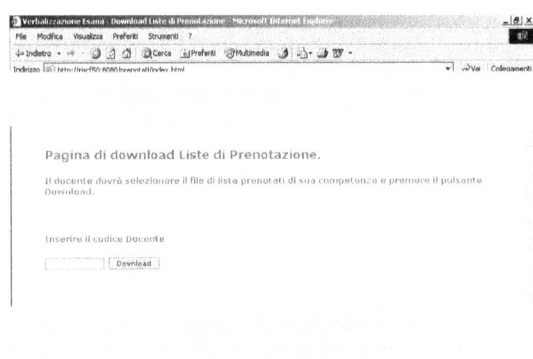

http://downloadverbali:8081/prenotati/index.html da qualsiasi postazione in rete

---

[89] **Binary Large Objects** letteralmente oggetti binari grandi come dimensione. Un campo **BLOB** in un Database serve quindi per immagazzinare dati Binari generici o specifici come (MP3, PDF, PNG, P7M, etc.).
Quasi tutti i Database usati attualmente supportano i **BLOBs**, da Oracle a SQL Server fino a Microsoft Access e anche il database *Open-source* MySQL

Il docente accederà ai file di lista prenotazione di propria competenza digitando il suo codice docente; alla pressione quindi del pulsante *download* sarà caricata un'ulteriore pagina Web, attraverso la quale con un semplice "click" sul file desiderato è possibile scaricare in locale, su qualsiasi supporto (*Hard-disk, Floppy, Pen-drive*), il file scelto.

Il *Browser* caricherà la pagina con le seguenti informazioni:
- Il nominativo del docente, in caso di collegamento disponibile alla base dati, altrimenti il codice docente
- L'elenco dei file disponibili di competenza del docente identificato dal codice immesso, in particolare
  - La descrizione dell'esame
  - La data dell'appello
  - Il numero di studenti prenotati contenuti nel file (creato ogni notte)
  - Il numero di studenti prenotati in tempo reale (informazione letta dal Database)
  - Il *link* al file per il *download*
- La data di creazione/modifica del file.
- La data dell'ultimo tentativo di download effettuato dal docente

In caso di errore durante il *download* viene mostrata una pagina con la descrizione dell'errore avvenuto.

Nota: Il file scaricato è cifrato con chiavi relative a dati del docente, di conseguenza è leggibile dal solo docente titolare di cattedra. In particolare l'applicativo di *Registrazione Esami* in fase di scelta file da caricare effettua un filtro leggendo solo i file di competenza del docente autenticato.

- **Invio Verbale Elettronico**

Il docente invierà il verbale elettronico dopo che è stato firmato. E' naturalmente necessaria una connessione ad Internet. La pagina di invio è attivabile tramite *Browser* digitando ad esempio un indirizzo del tipo: http://invioverbali:8081/verb/index.html
il *Browser* carica la seguente pagina iniziale:

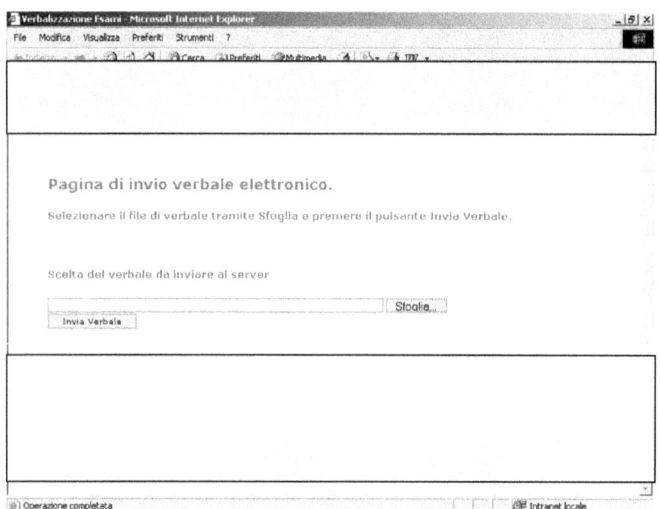

Alla pressione del pulsante **Sfoglia,** appare la finestra standard di Windows di scelta file, per selezionare il file con estensione **.p7m** (estensione tipica dei file di firma digitale) del verbale, da inviare al *Server*. Il sistema effettua tutti i dovuti controlli sul certificato di firma e sull'integrità del file affinché risulti valido e non manomesso. In caso di errore viene mostrata una pagina descrittiva dell'errore avvenuto, altrimenti viene mostrata una pagina di conferma di avvenuto e corretto invio con le seguenti informazioni:
- **Nome file del verbale trasferito**
- **Data e ora di invio**

Caratteristiche Generali dell'interfaccia dell'applicazione

Il sistema presenta caratteristiche comuni a tutte le mappe (funzioni). Una mappa presenta tipicamente i canoni di interfaccia GUI di estrazione Windows con i seguenti oggetti:
- finestre
- un contesto applicativo
- un menu di gestione mappa
- una barra degli strumenti
- una o più pagine dati
- una linea di messaggi

Le funzioni applicative saranno visualizzate all'interno di finestre che pur seguendo il tipico stile Windows (si possono iconizzare, chiudere, nel qual caso si porrà termine alla funzione in esecuzione).

Le informazioni di contesto individuano la funzione applicativa che la mappa consente di implementare.

Il menu e la barra degli strumenti consentono all'operatore di richiedere al sistema tutte le funzioni necessarie alla gestione delle informazioni presenti sulla mappa e i flussi dati da/verso gli archivi.

Le pagine dati invece sono aree strutturate che '*ospitano*' i dati presenti o da registrare negli archivi. Vediamo in dettaglio alcuni di questi oggetti.

Lista di prenotazione all'esame di ANALISI SUPERIORE- Seduta aperta in data 20/12/2002

Elenco Prenotati   Gestione Elenco   Sedute   Verbali   Autenticazione   Modalità   ?

Fig. 8 Elenco dei Menu' di gestione della lista di prenotati

Fig. 9 Barra degli Strumenti dell'Applicazione

In questo caso, nella funzione di registrazione degli esami del verbale, l'interfaccia grafica aiuta l'utente nella consultazione dei dati, infatti l'applicativo mostra icone diverse per situazioni differenti:

	(BLU) Identifica uno studente non ancora esaminato.
	(VERDE) Identifica uno studente esaminato e firmato, uno studente cioè che ha accettato l'esame digitando il proprio PIN.
	(GIALLO) Identifica uno studente esaminato ma che non ha ancora accettato l'esame (non firmato).
	(ROSSO) Identifica uno studente bocciato.

Fig. 10 Uso di icone diverse relative a situazioni differenti

Conclusioni e sviluppi futuri

Una tale applicazione raggiunge gli obiettivi prefissati di miglioramento dei servizi erogati ai principali fruitori di servizi di un Ateneo universitario e cioè gli studenti, accorciando sicuramente i tempi delle attività coinvolte e minimizzando le possibilità di errori nell'intero processo di verbalizzazione degli esami di profitto.

Si può prevedere come servizio aggiuntivo all'Applicazione di Verbalizzazione Elettronica degli Esami di Profitto /Laurea, un servizio di messaggistica **SMS/MMS**[90] su telefono mobile dello studente che segnali:

- L'avvenuta registrazione dell'esame nella carriera Universitaria.
- La mancata registrazione dell'esame con la motivazione indicata.

---

[90] ***Short Messaging Service/Multimedia Messaging Service***, Servizi che permettono di spedire e ricevere, dei brevi messaggi di testo e messaggi multimediali (formati da testo, audio, immagini, video) tramite i telefonini GSM e UMTS

Il candidato sviluppi l'analisi ed il progetto di un sistema Web dedicato alla distribuzione di materiale didattico in rete, il materiale da distribuire sarà sotto forma di sorgente di programmi e di documenti di testo. Il sistema dovrà essere accessibile dalla rete Internet e dovrà prevedere procedure di identificazione per i suoi utenti.

La gran diffusione che ha avuto nell'ultimo decennio Internet, e tutte le sue applicazioni, tra cui il *World Wide Web*[91] la facilità di accesso alla rete, ha fatto sì che, dalla seconda metà degli anni '90, si sono sviluppate applicazioni *Client/Server* che utilizzano come propria infrastruttura la rete mondiale Internet.
Il Web negli ultimi anni non è solo utilizzato come medium per l'accesso alle informazioni ma come strumento per l'erogazione di servizi anche complessi.
Dopo queste brevi considerazioni possiamo pensare di costruire la nostra applicazione, utilizzando un'architettura *Client/Server* di tipo *multi-tier*.

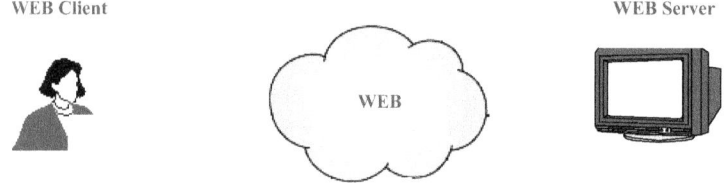

Figura 1 schema fisico rudimentale dell'applicazione *Web*
Più dettagliatamente possiamo dire che la nostra applicazione sarà progettata predisponendo un'architettura *Client/Server* a tre livelli, in definitiva un'applicazione *Client/Server* di tipo *desktop*, vale a dire dove *Client/Server* (o i *Server*), sono fisicamente separati con le loro funzionalità. Tra le altre cose queste tipologie di applicazioni sono le più diffuse nel panorama delle applicazioni *Client/Server*

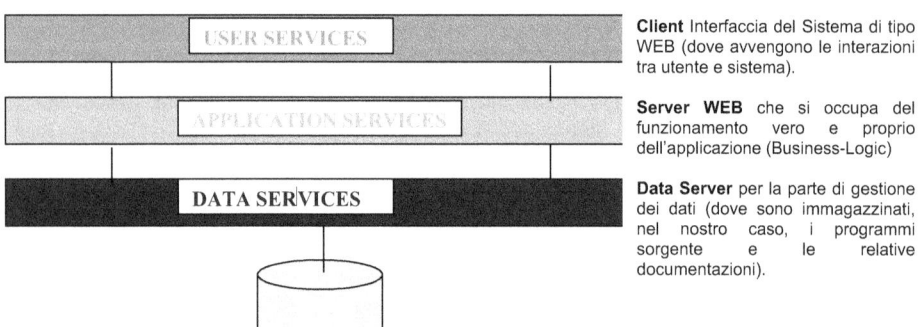

Client Interfaccia del Sistema di tipo WEB (dove avvengono le interazioni tra utente e sistema).

Server WEB che si occupa del funzionamento vero e proprio dell'applicazione (Business-Logic)

Data Server per la parte di gestione dei dati (dove sono immagazzinati, nel nostro caso, i programmi sorgente e le relative documentazioni).

Figura 2 Schema logico della nostra applicazione da cui si evince la struttura a *Layering*.

---

[91] Creato da un ricercatore del CERN (Centro Europeo di Ricerche Nucleari) di Ginevra Tim Berners Lee che aveva l'intento di facilitare la diffusione, di informazioni multimediali legate alle ricerche accademiche in modo da rendere più facile l'esplorazione della rete. Una delle caratteristiche fondamentali del WEB è il suo orientamento all'ipertesto, in pratica, i documenti Web contengono collegamenti incrociati ad altri documenti, detti link. Per accedere alle varie risorse WWW, si può direttamente specificare l'indirizzo URL (*Uniform Resource Locator*). Esso utilizza il protocollo HTTP.

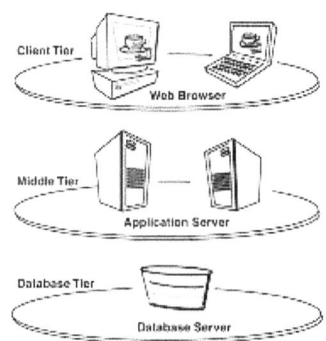

Figura 3 Schema generico di un'architettura a "tre livelli" (*three Tier*).
Assumendo che l'utente del sistema che stiamo progettando sia uno studente della facoltà di ingegneria informatica e che utilizzi l'applicazione da casa per reperire materiale didattico per le esercitazioni all'esame di programmazione dei calcolatori. Assumendo inoltre che il nostro sistema applicativo si chiami: **E**rogazione **M**ateriale **D**idattico agli **S**tudenti con un acronimo **EMDS** possiamo passare a vedere lo schema fisico dell'applicazione.

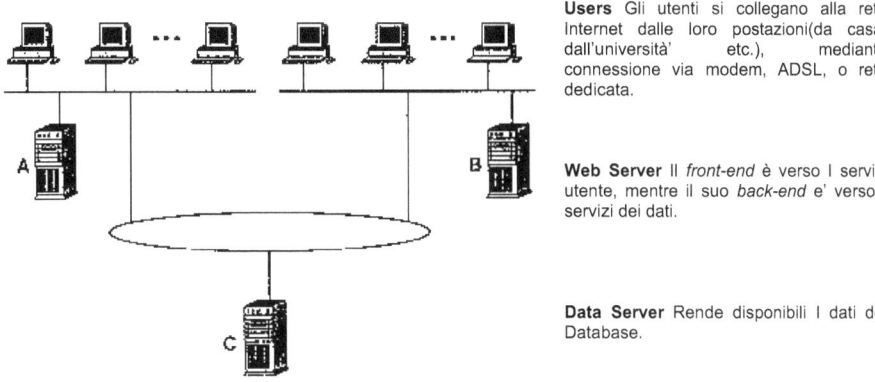

Users Gli utenti si collegano alla rete Internet dalle loro postazioni(da casa, dall'università' etc.), mediante connessione via modem, ADSL, o rete dedicata.

Web Server Il *front-end* è verso I servizi utente, mentre il suo *back-end* e' verso I servizi dei dati.

Data Server Rende disponibili I dati del Database.

Figura 4 schema fisico di EMDS dettagliato di tre livelli
Commentare questo schema fisico fa sì da farci considerare, che per ogni applicazione *Client/Server*, in fase di progetto, bisogna individuare e stabilire dei punti fondamentali quali:

- **Funzionalità**
- **Carichi del lavoro**

- **Comunicazione**

Le funzionalità dei *Client* e dei *Server*, naturalmente, in tali applicazioni gli uni (*Client*) sono imprescindibili dagli altri (i *Server*) e viceversa e quindi ripartiremo le varie funzionalità dell'applicazione sia sui *Client* che sui *Server*.

La distribuzione dei carichi di lavoro, quali funzionalità implementare sui *Client*, quali sul *Server*. Avere un *fat Client*, cioè un *Client* sovraccarico, o un *fat Server*? Di solito si predilige una distribuzione egualitaria dei carichi, perché, come nel nostro caso, *Web server* "risponderà" alle richieste di più *Client*, quindi è bene non caricare troppo il *Server*, o i *Server* affinché siano sempre più pronti per "servire" i *Client* dell'applicazione.
La comunicazione tra i *Client/Server*, nel nostro caso di sistema Web, sia un protocollo di comunicazione TCP/IP[92] indicato per i collegamenti ad Internet.

Le funzionalità del nostro sistema le dobbiamo ripartire su tre livelli dell'applicazione.
Le funzionalità del *Client*: il *Client* supporterà i servizi utente, quindi l'interfaccia sara' del tipo *Browser Web* o possiamo pensare ad un'interfaccia creata ad hoc, che funga da "guscio" per il *Browser Web*. Un'interfaccia creata appositamente per sistema EMDS può essere costruita mediante un linguaggio di programmazione che realizza *forms* o maschere, ad esempio *Visual Basic*[93], con questo linguaggio costruiamo l'interfaccia grafica del sistema, dove si consente la fase di identificazione dei dati dell'utente e la navigazione tra i nodi del sistema.
I dati di ingresso per lo studente possono essere la *userid* e la *password* che viene assegnata all'utente-studente che segue le esercitazioni dell'esame, il *Client* effettuerà quest'operazione di *data validation* in ambito *Client* per rendere minime le comunicazioni con i *Server*). Per sistemi come il nostro, i livelli di protezione sono più bassi, rispetto ai livelli di protezione dei *Server* per i quali l'operazione di *data validation* è delegata al *Web Server*, perché hanno delle barriere protettive sicuramente più elevate rispetto al *Client*, mediante l'utilizzo di più livelli d'accesso (più identificazioni, più password) o di algoritmi di crittografia a 64 e a 128 bit. Superata la fase d'identificazione al sistema si possono prevedere delle altre *forms*, costruite con il linguaggio *Visual Basic*, assumendo questo linguaggio, come il linguaggio di costruzione dell'interfaccia grafica del sistema EMDS. Si prevede inoltre una schermata di menù dove si sceglie il tipo di materiale didattico, ad esempio quello relativo ad un particolare anno accademico. Come si vede, allora, tra le funzionalità della parte *Client* del sistema, vi sono quelle di riguardano la parte di presentazione dei dati richiesti dall'utente del sistema e di visualizzazione di questi ultimi, inoltre potrebbero pensare ad altre funzionalità quali .

---

[92] **Transmission Control Protocol/Internet Protocol**, Protocollo di controllo della trasmissione/ Protocollo di Internet. È il Protocollo di comunicazione più utilizzato in Internet. E' stato sviluppato per la prima volta alla fine degli anni '70 da parte del DARPA (Ufficio dei Progetti Ricerca Avanzata della Difesa statunitense). Il TCP/IP racchiude l'accesso al mezzo fisico, il trasporto dei pacchetti, comunicazioni di sessione, trasferimento dei file, posta elettronica e l'emulazione di terminale.
[93] Linguaggio di Programmazione derivato dal BASIC; si tratta di un linguaggio di sviluppo orientato agli eventi, *event oriented* utilizzato specialmente in applicazioni Microsoft.

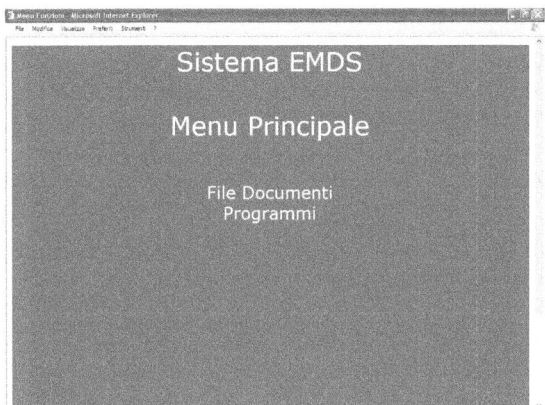
Figura 5 Esempio di una form di menù Principale dell'applicazione.

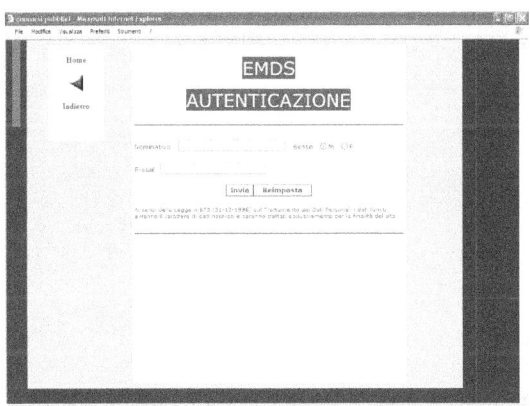
Figura 6 Esempio di una form di Autenticazione all'applicazione.

Dall'analisi delle funzionalità del *Client* si desume tutto la sua natura "propositiva", esso innesca delle "reazioni", da parte del *Server*, alle sue "proposizioni". **Le funzionalità del *Web Server*,** sono di *front-end* verso il *Client* che cura, come già visto, l'identificazione degli studenti, la presentazione e la visualizzazione dei dati richiesti e reperiti dai *Server*. Il *Web Server* ha inoltre funzionalità di *back-end* nei confronti del *Server* dei dati, che contiene i documenti e i moduli sorgente delle esercitazioni, gli oggetti delle richieste degli utenti. Il *Web Server*, inoltre, gestisce il motore ASP[94] *Active Server Pages*, la presentazione delle pagine in formato HTML ai *Client* del sistema, dopo che sono state reperite dall'archivio dati dell'applicazione, il quale è un Database che si occupa dell'interrogazione e manipolazione dei dati, che nella nostra applicazione sono documenti e programmi sorgente ad essi associati. In sistemi più complessi del caso di studio, il *Web server* invia e riceve parametri per delle procedure di *query*[95] parametrizzate che interrogano e

---

[94] Tecnologia *Server side,* introdotta da Microsoft, che permette la realizzazione di pagine Web in modo dinamico.
[95] Interrogazione a un database, di solito è posta mediante un linguaggio di interrogazioni, il più utilizzato e' **SQL** *(Structured Query Language).*

145

aggiornano la banca dati (*stored procedure*)[96]. Nel nostro caso il *Web Server* invierà o riceverà procedure di *query*, che selezionano gli oggetti richiesti dall'utenza, al *Data Server*.

Per concludere dobbiamo effettuare delle considerazioni sul software che sarà realizzato da questa progettazione. Il software che permetterà il sistema EMDS (*Client/Server*) dovrà essere modulare, non monolitico, tale da essere intercambiabile a ogni esigenza e dell'utenza e del team di progetto sviluppo. Infatti, un software che implementa tale sistema è chiamato "*middleware*" proprio per la sua collocazione nel centro del sistema applicativo.

---

[96] Procedura utilizzata per la manipolazione dei dati, il suo codice, insieme ai dati stessi, è mantenuto all'interno del database. In genere le **stored procedure** sono scritte in linguaggio SQL e possono essere invocate esplicitamente dall'applicazione *Client*.

Struttura di un Sistema Multimediale: un'applicazione reale nell'ambito dell'area dei Beni Culturali, un Museo Archeologico

In questo componimento vedremo l'architettura di un Sistema multimediale intelligente in un contesto reale, quale può essere un'applicazione nell'area dei beni culturali, ad esempio un Museo. Vediamo la struttura di un sistema multimediale o meglio di un sistema ipermediale.

Un sistema ipermediale è fondamentalmente una struttura a grafo, organizzato con nodi e collegamenti tra i vari nodi (*link*), esso simula la non linearità nel trattamento delle informazioni, o meglio la non linearità del ragionamento così come avviene nella mente umana; inoltre un sistema ipermediale è composto non solo da nodi di tipo testo, come può essere considerato invece un sistema ipertestuale, dove si è di fronte a frammenti informativi di tipo testuale (nodi), i quali sono connessi tra loro mediante collegamenti o *link* che hanno la caratteristica non solo di collegare un nodo all'altro, ma anche una o più parole di un nodo all'altro. Invece, per sistema ipermediale si intende, un sistema composto da nodi di tipo testo, ma anche da nodi che rappresentano altre classi di oggetti multimediali (immagini, grafica e suoni). I *link* sono utilizzati per spostarsi tra i nodi dall'utente del sistema, essi sono creati dall'autore del sistema ipermediale e sono posizionati in modo da ottimizzare l'accesso alle varie informazioni. Una caratteristica rilevante dei sistemi ipermediali è l'ottimizzazione dell'uso del sistema da parte di un generico utente. Con una struttura a grafo del tipo descritto, all'utente generico é permesso di muoversi, o meglio di "navigare" tra i nodi, naturalmente, subordinatamente ai *link* creati dall'autore del sistema ipermediale.
Descriviamo ora l'Architettura di base del sistema ipermediale
Il sistema multimediale fondamentalmente è costituito da quattro moduli:
1. **Database Ipermediale**
2. **Modello Utente**
3. **Modulo di Navigazione**
4. **Interfaccia Grafica.**

Database Ipermediale: è il modulo in cui sono memorizzati gli oggetti multimediali del sistema (immagini, grafica, animazioni, testo, suoni, voce e i collegamenti logici tra i vari oggetti multimediali.

Modello Utente: è il modulo che serve al modulo di navigazione, per avere informazioni sull'utilizzatore del sistema in quel momento, informazioni potremmo dire "carpite" dal Modello Utente in base alla navigazione fatta fino a quel momento dall'utente. Il sistema è in grado di capire (sempre sulla base della navigazione fatta fino a quel momento dall'utente) gli interessi particolari, per creare i *link* del Sistema. Alla partenza del sistema è calcolato un parametro, che è aggiornato e modificato in base al comportamento dell'utente e alla storia della sua navigazione tra i nodi del sistema.

Modulo di Navigazione: rappresenta l'unità pensante del sistema e quindi anche l'entità decisionale del sistema. Il suo compito principale sarà decidere, di volta in volta, in base all'utente del sistema e al tipo di visita scelto, quale o quali saranno le informazioni (unità informative) da mostrare, quali oggetti multimediali ne prenderanno parte.
Il modulo di navigazione deciderà anche quale itinerario culturale mostrare all'utente, in base alle notizie, alle informazioni avute dall'utente sulla base della sua navigazione, riguardo soprattutto i suoi interessi particolari.

Figura 1 Esempi di unità informative.
Interfaccia di Comunicazione: è in pratica l'interfaccia tra il sistema e l'utente del sistema. Essa dovrà essere organizzata affinché sia capace di interagire col sistema in un modo estremamente semplice e naturale (di tipo *friendly*) tenendo presente che, nella quasi totalità dei casi, un fruitore di un sistema Multimediale non è sicuramente un esperto di computer. Per visualizzare gli oggetti multimediali generati mediante grafica, o vedere fotografie, filmati, animazioni, o ascoltare suoni, (naturalmente tutti questi oggetti sono immagazzinati su dispositivi quali Cd-Rom, nastri, *Laser disc*), l'interfaccia dovrà essere di tipo G.U.I. (*Graphic User Interface*)[97], interfaccia utente grafica. Vi sarà molto testo nelle schermate di interfaccia del sistema che danno sufficienti spiegazioni su ciò che si vede, e poi un insieme di pulsanti, i quali consentono varie opzioni sulle schermate.

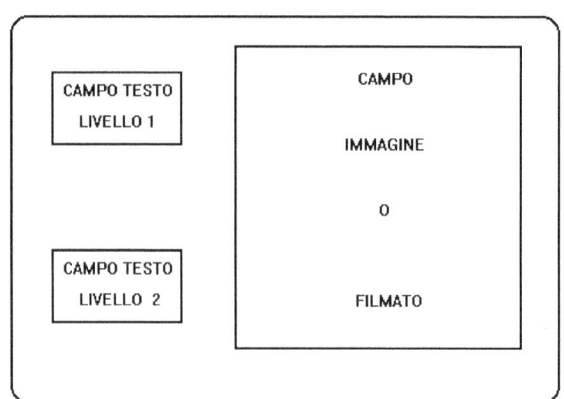

Figura 2 esempio di maschera per una singola unità informativa

---

[97] **Graphic User Interface** interfaccia grafica orientata all'utente finale dell'applicazione.

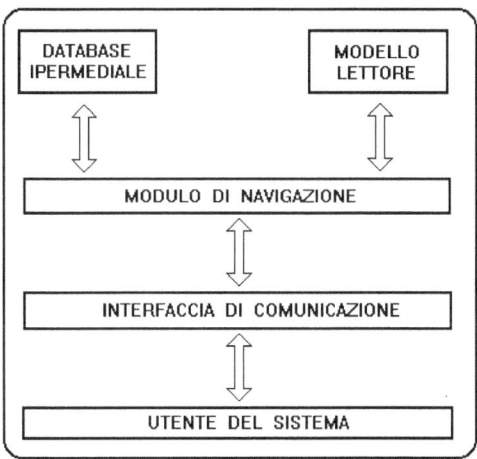

Figura 3 layout di un generico sistema ipermediale intelligente

Vediamo il caso in studio:
Il sistema Apollo[98] per la visita multimediale del Museo Archeologico di Salerno.
Per la realizzazione di un tale sistema multimediale si è pensato di integrare tecnologie quali:
- *Image Processing* per il trattamento delle immagini dei reperti archeologici conservati nel museo e mostrati nel sistema multimediale.
- *Computer Graphic* e *Computer Animation* per le realizzazioni delle animazioni tridimensionali da inserire nel sistema per la visita multimediale del Museo Archeologico.
- *Software di Authoring* per la realizzazione dell'interfaccia grafica e del modello di navigazione del sistema multimediale.

Lo scopo di una tale realizzazione può essere riassunto nei seguenti quattro punti cruciali:
1. Ovviare ai problemi di disorientamento che possono sorgere nel visitatore del Museo.
2. Fornire un'elevatissima quantità di informazioni all'utente del sistema mediante la forza comunicativa delle immagini, dei testi, dell'audio e delle animazioni grafiche.
3. Rendere trasparente la presenza dell'elaboratore all'utente del sistema, creando un rapporto *friendly* tra utente e sistema.
4. Proporre uno scenario tecnologico attuale e di gran diffusione.

L'implementazione del sistema multimediale Apollo è stata fatta utilizzando il *software* di autore Toolbook, uno strumento software orientato agli oggetti (*object oriented*) che fornisce strumenti grafici per creare applicazioni multimediali ed opera all'interno del sistema operativo *Microsoft Windows*. Esso è specifico per la costruzione dei sistemi multimediali, o più precisamente, strumenti che permettono agli autori del sistema di creare le applicazioni mediante la stessa interfaccia grafica, utilizzata poi dagli utenti del sistema: cioè i cosiddetti ambienti autore del tipo WYSIWYG[99]. Come si è già detto *Toolbook* opera in ambiente *Windows*, ciò semplifica di molto i compiti, in quanto non ci si deve preoccupare dei problemi di gestione della memoria, di *screen imaging* ed altro. Inoltre Windows mette a disposizione di *Toolbook* una serie di peculiarità proprie di Windows, quali: l'indipendenza dai dispositivi (*device indipendence*), *multi tasking*, *utilities*, librerie di funzioni per la programmazione. In *Toolbook* è disponibile anche un linguaggio di programmazione orientato agli oggetti *Open Script* che è utilizzato per programmare i comportamenti dei vari oggetti che sono nell'applicazione; questi programmi vengono chiamati *handler* e vengono eseguiti in base agli eventi (*event driven*), causati cioè dalle azioni dell'utente o da applicazioni di *Toolbook* o di *Windows*

Una applicazione di *Toolbook* consta di uno o più libri, che possono essere formati da un semplice insieme di informazioni, o possono essere anche una intera applicazione, e come tutti i "libri", i libri di *Toolbook* sono organizzati in pagine, che non sono altro che le schermate delle varie applicazioni. Gli oggetti contenuti nelle pagine sono stati organizzati nel seguente modo: campi, bottoni e grafici. I campi identificano una zona di schermo dove immettere dei testi esplicativi, i bottoni costituiscono gli strumenti per effettuare delle scelte, o inviare dei messaggi di comando; la stessa funzione dei bottoni la svolgono le "*hot word*" (parole attive), che sono parole, o porzioni di un testo evidenziate in maniera opportuna, le quali se azionate, danno le informazioni contenute nel loro interno. Mediante *Toolbook* è anche possibile (e noi l'abbiamo utilizzato nella nostra applicazione) creare porzioni di disegni o di immagini evidenziate che, quando messe in azione, "esplodono" o informazioni o messaggi per l'utente. Le potremo definire "*hot area*" (area attiva), usando la medesima terminologia utilizzata per le *hot word*, perché in pratica adempiono lo stesso compito delle *hot word*, ma sono posizionate su una parte di un disegno o su una parte di una immagine. Vediamo in pratica cosa si è costruito per il sistema multimediale Apollo, all'interno del disegno della piantina bidimensionale del Museo abbiamo costruito, (sempre mediante il linguaggio autore *Toolbook*) delle aree attive (*hot area*), che in pratica, nella nostra applicazione, fungono da bottoni, perché agendo su queste aree si innesca l'animazione, che rappresenta

---
[98] Il nome al sistema multimediale è stato mutuato dal reperto più importante contenuto nel Museo Archeologico di Salerno ovvero una testa bronzea del dio greco Apollo risalente all'età romana.
[99] **What You See Is What You Get**, che vuol dire, tradotto in italiano, *ciò che vedi è ciò che otterrai*. Ambienti del genere danno la possibilità di ottenere, durante lo sviluppo di un'applicazione, un'anteprima dell'aspetto che avrà il programma una volta compilato. Ad esempio un'applicazione di tipo WYSIWYG e' Macromedia Dreamweaver per la costruzione di pagine Web.

l'ambiente ricostruito del Museo corrispondente al punto sulla piantina, dove è posizionata la *hot area*.

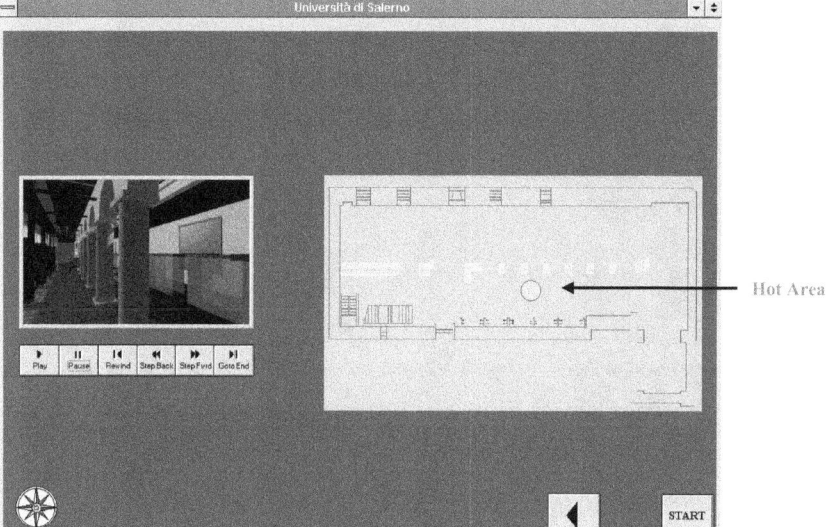

Figura 4 Sistema Apollo Esempi di schermate del sistema Multimediale (in particolare pianta del Museo dove si innescano le Walk- Tthrough i cerchietti verdi corrispondono al punto sulla piantina dove è posizionata la Hot-Area).

Vi saranno quattro o cinque zone di questo genere dislocate sulla pianta 2D del Museo, ma potrebbero esserci di più, visibili quando con il *mouse* ci si posiziona all'interno del disegno; sovrapponendo il *mouse* su una di queste aree apparirà all'utente un messaggio, che segnalerà in pratica un bottone, che se azionato, farà partire la passeggiata tra le vetrine e le bacheche del Museo da quel punto preciso (*architettural walk-trough animation*). "L'occhio" del computer simula l'occhio di un visitatore tracciando un cammino equivalente a una passeggiata interna, mostrando ciò che vedrebbe un visitatore in quella posizione.

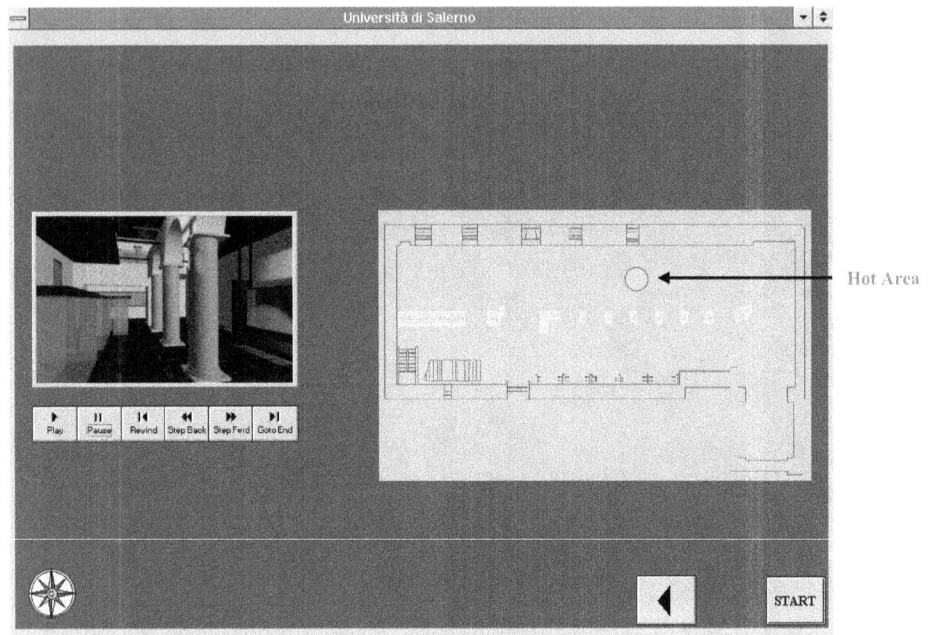

Figura 5 Sistema Apollo Esempi di schermate del sistema Multimediale altra vista opposta a quella della figura precedente

Conclusioni: Possiamo concludere chiedendoci perché affidarsi a sistemi multimediali per la fruizione dei tesori di un Museo come quello preso in considerazione. La risposta a questo quesito è molto semplice, perché è insita nel contesto tecnologico nel quale viviamo giorno per giorno. Si è voluto proporre all'utente del sistema multimediale museale, con le immagini, le animazioni grafiche ed in genere tutto ciò che è multimediale, qualcosa di più attuale e che, grazie alla multimedialità, alla produzione cinematografica (cartoni animati, effetti speciali, DVD-Rom) e televisiva (*spot* pubblicitari, sigle di programmi) e all'industria dell'editoria elettronica (*Cd-Rom*, DVD, per settori specifici e per l'istruzione) e all'industria orientata all'*entertainment* (videogiochi), è diventata molto familiare e di larghissima diffusione.

> **Il candidato ipotizzi di svolgere il ruolo di analista dell'informatizzazione della gestione del protocollo di un ente pubblico. Presenti ed illustri i documenti redatti in tale veste.**

Dopo una serie di interviste effettuate dal team di analisi a diversi utenti che utilizzeranno il sistema informativo, e ai responsabili dell'ufficio protocollo si passa ad una prima stesura del documento contenente i requisiti dell'utenza.
Naturalmente se per l'ufficio del protocollo vi era già un sistema informativo che automatizzava il lavoro di protocollo documenti, il team di analisi possiede una base di documentazione da cui partire e trarre informazioni che insieme alle interviste effettuate alla committenza può segnare una linea guida per la redazione dei requisiti utente. Andiamo ora nello specifico, l'utenza richiede di aver bisogno di:

- Digitalizzare tutti documenti che entrano dall'esterno all'ente ed avere una copia in formato digitale di tutti documenti che vanno ad altri enti pubblici o privati che siano.
- Catalogare i documenti che pervengono all'ente, distinguendoli per tipologia di documento, creando un unico archivio di documenti esterni, gerarchicamente diviso da tanti sotto archivi distinti dalla tipologia di documenti. All'interno della funzione di catalogazione possiamo distinguere le sotto funzioni da dover implementare:
    - Cancellazione di un documento di una certa tipologia che non ha alcuna validità.
    - Inserimento di un nuovo documento relativo alla tipologia presa in considerazione.
    - Visualizzazione di documenti relativi ad una certa tipologia, e con l'ausilio delle tecnologie attuali di Intranet ed Internet e con le nuove normative relative alla validità della firma digitale si può prevedere, per un ufficio ho protocollo "al passo con i tempi", l'invio di documenti tra i vari enti.
- Assegnare il numero protocollo ai documenti, secondo un numero progressivo all'interno della tipologia di documento.

Naturalmente delle macrofunzioni analoghe si possono pensare anche per i documenti protocollati, e inviati all'esterno dall'ente. Supposto che siano, quelle in precedenza descritte le richieste dell'utenza, il team di analisi deve prevedere la redazione di documenti che saranno poi passati al team di sviluppo, che si occuperà della progettazione, della codifica e della fase di test del nascituro sistema informativo di Gestione del Protocollo.

L'analista, o il team di analisi dopo aver raccolto i requisiti dell'utenza effettuerà l'analisi dei requisiti redatti. Un approccio tradizionale è dato dalla S.A.(*Structured Analisys*)[100] la cui caratteristica basilare è la dicotomia tra il mondo dei dati del sistema e il mondo delle funzioni. Approcci di analisi differenti che portano poi a un utilizzo di linguaggi di programmazione di quarta generazione, programmazione *object oriented* "riavvicinando" i due mondi, quello dei dati e quello delle funzioni, in questo caso la rappresentazione del sistema può essere fatta mediante UML[101], un linguaggio per la modellazione degli oggetti, che si avvale di diversi diagrammi, tra cui citiamo il diagramma dei casi d'uso, il diagramma di attività, il diagramma delle classi, che si pongono ad un livello elevato di analisi, allo stesso livello dei DFD, quindi per l'analisi dei requisiti del sistema, mentre i diagrammi di classe si orientano più ai dati del sistema non trascurando la componente funzionale. Utilizzeremo, nel nostro caso in studio, un approccio S.A., utilizzando i DFD (*Data Flow Diagram*)[102] per la rappresentazione delle funzioni da implementare, il modello concettuale semantico E-R. (*entity-relationship*) per l'analisi dei dati del sistema, ed il dizionario dei dati, che è,

---

[100] Analisi Strutturata dei Sistemi, utile per la stesura dell'analisi dei requisiti di un sistema.
[101] **Unified Modeling Language** linguaggio universale per modellare gli oggetti utilizzato perle fasi di analisi delle applicazioni *Object Oriented*.
[102] Si prestano bene come strumento di analisi, nell'ambito dell'analisi strutturata, per quel che riguarda la componente funzionale.

in pratica, il "*trade-union*" tra la realtà statica dei dati, e quella dinamica delle funzioni. Inoltre a completamento del lavoro di analisi, vi è da dire che sia il DFD che lo schema E-R. sono delle rappresentazioni grafiche, che se fatte bene, sono molto leggibili e comprensibili sia dal team di progettazione, sia dall'utenza del sistema, ma non sono sufficienti, quindi al corredo di queste rappresentazioni ci sono le *mini-spec*[103] per la descrizione delle funzioni, (sul DFD processi) ed una documentazione di commento allo schema E-R. In questo elaborato restringeremo la nostra attenzione alla sola analisi funzionale del sistema di Gestione del Protocollo.

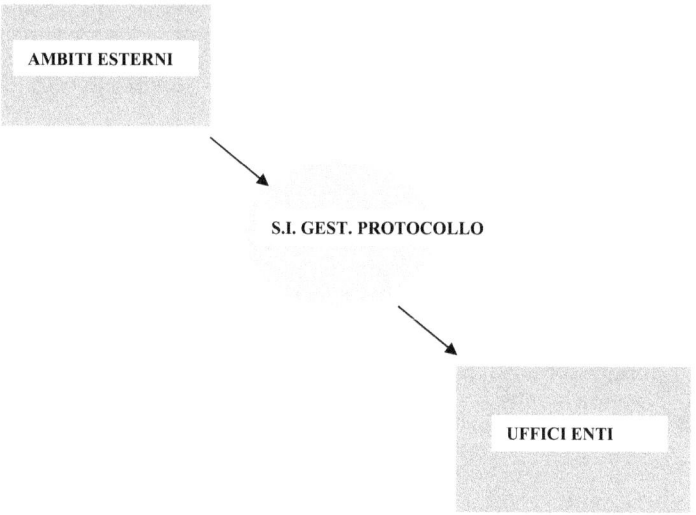

Fig.1 Diagramma di contesto per il nostro sistema (DFD di livello zero).
Essendo una metodologia *top-down*[104] si raffina a ogni stadio successivo e quindi:

---

[103] Specifiche che descrivono in dettaglio i processi, in pratica una descrizione della logica del processo, inoltre si descrivono i depositi di dati e gli agenti esterni di un Sistema rappresentato con i DFD.
[104] La metodologia **Top-down** (dall'alto in basso) ci suggerisce di decomporre un problema iterativamente in sottoproblemi, proseguendo nella decomposizione fino a quando ogni singolo sottoproblema decomposto è di semplice risoluzione. Alternativa a questa metodologia è la metodologia **Bottom-up** *(*dal basso verso l'alto) dove si parte da funzionalità elementari che si compongono via via in frammenti più grossi fino all'individuazione e risoluzione dell'intero problema.

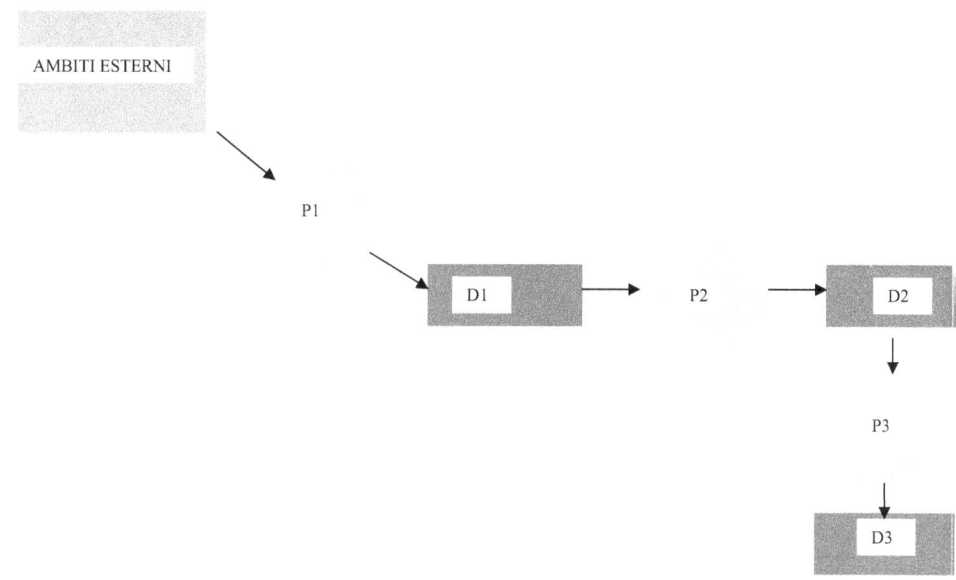

Fig.2 DFD Livello 1 con i processi ed i data-store coinvolti nell'applicazione
MINI SPEC
Processo P1: Digitalizzazione della documentazione proveniente da uffici esterni e interni all'ente.
Processo P2: Catalogazione dei documenti.
Processo P3: Assegnazione del numero di protocollo per tipologie di documento.
Data-Store1: Archivio temporaneo per i documenti digitalizzati.
Data-Store2: Archivio Generale per i documenti catalogati.
Data-Store3: Documenti protocollati.

Esplodendo in modo *top down* il processo P1 si generano due nuovi processi P1.1 e P1.2

Non fa parte di questo livello di dettaglio in un analisi dei requisiti di un sistema, ma vogliamo spiegare che i *data store* possono essere dei dischi o dei nastri digitali, a seconda dell'esigenza, che immagazzinano i documenti digitalizzati.

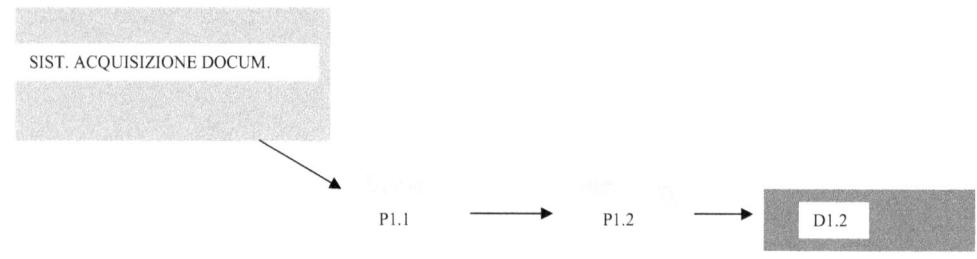

Fig.3 Esplosione del Processo P1 che gestisce la digitalizzazione della documentazione proveniente da uffici esterni ed interni all'ente.

Il sistema di acquisizione dei documenti, permette la trasformazione da documenti cartacei a documenti digitali. Esso è un agente esterno al sistema informativo da realizzare, potremmo pensare a uno *scanner* ad alta velocità di scansione e alta capacità di fogli da contenere nei cassetti.
P.1.1 Processo che effettua l'elenco dei documenti digitalizzati.
P.1.2 Processo che effettua la verifica dei documenti digitalizzati.
D1.2. *Data-store* dove sono immagazzinati i documenti già sottoposti a verifica.

Esplodendo il processo P2 (catalogazione documenti digitalizzati) si generano i processi: P2.1 e P2.2

P2.1: Processo che implementa l'individuazione delle tipologie di documenti da protocollare.
P2.2 Processo che realizza la creazione delle sottocartelle distinte per ogni tipologia di documenti, per comodità descrittiva ne distingueremo quattro:
- Documenti interni all'Amministrazione D.2.3
- Documenti provenienti da Amministrazioni Pubbliche D.2.4
- Documenti provenienti da Aziende D.2.5
- Documenti inviati dai singoli cittadini utenti dell'amministrazione D.2.6

D2.2 *Data-store* contenente i documenti già precedentemente digitalizzati e da catalogare.

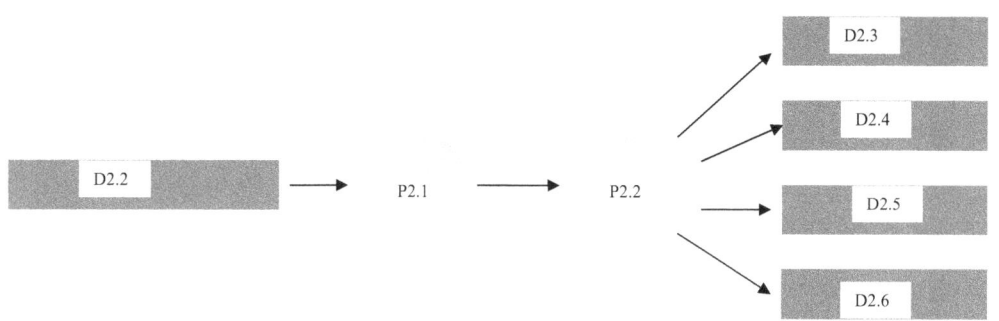

Fig.4 Esplosione del Processo P2 che gestisce la catalogazione dei documenti
P3.1 Processo di gestione dei documenti protocollati all'interno di uno dei sotto archivi creati. Con la gestione, possiamo raggruppare sotto-processi quali:
- **Inserimento**
- **Visualizzazione**
- **Cancellazione dei documenti.**
- **Cancellazione dei documenti con il salvataggio in un archivio storico.**

P3.2 Processo che gestisce l'invio dei documenti all'archivio di stampa
D3.1 *Data-store* dove è presente un sottoarchivio di documenti protocollati riferiti ad una particolare tipologia.
D3.2 *Data-store* dove sono messi i documenti pronti per l'invio alla stampa.

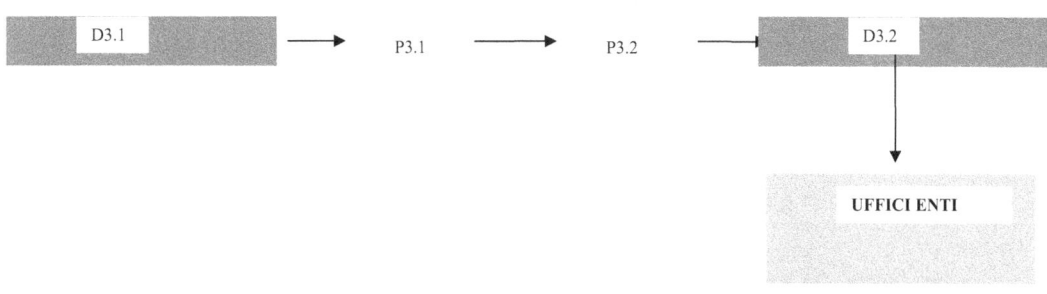

Fig 5 Esplosione del Processo P3 che si occupa dell'Assegnazione del numero di protocollo per tipologie di documento.
Conclusioni
Lo schema di analisi di tale sistema informativo finisce con l'aver analizzato i dati e le funzioni di un tale sistema producendo dei documenti di analisi (Diagrammi DFD, Mini specifiche, Diagrammi E-R, Dizionario dati etc.), adesso la fase successiva sarà quella del progettista che costruirà un'architettura (*hardware* e *software*) per le operazioni di protocollo, di archiviazione e di fruizione dei documenti digitali che vengono trattati da una pubblica amministrazione

Il candidato ipotizzi di svolgere il ruolo di analista dell'informatizzazione di un applicazione Web per l'ufficio tirocini che si occupa dei tirocini che gli studenti di un Ateneo universitario effettuano nel loro iter di studi. Si presentino ed illustrino i documenti redatti in tale veste utilizzando la notazione UML ed inoltre il candidato presenti uno schema dell'applicazione Web.

Introduzione

Lo scopo del presente elaborato è quello di fornire una descrizione tecnica, di alto livello, delle funzionalità e delle tecnologie utilizzate nello sviluppo dell'Applicazione *Web* per la banca dati dei Tirocini degli studenti di un Ateneo.

Il *Web* negli ultimi anni non è solo utilizzato come medium per l'accesso alle informazioni ma come strumento per l'erogazione di servizi anche complessi, proprio in quest'ottica si può inserire un'applicazione che gestisca i Tirocini degli studenti universitari, in pratica come applicazione Web fruibile dalla rete Internet.

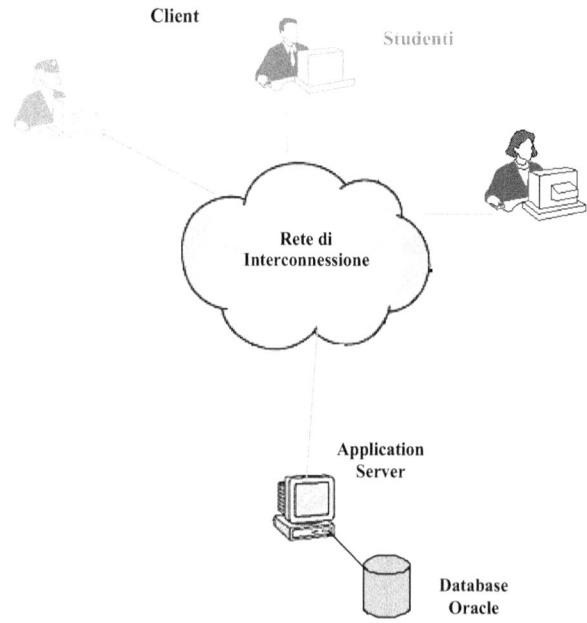

Fig. 1 Schema architettura a tre livelli per l'applicazione Web

remo un'architettura a tre livelli (*three thier*) per l'implementazione dell'applicazione *Web* dei Tirocini Studenti che chiameremo con l'acronimo di WATS (**Tirocinio Studenti**).

- **Java Server Pages** per la parte di applicazioni di pagine *Web* dinamiche (*Front-End*).
- **Apache Tomcat** per *l'application Server*, che si occupa del funzionamento vero e proprio dell'applicazione (*Business-Logic*).
- **Oracle DB** per la parte di gestione dei dati (*Back-End*).

Analisi del Problema
La rappresentazione del sistema può essere fatta mediante UML[105], un linguaggio per la modellazione degli oggetti, che si avvale di diversi diagrammi, tra cui vedremo il diagramma dei casi d'uso, il diagramma di attività, il diagramma di sequenza, che si pongono a un livello elevato di analisi funzionale.
L'applicazione di cui faremo l'analisi, può essere utilizzata in primis, dall'ufficio preposto per i Tirocini di un Ateneo, che gestisce le competenze amministrative del tirocinio, poi dai referenti delle presidenze, e dei corsi di laurea che si occupano di predisporre i tirocini per le Facoltà e per i singoli corsi di laurea di un Ateneo e di assegnare i tirocini agli studenti, infine dagli stessi studenti che inseriscono la domanda di assegnazione del tirocinio.
Useremo, nel corso dell'analisi dei requisiti dell'applicazione *Web* una metodologia orientata all'utente finale del sistema, UCD *User Centered Design*[106], quindi una progettazione che:
- **Coinvolga gli utenti dall'inizio.**
- **Approfondisca la conoscenza degli utenti.**
- **Analizzi i compiti e gli obiettivi dell'utenza**.

L'applicazione può prevedere due classi di utenza:
1. Utenza Esterna che, senza autenticazione, accede ad un'area libera che consente di accedere alla banca dati dei tirocini mediante la consultazione di pagine Web dinamiche ed effettuare determinate funzionalità.
2. Utenza Interna che, previa autenticazione, accede ad un'area riservata che offre determinate funzionalità che via via vedremo per gli utenti già menzionati sopra.

Nel nostro sistema avremo degli attori principali (*end entity*), in questo caso individui, raggruppati in quattro tipologie distinte da colori diversi blu e rosso rispettivamente se esterni o interni:
1. Utenti generici dell'applicazione **(Utenza Esterna)**
2. Utenti Ufficio Tirocini **(Utenza Interna)**
3. Utenti uffici delle Presidenze delle Facoltà. **(Utenza Interna)**
4. Studenti disponibili al tirocinio **(Utenza Interna)**

I quali, accedendo da qualsiasi postazione *client*, abilitata alla rete Internet, potranno utilizzare l'applicazione.

Requisiti Utente per Utenza Generica (Esterna)
Vediamo una parte dei diagrammi dei casi d'uso che esprimono, in modo dettagliato, il comportamento del sistema in relazione agli input di un utente generico esterno, in questo caso d'uso avremo un unico attore che è appunto **l'utente esterno** che accede all'applicazione della banca dati dei tirocini senza alcuna procedura di autenticazione (Vedi figura 2).
Le funzionalità che si prevedono a disposizione degli utenti generici, che abbiamo classificato come **Utenza Esterna,** sulla base dati dei tirocini sono (Vedi figura 3):
- Consultazione delle informazioni generali sui Tirocini.
- Visualizzazione delle aziende convenzionate.
- Ricerca di un'azienda convenzionata.
- Possibilità di effettuare il *download* della modulistica e delle normative inerenti alle attività di Tirocinio.

---

[105] **Unified Modeling Language** linguaggio universale per modellare gli oggetti, utilizzato per le fasi di analisi delle applicazioni *Object Oriented*.
[106] Progettazione di applicazioni Web o siti Web focalizzata sulle esigenze dell'utente.

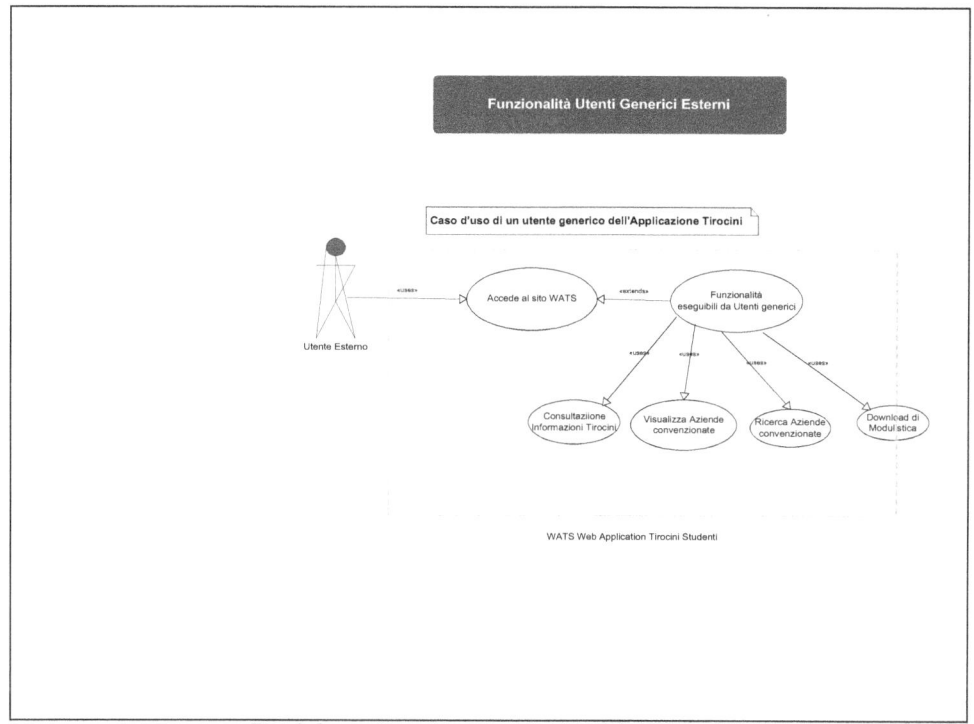

Fig. 2 Caso d'uso utente generico (1° Livello)

Raffinando il caso d'uso rappresentato in figura 2, per una più facile comprensibilità e lettura dei requisiti di un Utente esterno dell'applicazione, otterremo il caso d'uso rappresentato in figura 3.

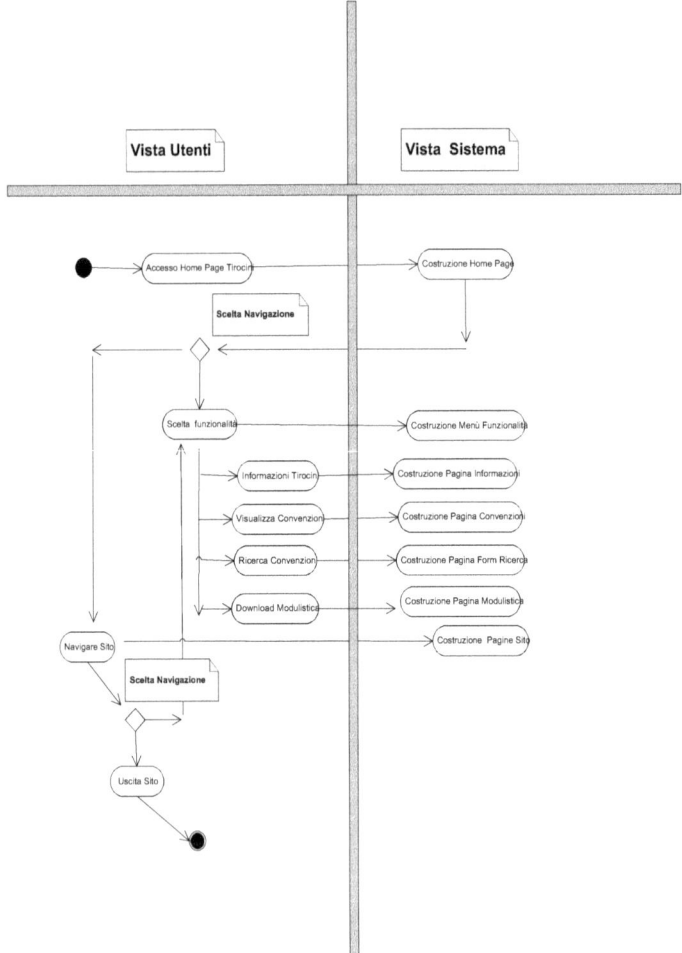

Fig.4 Diagramma delle attività per il caso d'uso di un utente generico dell'Applicazione Tirocini.

Questo diagramma di attività associato al caso d'uso ci mostra i comportamenti dinamici del caso d'uso di un utente generico dell'Applicazione Tirocini.
In questo diagramma abbiamo distinto le attività del caso d'uso in due punti di vista:
1. **Vista Utente**
2. **Vista Sistema**

Diagramma di Sequenza
L'utente navigando in rete si collega all'URL[107] dell'applicazione, il sistema risponde visualizzando la *Home Page* dell'applicazione, con tutte le funzionalità attivabili per la classe degli utenti esterni.

---

[107] **Uniform Resource Locator** è una sequenza di caratteri che identifica in maniera univoca l'indirizzo di una risorsa Internet.

Abbiamo previsto quattro funzionalità, per questa tipologia di utenti, come si evince dal diagramma di attività di figura 4.
Nel caso che l'utente sceglie la funzione di **Ricerca Azienda/Ente Convenzionata,** a questo punto il sistema mostra una pagina con una *form* di ricerca, dove è possibile inserire dei criteri di ricerca (ad esempio Ragione sociale, Sede, Provincia), e una volta inseriti, uno o più criteri di ricerca si lancia la ricerca, il sistema risponde mostrando il successo o l'eventuale insuccesso della ricerca (ciò come scenario alternativo al caso d'uso). Nello scenario base di ricerca con successo si possono salvare su file o stampare le informazioni ottenute.

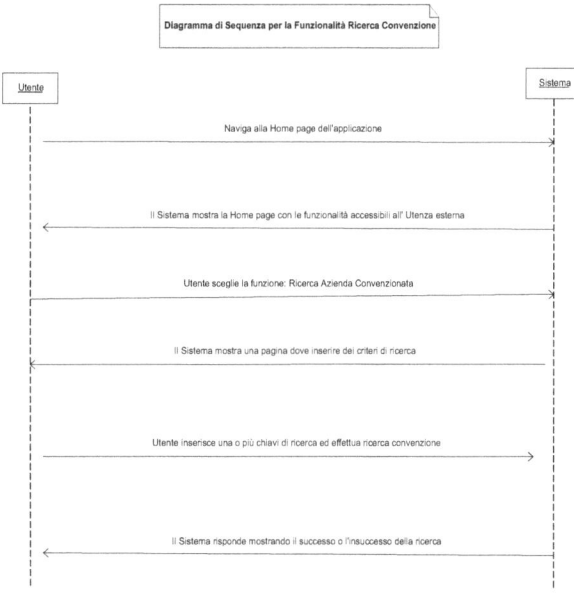

Fig.5 Diagramma di sequenza 1 Questo diagramma è per il caso d'uso di un utente generico dell'Applicazione Tirocini, nel caso che l'Utente sceglie la funzione di **Ricerca Azienda/Ente convenzionato**.

Utenza Riservata (Interna all'Ateneo)

Introduzione
Vedremo i diagrammi dei casi d'uso che esprimono, in modo dettagliato, il comportamento del sistema in relazione agli input di un utente classificato come interno, in questo caso d'uso avremo un unico attore primario che è appunto **l'utente interno** (vedi fig. 6) che possiamo distinguere in 3 tipologie differenti.
L'utenza sarà dotata di Account (**Login, Password**), e previa autenticazione, accede a un'area riservata che offre determinate funzionalità per operare sulla banca dati dei Tirocini.

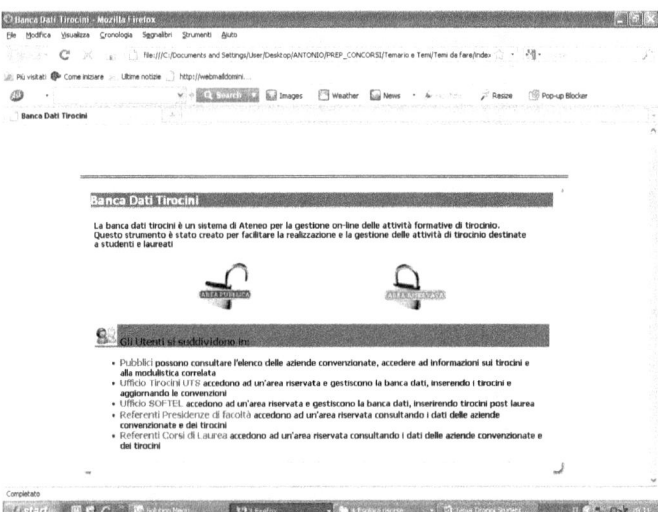

Fig.6 Form di ingresso all'applicazione

Si ricorda che l'utenza interna è composta da:
- **Utenti ufficio Tirocini.**
- **Utenti uffici delle Presidenze delle Facoltà.**
- **Studenti disponibili al tirocinio.**

Per queste tipologie di utenti interni si prevede una differente profilatura, in pratica profili diversi, perché le funzionalità di ogni tipologia di utenti, e di conseguenza le operazioni che possono effettuare sulla banca dati dei Tirocini, sono differenti tra un profilo utente ed un altro.
Per mantenere un'omogeneità di architettura con gli altri applicativi orientati ai servizi allo studente e alla didattica, nella fase di *sign on,* l'*account* scelto per autenticarsi alla Banca dati è composto in questa maniera:
- *Username* della e-mail istituzionale
- *Password* della e-mail istituzionale

Ci serviremo di un protocollo LDAP (*Lightweight Directory Access Protocol*) per la gestione di un sistema unificato delle *password* dell'applicazione, questo protocollo ci consente di interrogare una directory contenente informazioni sull'utente (nome, *login, password* etc.).

Casi D'uso
Vediamo il diagramma dei caso d'uso che esprime, in modo dettagliato, il comportamento del sistema in relazione agli input di un utente classificato come interno.
Nel diagramma del caso d'uso più dettagliato (vedi fig.10) vediamo coinvolto anche un attore secondario, che abbiamo chiamato **Enti Esterni** (MIUR, Ispettorato del Lavoro), a cui vengono inviate le statistiche prodotte dall'Ufficio Tirocini, ricordiamo che gli attori secondari svolgono un

ruolo subordinato fornendo/traendo informazioni al/dal sistema come nel nostro caso specifico che ricevono informazioni dalla banca dati Tirocini, le elaborazioni Statistiche .

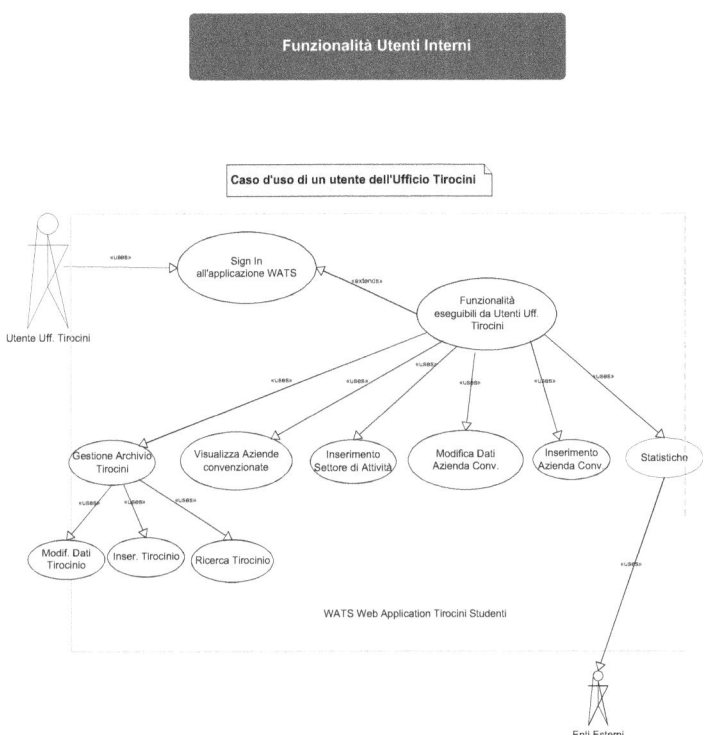

Fig. 7 Caso d'uso di un utente classificato come interno (Utente Uff. Tirocini) che accede alla banca dati dei Tirocini (2° Livello).

Diagramma di Attività
Questo diagramma di attività associato al caso d'uso ci mostra i comportamenti dinamici del caso d'uso di un utente classificato come interno **(Utente Uff. Tirocini)** dell'Applicazione Banca Dati Tirocini anche in questo diagramma abbiamo distinto le attività del caso d'uso in due punti di vista:
1. Vista Utente
2. Vista Sistema

Come si evince dl diagramma precedente abbiamo previsto sulla base delle esigenze degli Utenti sei funzionalità, di cui una macrofunzione **Gestione Archivio Tirocini** (colorata in blu perché è un link ad un altro diagramma) che raggruppa un insieme di funzionalità tutte inerenti alla gestione dei Tirocini.
L'utente scegliendo la funzione di **Gestione Archivio Tirocini,** accede a una pagina con un Menù da cui può scegliere tre funzioni:
- Ricerca di un Tirocinio
- Modifica dati Tirocinio
- Inserimento nuovo Tirocinio

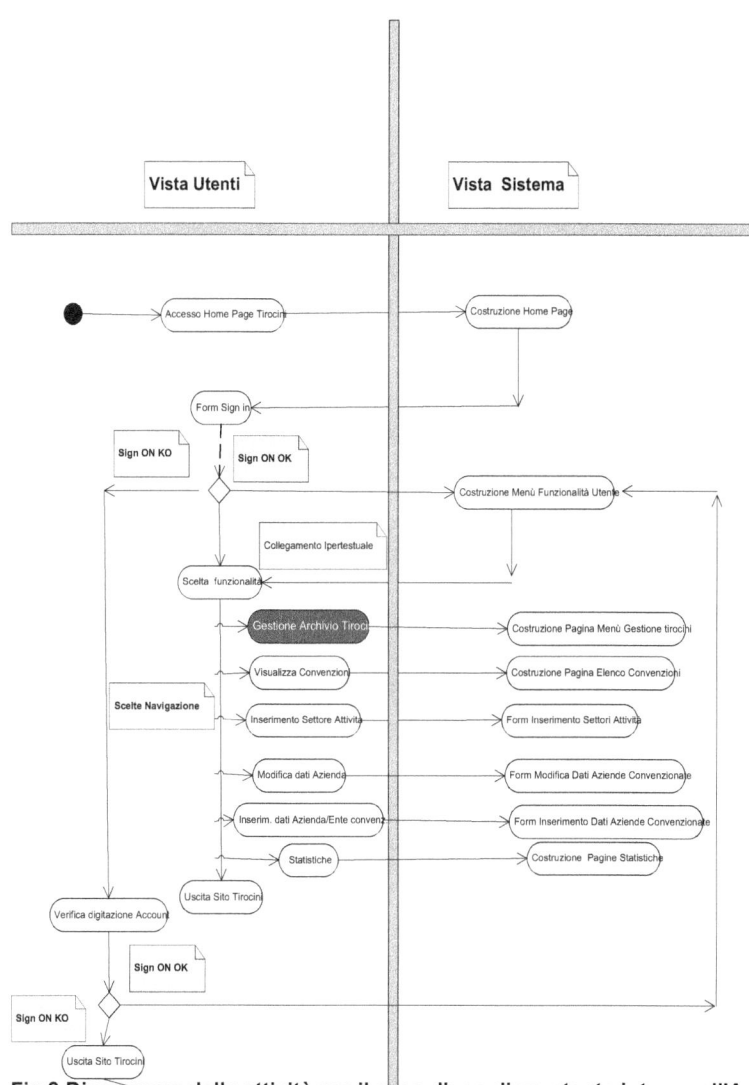

Fig.8 Diagramma delle attività per il caso d'uso di un utente interno all'Applicazione Tirocini (Utente Uff. Tirocini).

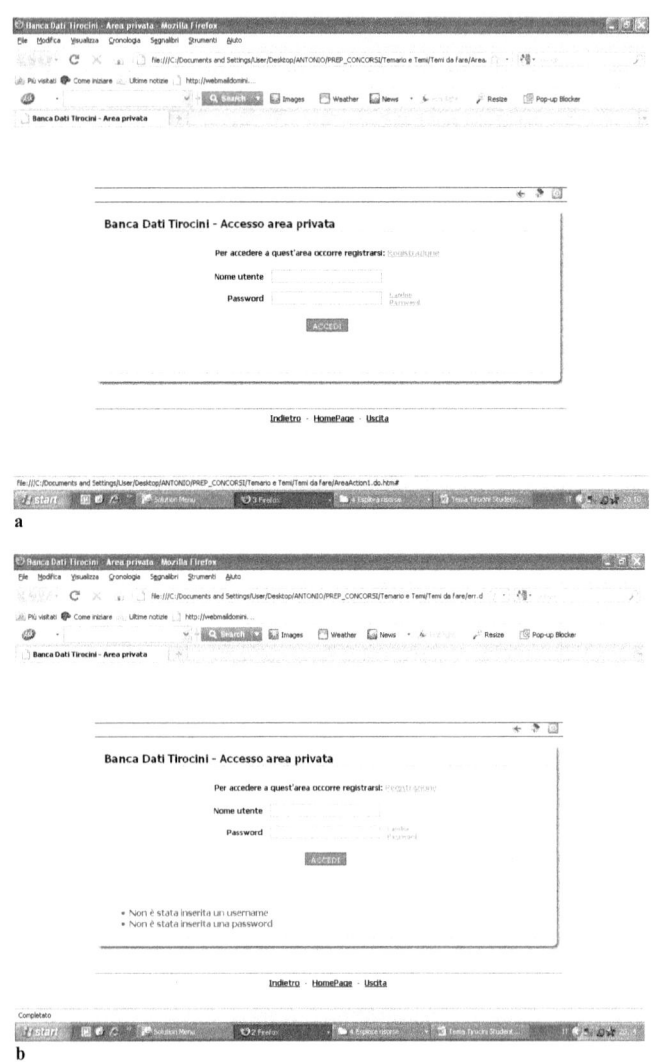

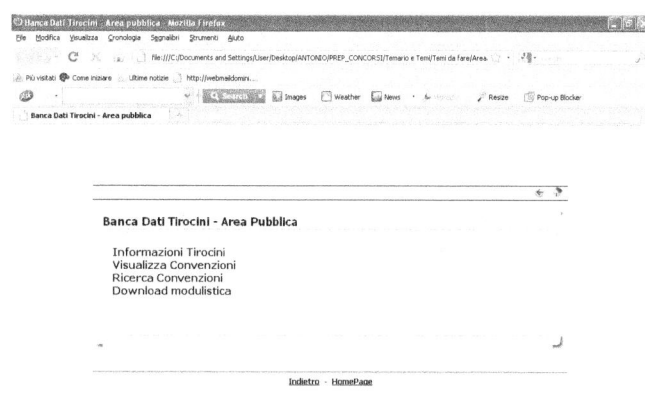

c

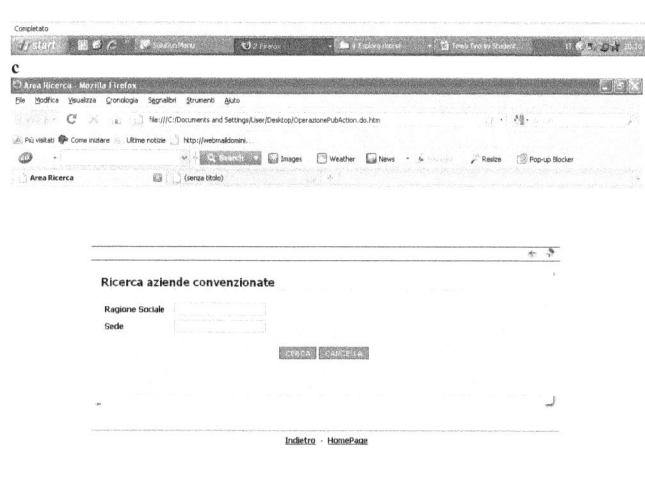

d

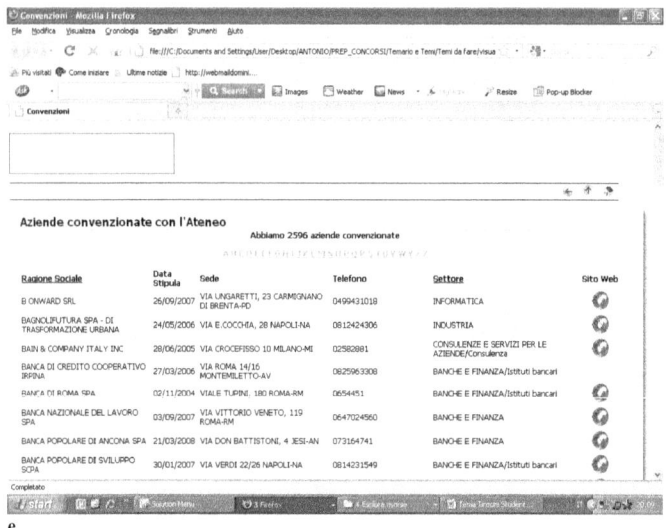

Fig. 9 a,b,c,d,e Print Screen relative alle Form dell'applicazione

ESAME DI STATO DI ISTITUTO TECNICO INDUSTRIALE Sessione 2003

Indirizzo: INFORMATICA

Tema di: INFORMATICA GENERALE E APPLICAZIONI TECNICO-SCIENTIFICHE

ANALISI E SCHEMA CONCETTUALE

La prima entità da considerare è quella che si riferisce alla **specie di piante**. Quindi l'occorrenza di questa entità corrisponde a una pianta con specifiche caratteristiche omogenee a tutti gli individui. Le proprietà di quest'entità sono informazioni di carattere generale, non collegate all'azienda, ma riferite solo alla specie che descrivono. Si vogliono memorizzare, oltre alle informazioni generali sulle diverse specie di piante, anche quelle relative alle specifiche piante presenti nel nostro vivaio. Naturalmente, non tutte le specie esistenti sono effettivamente vendute dal nostro vivaio. E' necessario quindi aggiungere informazioni relative alla realtà aziendale in esame. Se questi dati fossero riferiti effettivamente a ogni singola specie, si potrebbe pensare di realizzare un IS-A[108] inserendo una relazione 1:1 oppure campi facoltativi. Purtroppo le specifiche richiedono che le piante di una stessa specie siano classificate per prezzo di vendita. Il rispetto di questa specifica fa nascere una relazione 1:N tra l'entità **specie** (informazioni generali sulle piante) e l'entità **piante** (il magazzino del vivaio). Una pianta del vivaio è quindi identificata non solo dalla sua specie ma anche dalla sua classe di prezzo. La successiva entità da analizzare è l'anagrafe degli impiegati. Questa entità si presenta come una struttura "IS-A" perchè gli agronomi hanno un dato aggiuntivo rispetto al resto del personale. L'entità **personale** (nella sola parte agronomi) è collegata con una relazione 1:N all'entità piante per definire la responsabilità. Si potrebbe più semplicemente collegare a "specie" (sempre con una relazione 1:N) prevedendo il collegamento incompleto (per le specie non presenti nel vivaio) ma si violerebbe l'ipotesi che l'entità **specie** non sia in alcun modo collegato all'azienda. Per gestire le attività esterne si devono prevedere due entità (**attività** e **clienti**). L'entità **attività** è un'anagrafe che contiene tutti i tipi di attività svolte con le relative proprietà; l'entità **clienti** è un'anagrafe dei clienti che contiene tutti i clienti già registrati con le proprietà essenziali. L'anagrafe **attività** è collegata con una relazione **N:M** all'anagrafe del **personale** per definire le competenze. Le due entità **attività** e **clienti** sono legate tra loro da una relazione N:M che è la registrazione di tutte le effettive attività richieste dai clienti e svolte dal personale. Non è possibile collegare direttamente il personale con i clienti mediante una relazione N:M di attività perché in questo modo viene a mancare un'anagrafe delle attività che quindi possono essere proposte ai clienti solo dopo che un cliente le ha effettivamente richieste creando un circolo vizioso.

---

[108] Una relazione **IS-A** è una relazione di sottinsieme o una gerarchia di specializzazione, tramite questa relazione si stabilisce una parentela tra due entità (genitore-figlio).

Diagramma E-R

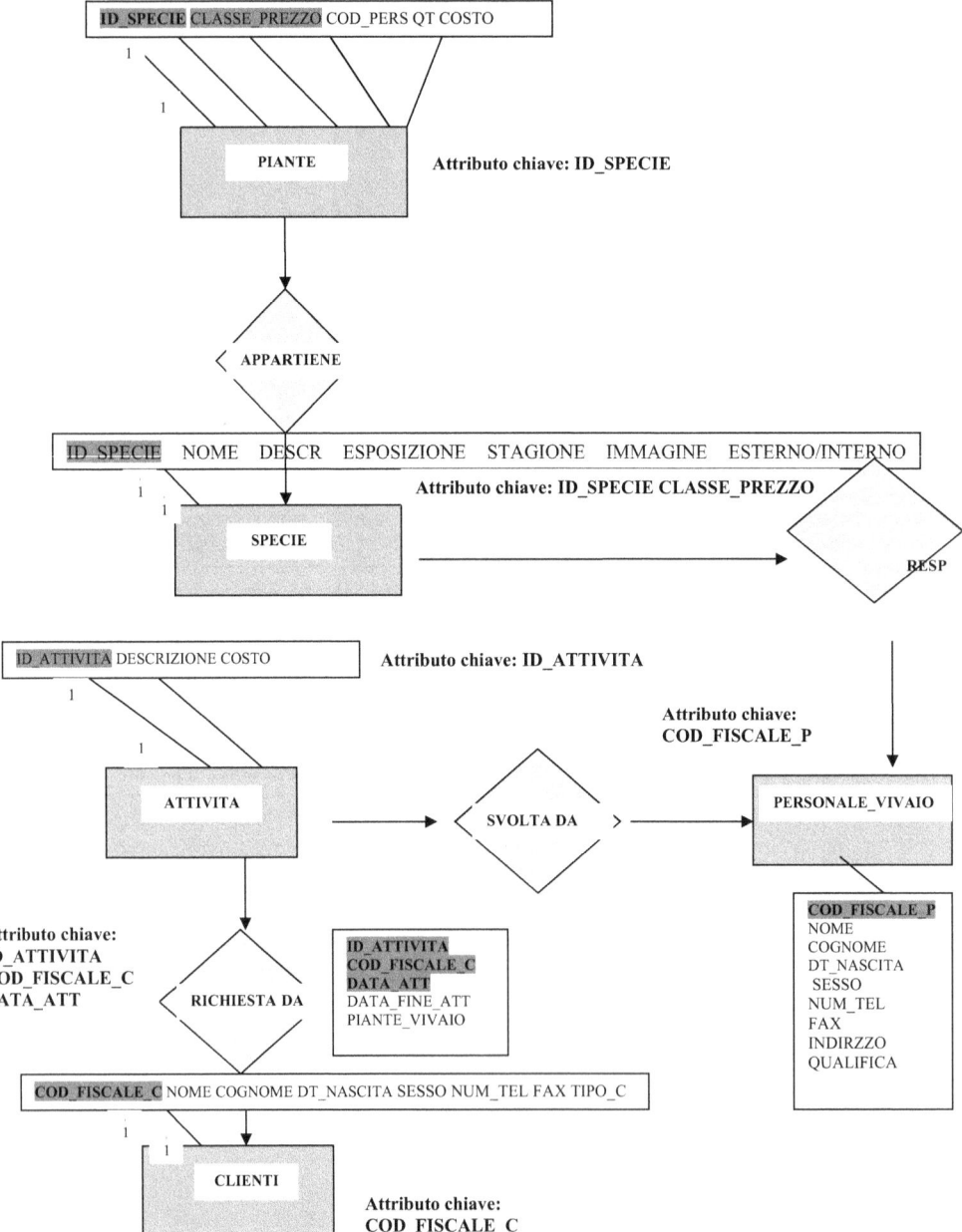

Fig.1 Parti del Modello E-R dell'applicazione (i campi evidenziati in rosso sono gli attributi chiavi candidate).

IPOTESI AGGIUNTIVE

Progettazione logica del database relazionale che sottintende una simile applicazione:

Entità "SPECIE" diventa la **Tabella SPECIE**: La chiave primaria[109] è creata in modo artificiale ad autoincremento (*Sequence*) per semplificare il collegamento 1:N con "piante" **ma potrebbe essere utilizzata anche la scelta del nome come chiave primaria non essendoci problemi di omonimia, ma questa seconda ipotesi ci sentiamo di sconsigliarla.** L'immagine un file esterno individuato dal suo percorso nel *file system* ma si può anche usare un BLOB[110] (oppure OLE in ambiente Microsoft). E' stato aggiunto il campo **stagione** non inserito nelle specifiche iniziali per realizzare l'interrogazione 2; in alternativa l'interrogazione 2 può essere realizzata con una ricerca con l'operatore SQL di LIKE nel campo "informazioni" supponendo che l'informazione di fioritura sia sempre presente. I campi **esposizione**, **interno/esterno** e **stagione** sono realizzati con il tipo SET in alternativa potevano anche essere ENUM, INT oppure CHAR[111]. Se la responsabilità dell'agronomo è inserita in questa **entità** deve essere facoltativa.

Entità "PIANTE" diventa la **Tabella PIANTE**: La chiave primaria è costituita dalla combinazione tra la chiave esterna dell'entità **SPECIE** e la classe di prezzo. La classe di prezzo è realizzata con un tipo SET ('unico', 'piccolo', 'medio', 'grande'). Si può anche usare un INT come chiave esterna di una *look-up table*, ma non può essere un prezzo perché una margherita piccola ha in ogni caso un prezzo diverso da una sequoia piccola. La responsabilità dell'agronomo è inserita in questa entità e deve essere un campo obbligatorio ad esempio il campo **cod_pers** che è il codice univoco con cui nella **Tabella PERSONALE** individuiamo l'agronomo responsabile di quella pianta, inoltre abbiamo il campo **qt** numerico che mi restituisce la quantità di pianta di quel tipo.

Entità "PERSONALE": La chiave primaria è creata in modo artificiale autoincrementale (o *Sequence*) per evitare i problemi generati dalle omonimie **oppure può essere utilizzato il Codice fiscale che distingue univocamente una persona fisica**. La relazione "IS-A" degli agronomi è realizzato con un campo facoltativo. Un vincolo di integrità deve impedire che siano associate piante ai dipendenti non agronomi.

Entità "ATTIVITA": La chiave primaria è creata in modo artificiale autoincrementale (o *Sequence*) **che sarà il codice di attività**. Sono previsti solo un set di proprietà (attributi) strettamente necessarie, ad esempio possiamo prevedere sicuramente un attributo descrizione dell'**entità** ATTIVITA' ed un attributo **costo** dell'attività.

Entità "CLIENTI": La chiave primaria è creata in modo artificiale autoincrementale (*Sequence*) **che sarà il nostro codice Cliente, in alternativa può essere utilizzato il Codice fiscale che distingue univocamente una persona fisica**. Sono previsti solo un set di attributi strettamente necessari all'elaborato, ad esempio il **nominativo** del cliente, **telefono, fax**, e la **tipologia** di cliente di tipo SET (flag 'privato' o 'azienda').

Relazione "RICHIESTA_DA": La relazione contiene oltre alle chiavi esportate le proprietà necessarie per definire un'attività effettivamente prenotata ed eventualmente svolta. Il riconoscimento se l'attività è stata svolta oppure no, è realizzato con l'introduzione di un campo facoltativo "data effettuazione" (se il campo è NULL l'intervento non è ancora effettuato). Una possibile alternativa è la creazione di un campo booleano di effettuazione che ha il vantaggio di consentire di "programmare" la data di intervento (cioè scriverla in banca dati prima che

---

[109] Per definizione è una delle Chiavi Candidate scelta come primaria, perché più rappresentativa e perché è il sottoinsieme minimale delle Chiavi Candidate.
[110] **Binary Large Objects** letteralmente oggetti binari grandi come dimensione. Un campo **BLOB** in un Database serve quindi per immagazzinare dati Binari generici o specifici come (MP3, PDF, PNG, P7M, etc.).
Quasi tutti i Database usati attualmente supportano i **BLOBs**, da Oracle a SQL Server fino a Microsoft Access e anche il database *Open-source* MySQL.
[111] Tipi di dato del Database **MySQL**.

l'intervento sia effettuato). La necessità di piante del vivaio è realizzata con un campo **piante** di tipo SET, (un *flag* 'si', 'no') e non con un collegamento all'entità PIANTE perché le specifiche non richiedono di individuare quali piante sono necessarie. Inoltre le specifiche non richiedono nè individuare quale dipendente ha effettivamente eseguito l'intervento nè la durata dell'intervento da cui ricavare il costo quindi queste relazioni e proprietà seppure molto importanti non sono state realizzate.

QUERY

1. dato il nome di una pianta, riportare quanti esemplari di quella pianta sono presenti nel vivaio. La presenza di più occorrenze della stessa pianta nell'**entità** "**PIANTE**" (classi di prezzo) rende non banale l'interrogazione. E' necessario, infatti, sommare i campi quantità di tutti i record che hanno lo stesso **id_specie**. Si noti che le parole chiave in linguaggio SQL sono evidenziate in blu.

SELECT SUM(t1.qt) FROM PIANTE AS t1, SPECIE AS t2

WHERE
t1.id_specie= t2.id_specie
AND
t1.nome='v_nome'   --(dato che viene inserito dall'utente del sito Web che richiede l'informazione)--

2. dato il nome di una stagione, visualizzare il nome delle piante che fioriscono in quella stagione. L'inserimento della proprietà "stagione" nell'entità "specie" rende particolarmente semplice la query.

SELECT A.nome
FROM SPECIE AS A
WHERE
 A.stagione='v_stagione' --(dato che viene inserito dall'utente del sito Web che richiede l'informazione)--

3. dato il nome di un intervento esterno, tra quelli previsti dal vivaio, riportare il nome e il telefono dei soggetti che hanno richiesto quell'intervento nel corso di un determinato anno solare.

SELECT
 t1. nome,t1. cognome, t1.telef
FROM
 clienti AS t1,
 attivita AS t2,
 richiesta_da AS t3
WHERE
 t1. cod_fiscale_c=t3. cod_fiscale_c
AND
 t2.id_attivita=t3.id_attivita
AND
 t3.data_att>='v_anno-01-01' AND t3.data_att<='v_anno-12-31'--(dato che viene inserito dall'utente del sito Web che richiede l'informazione)--
AND t2.descrizione='v_descr' --(dato che viene inserito dall'utente del sito Web che richiede l'informazione)--

4. dato il nome di un agronomo, riportare quanti esemplari di piante sono sotto la sua responsabilità. La specifica è aperta a varie interpretazioni. In quest'ipotesi il termine "esemplari" è interpretato come singoli pezzi e quindi sono sommate le quantità, ma si potrebbe anche interpretare come conteggio delle specie.

SELECT SUM(t1.qt)
FROM
 piante AS a,
 personale AS c
WHERE
a.cod_pers=c.cod_fiscale_p
AND
c.nome='v_nome' AND c.cognome='v_cognome' --(dato che viene inserito dall'utente del sito Web che richiede l'informazione)--

5. visualizzare nome, descrizione e quantità di esemplari presenti nel vivaio, della pianta più economica da interno. La ricerca è effettuata utilizzando gli operatori ORDER BY e LIMIT 1; in alternativa si potrebbe usare la funzione MIN.

SELECT
 t2.nome, t2.descr, t1.costo, t1.qt
FROM
 piante AS t1,
 specie AS t2
WHERE t1.id_specie=t2.id_specieAND t2.intext='interno'
ORDER BY t1.costo ASC
LIMIT 1

6. riportare nome degli interventi richiesti non ancora evasi con il nome e il telefono del richiedente.

SELECT t2.descriz,t1. nome,t1. cognome,t1.telefono
FROM
 clienti AS t1,
 attivita AS t2,
 richiesta_da AS t3
WHERE
 t1.cod_fiscale_c=t3. cod_fiscale_c AND t2.id_attivita=t3.id_attivita
 AND t3.data_fine_att IS NULL

DESCRIZIONE DELLA PIATTAFORMA OPERATIVA

Architettura
Lo scopo del presente paragrafo è quello di fornire una descrizione tecnica, di alto livello, delle funzionalità e delle tecnologie utilizzate nello sviluppo dell'Applicazione *Web* per le attività di vendita di piante e di servizi di un vivaio.
Il *Web* negli ultimi anni non è solo utilizzato come medium per l'accesso alle informazioni ma come strumento per l'erogazione di servizi anche complessi, proprio in quest'ottica, inseriamo il nuovo sistema informativo che gestisce le attività di un vivaio.

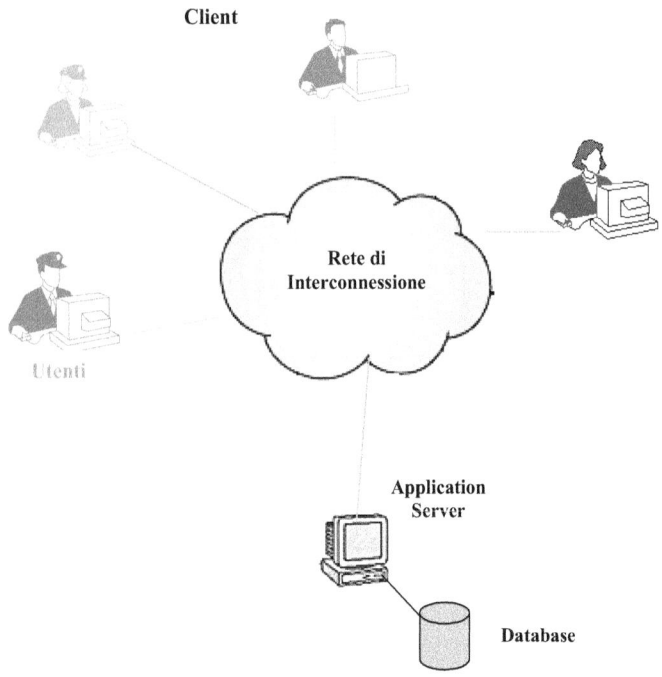

Fig. 2 Schema architettura a tre livelli
Utilizzeremo un'architettura *Client/Server* a tre livelli (*three thier*) per l'implementazione dell'applicazione *Web*, in pratica utilizzeremo:

- **PHP Pages** per la parte di applicazioni di pagine *Web* dinamiche (*Front-End*).
- **Apache Tomcat** per *l'Application Server*, che si occupa del funzionamento vero e proprio dell'applicazione (*Business-Logic*).
- **MySql DB** per la parte di gestione dei dati (*Back-End*).

Funzionamento

Per prima cosa comunichiamo qualche notizia sul linguaggio che utilizzeremo per la costruzione delle pagine *Web* dinamiche in linguaggio PHP. Esso è un linguaggio di programmazione che convive normalmente dentro l'HTML ed è un mezzo pratico per realizzare velocemente pagine HTML dinamiche, attualmente e' il più versatile e completo linguaggio di programmazione *server-side* disponibile sul mercato. Il linguaggio PHP è eseguito dal *server* durante l'erogazione della pagina.
L'uscita di PHP è codice HTML per il *browser*, tutto ciò che è compatibile con HTML sul *client* è compatibile con il linguaggio PHP, inoltre esso e' orientato ai database: possiede al suo interno tutte le funzionalità per gestire le informazioni estrapolate dai database.
Grazie all'integrazione di PHP con il *server* di DB MySQL è possibile inviare *query*[112] alle basi di dati in modo estremamente semplice.
Con la creazione di prodotti *open-source* come PHPNuke, l'utilizzo di PHP per creare portali *Web* ha avuto un notevole incremento. Il principio di funzionamento si basa sull'impiego di protocolli di

---

[112] Interrogazione ad un database, di solito è posta mediante un linguaggio di interrogazioni, il più utilizzato e' il linguaggio **SQL** *(Structured Query Language)*.

comunicazione standard. Si parte da un normale *Browser* (*Internet Explorer, Netscape, Opera, FireFox* questi sono i principali utilizzati sul *Web*) in esecuzione su un *personal computer* che è il *Client*[113] della nostra applicazione. Inserendo l'indirizzo di una pagina *Web*, (URL), il *browser* chiede la pagina al *Server*[114] specificato (**RICHIESTA HTTP**). Sul *Server* sarà in esecuzione un *Web Server* (Apache Tomcat, IIS etc.) che è un'applicazione che riceve le richieste dal *Client* o dai *Client* e le processa. Se la richiesta si riferisce ad una pagina statica (un documento in formato html), il *Web Server* lo preleva dalla cartella specificata (**RICERCA DOCUMENTO**) e lo inoltra al *Client* o ai *Client* (**RISPOSTA HTTP**) allegando eventuali *files,* non solo testuali, specificati nelle *tag* html (immagini, *applet,* suoni, *javascript* etc.). E' compito del *Client* trasformare le *tag* contenute nel documento in presentazioni nella finestra del *browser* (**PRESENTAZIONE**) eventualmente elaborando le eventuali *tag* di *script Client-side,* JAVASCRIPT[115].

Se invece la pagina richiesta è dinamica (il *Web server* riconosce il tipo di pagina dall'estensione, nel nostro caso "PHP, ma esistono anche molte altre estensioni riconosciute come ASP[116], JSP[117] etc.) il *Web server* inoltra la pagina (**DOCUMENTO DINAMICO**) ad un altro programma contemporaneamente in esecuzione sul *Server*. Questo programma, genericamente chiamato "*script interpreter*", (nel nostro caso per il PHP ma esiste anche per le pagine ASP, JSP, etc.) legge e interpreta le *tag* contenute nel documento, manda in uscita, indietro (**OUTPUT HTML**) verso il *Web Server,* inalterate tutte le *tag* html, mentre esegue le istruzioni contenute all'interno delle *tag* di script che lo riguardano. Tutto ciò che sta dentro queste *tag* viene interpretato come un programma dall'*interpreter* che esegue sequenzialmente le istruzioni che incontra. A questo punto il *Web Server* inoltra la pagina elaborata al *Client* che la presenta nella finestra del *browser* (**PRESENTAZIONE**). Eventuali *tag* di JAVASCRIPT (*script Client-side*) passano inalterate in questo processo perché devono essere elaborate dal *Client*. Il motivo principale per cui ha senso usare il *Web* dinamico è la necessità di estrarre dati "dinamici" (in pratica variabili nel tempo) da una banca dati. Una banca dati è un insieme di archivi organizzati sotto forma di tabelle e gestiti da un programma di interrogazione ad esempio SQL[118]. Per poter accedere ai dati di una banca dati deve essere in esecuzione sul *Server*, il Database per la gestione dei dati (nel caso della nostra applicazione mySql). Lo *script* interpretato dallo *script interpreter* può contenere l'invocazione di funzioni che chiedono dati a SQL *Server* (**FUNZIONI DI DATABASE**). Queste funzioni mandano una richiesta al programma SQL *Server* le *query*; SQL *Server* risponde estraendo i dati richiesti dalla banca dati residente nel *file system* secondo i criteri specificati nella *query* e rendendo disponibile l'accesso ad una tabella generata dinamicamente che contiene il risultato della richiesta (**TABELLA DINAMICA**). Questa tabella è vista dallo *script* come un file sequenziale in cui ogni *record* è costituito da un'*array* di stringhe; quindi lo *script* scorrendo la tabella può estrarre le informazioni richieste (**ESTRAZIONE RECORD**) e formattarle per l'output verso il *Web server* (**OUTPUT HTML**).

---

[113] Dispositivo o applicazione, che richiede risorse o servizi offerti da un *Server*.
[114] Qualsiasi computer che rende disponibili risorse (file, stampe, comunicazioni e altri servizi) agli utenti di una rete.
[115] **Javascript**, è un linguaggio *client side* o lato *client* le cui istruzioni vengono eseguite dal *browser*. Esso è un linguaggio di *scripting*: questo significa che la sintassi **JavaScript** può essere scritta direttamente dentro la pagina HTML.
[116] Tecnologia *Server side,* introdotta da Microsoft, che permette la realizzazione di pagine Web in modo dinamico.
[117] **Java Server Pages** è una tecnologia, che consente di creare pagine HTML dinamiche, lato *Server*.
[118] Linguaggio per la creazione, l'aggiornamento, l'interrogazione e il controllo di sistemi di gestione di basi dati relazionali.

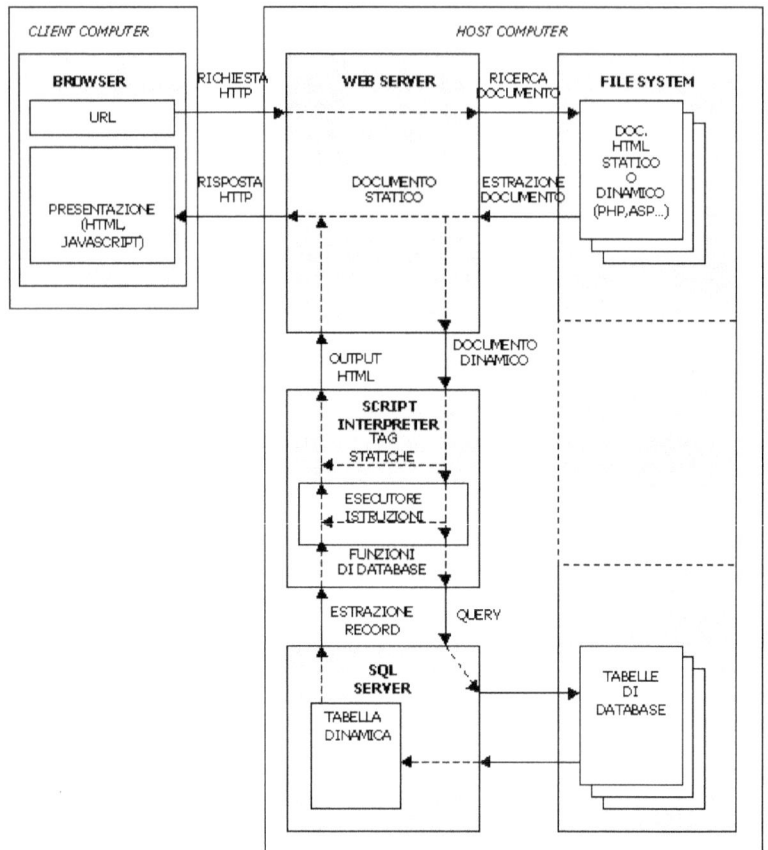

Schema fisico dell'applicazione Client/Server

L'ambiente operativo come si vede dalla descrizione in primis, è costituito da tre componenti lato Server (oltre al Client che, però è un browser standard).- Web server- Script interpreter- Sql server. Nell'ipotesi di operare su una piattaforma "Open source" (Software sviluppato in progetti aperti di cui sono gratuitamente disponibili sia gli eseguibili che i programmi sorgente) i tre componenti possono essere rispettivamente:- Apache Tomcat- Php- Mysql. Tutti questi componenti operano sia sulla piattaforma Linux[119] che sulla piattaforma Win32[120].

1. **Si vuole realizzare un sito Internet che presenti al pubblico il vivaio illustrandone i prodotti e i servizi coinvolti.** Il sito Internet dell'azienda deve essere una sorta di vetrina per il pubblico per presentare i prodotti e i servizi offerti dall'azienda. C'è richiesto di utilizzare tecniche di Web dinamico, a causa della dinamicità dei dati richiesti dagli utenti del sito. Mostreremo nella figura successiva il grafo dei collegamenti ipertestuali e lo sviluppo delle pagine di presentazione

---

[119] Diventato il più diffuso e famoso tra i sistemi Unix, ha due caratteristiche fondamentali: funziona su qualsiasi Personal Computer ed è gratuito e modificabile da community di utenti (software open source). Una sua più ampia diffusione è stata ostacolata da una maggior difficoltà di installazione, configurazione ed utilizzo, ma attualmente ha un'interfaccia di tipo GUI.
[120] La famiglia di Sistemi operativi di Windows, con il set tradizionale di istruzioni a 32 bit.

dei prodotti e dei servizi per il nostro sito *Web*. Si noti che i nodi del grafo sono le diverse pagine *Web*, mentre i *link* sono i collegamenti tra le pagine dell'ipertesto.

Supponiamo che il nostro sito si chiami **www.piantesempreverdi.net**

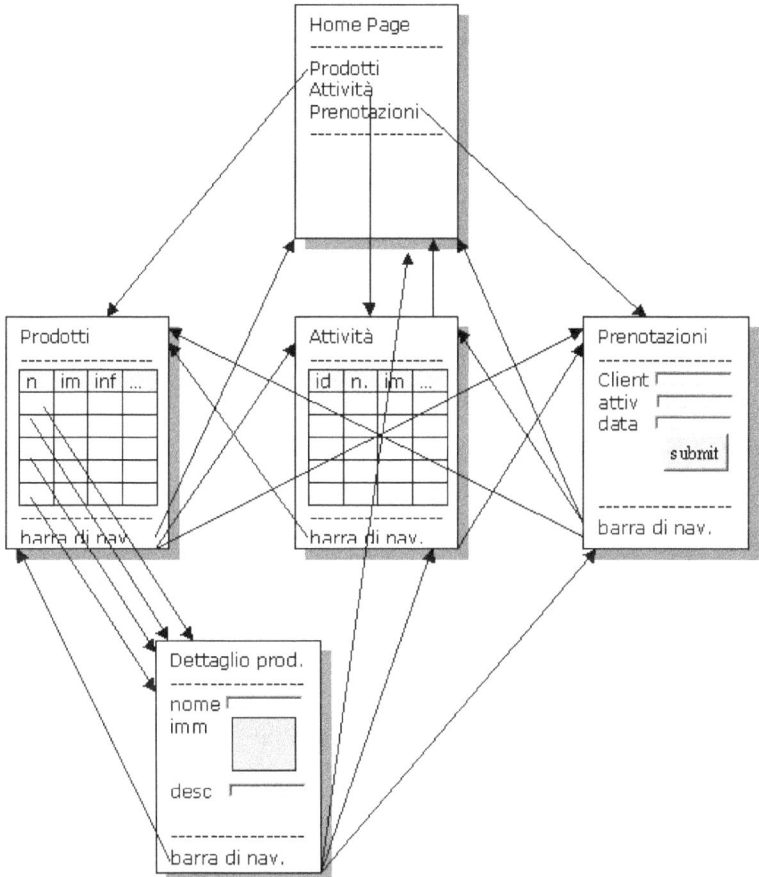

Fig. 3 Mappa Ipertestuale del sito Web www.piantesempreverdi.net

Home Page La *home page* non è una pagina attiva, quindi è mostrata solo la presentazione, con i menù che si possono attivare.

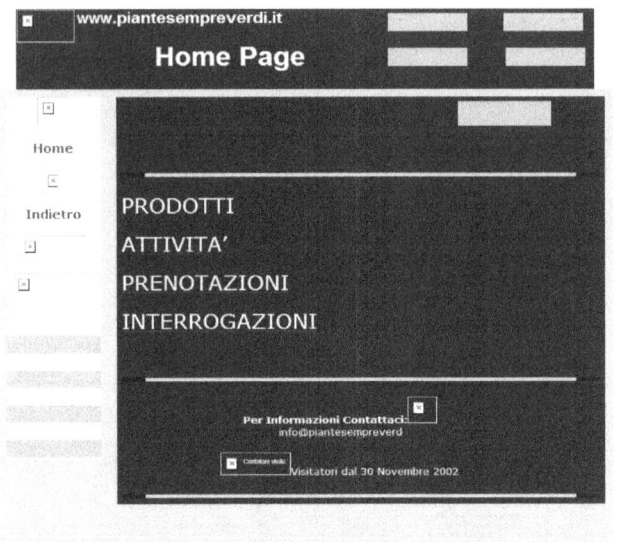

Fig. 4 Menù principale dell'applicazione.

Pagina di presentazione dei prodotti: La pagina di presentazione dei prodotti mostra le informazioni principali dei prodotti effettivamente presenti nel vivaio. E' una pagina attiva che si connette alla banca dati *Mysql* ed esegue la *query* che vediamo in basso presentando i dati sotto forma di griglia. Le voci della tabella sono collegamenti attivi alla pagina di dettaglio di ogni singola pianta, pagina che vedremo in seguito.

La *Query* che parte effettuando la selezione della pagina di prodotti la vediamo sotto:

```
SELECT
  t1.id_specie,
  t1.nome,
  t2.tipo,
  t1.immagine,
  t1.esposizione,
  t1.est_int,
  t1.stagione,
  t2.qt,
  t2.costo
FROM
  specie AS t1,
  piante AS t2
WHERE
  t1.id_specie=t2.id_specie
```

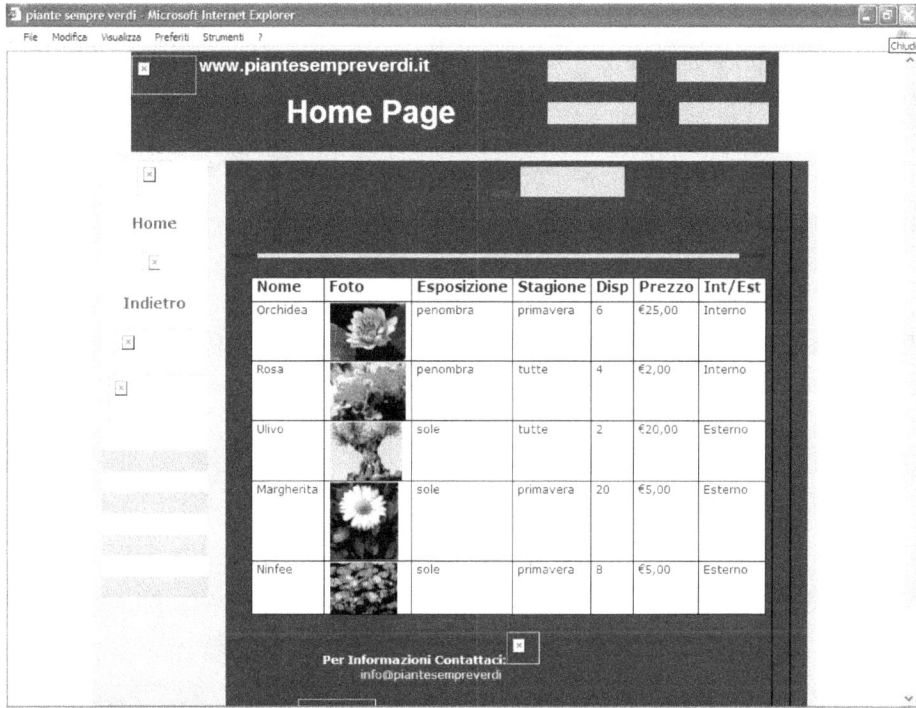

Fig. 5 Pagina di presentazione dei prodotti.

Pagina di dettaglio di un prodotto: La pagina di dettaglio di un prodotto mostra tutte le informazioni di singolo prodotto selezionato dalla pagina di presentazione. E' una pagina attiva che si connette alla banca dati *Mysql* eseguendo la *query* che vediamo in basso nella pagina e presentando i dati sotto forma di tabella.

Parametri di ingresso:

id_specie = codice della specie di pianta

classe_prezzo = classe di prezzo della pianta

Query:

SELECT t1.id_specie,t1.nome,t2.tipo,t1.foto,t1.descr,t1.info,t1.esposizione,t1.est-int,t1.stagione,t2.qt,t2.costo,
t3.nome,t3.cognome
FROM
specie AS t1,
piante AS t2,
personale AS t3
 WHERE
        t1.id_specie=t2.id_specie

```
AND
       t2.cod_pers=t3.cod_fiscale_p
AND
       t1.id_specie=$idspec
AND
       t2.classe_prezzo='$classe'
```

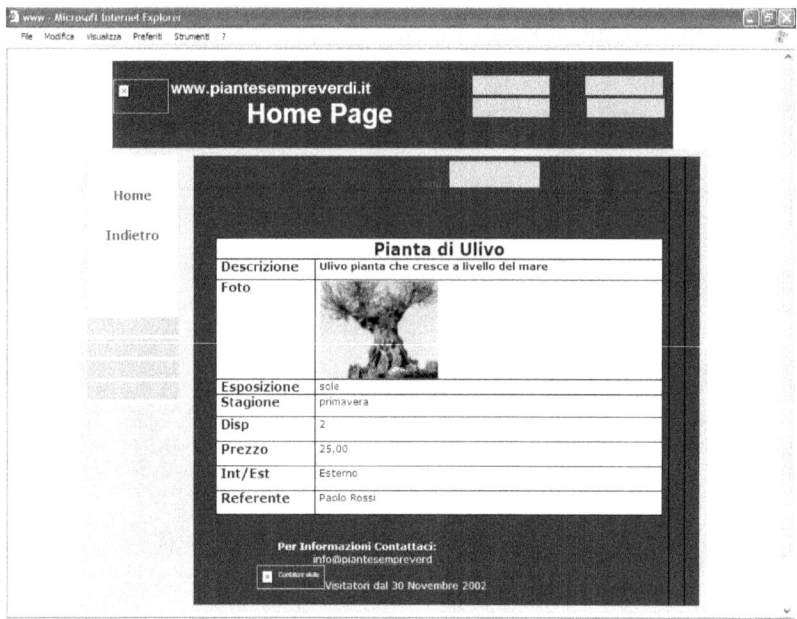

Fig. 6 Pagina di dettaglio di un prodotto.

Pagina di presentazione delle attività: La pagina di presentazione dei prodotti mostra le informazioni principali delle attività disponibili. E' una pagina attiva che si connette alla banca dati esegue la *query* e presenta i dati sotto forma di tabella. Le voci della tabella sono collegamenti attivi alla pagina di dettaglio.

Query:

```
SELECT
       t1.descriz,t1.costo
FROM
       attivita AS t1
```

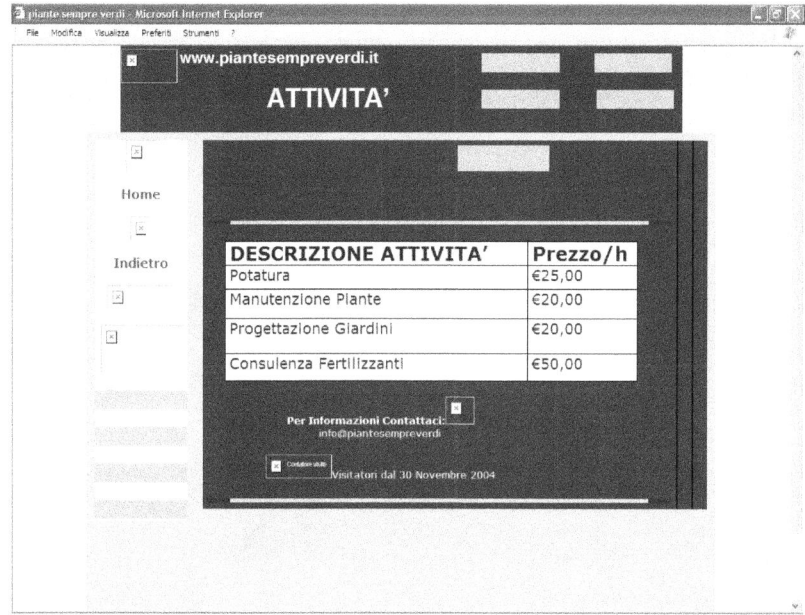

Fig. 7 Pagina di descrizione delle attività.

Pagina di prenotazione: Se si vuole consentire la gestione delle attività esterne del vivaio attraverso una prenotazione on-line da parte dei clienti, una soluzione completa per questa pagina attiva è particolarmente complessa perché, diversamente dai casi precedenti, in questo caso, la comunicazione è bidirezionale. Una soluzione semplice presuppone che le prenotazioni possano essere fatte solo dai clienti già registrati e che la registrazione dei clienti sia fatta con la *form* mostrata nella figura 8.

In questo caso la pagina di prenotazione delle attività presenterà solo due caselle a discesa, per selezionare il cliente da una lista e l'attività da una seconda lista, la data di prenotazione sarà automaticamente impostata con l'orario di sistema. La pagina è sviluppata sotto forma di un automa a stati finiti. Esso conterrà una *form* che lancia la pagina stessa con lo stato cambiato. Nello stato "**S**" (*Select*) la pagina mostrerà i risultati di una *SELECT* sulle tabelle **CLIENTI** e **ATTIVITA**, in pratica seleziona il cliente che è già presente nel database, e l'attività' anch'essa presente dal database; poi si avrà un cambiamento allo stato "**I**" (*INSERT*) la pagina inserisce un nuovo record nella tabella **RICHIESTA_DA** collegato ai record delle altre due tabelle **CLIENTI** e **ATTIVITA**.

Fig. 8 Pagina di Registrazione Clienti

E-learning collaborativo: Un'applicazione per la formazione del personale in ambito aziendale.

E-learning
Si sente sempre più spesso ripetere che il moderno mercato del lavoro ha bisogno di formazione continua e di flessibilità. Appare ormai tramontato il tempo in cui un titolo di studio dava, all'inizio della carriera, le competenze necessarie allo svolgimento del proprio lavoro per tutta la durata della vita lavorativa. Oggi è possibile, e spesso necessario, cambiare più volte lavoro, oppure, all'interno della stessa azienda, riqualificarsi più volte; ciò è possibile solo tramite corsi di formazione che permettano al lavoratore di rinnovare le proprie conoscenze e abilità in modo rapido, continuo e flessibile. La mancanza di figure professionali dotate del *know how* richiesto dal mercato, il cosiddetto "*skill shortage*", è un problema che interessa sia le piccole e medie imprese, sia le grandi aziende e sia gli enti pubblici. Per combattere questo fenomeno le aziende, e in modo particolare quelle operanti nel settore dell'ICT, ricorrono sempre più spesso a corsi di formazione che si basano su soluzioni di **e-learning**. Inoltre, agendo sulla componente formativa si fornisce un valido e reale aiuto alla riduzione dello *skill shortage*. Ciò che occorre non è solo la formazione: l'impegno formativo dovrebbe essere accompagnato nel tempo da una certa sensibilizzazione culturale e da corsi di aggiornamento continuo, in modo da riuscire a stare dietro alla rincorsa tecnologica, che vede sistemi e competenze divenire obsoleti dopo pochi mesi.
Gli strumenti per la collaborazione e la formazione a distanza facilitano la diffusione delle informazioni e velocizzano lo scambio di idee, senza generare perdite di tempo e costi per lo spostamento delle persone che sono l'elemento cardine intorno al quale ruota la potenzialità di un'azienda. Il vantaggio nell'operatività quotidiana è elevato, considerato il moltiplicarsi di riunioni e meeting e l'elevata frequenza di interazioni con dipendenti, partner, clienti, fornitori.
Le società che utilizzano i sistemi e-learning (*Learning Management System*), effettuano con successo il *roll-out* di applicazioni o di nuovi prodotti mostrando a tutti i collaboratori ed ai partners dell'azienda le nuove funzionalità di una applicazione utilizzando il **Web**, trasferendo, in questo modo, le conoscenze tecniche in tutte le sedi della società distribuite sul territorio Nazionale ed Internazionale senza dover far spostare i collaboratori dalle sedi periferiche a quella centrale.
Le telecomunicazioni, integrate con le tecnologie informatiche e Internet di seconda generazione, con le peculiarità del **Web 2.0**, forum di discussione, blog, chat, spazi di informazioni condivisi, collaborazione tra gli utenti-discenti, docenti, ed i tutor, in quanto gli utenti delle applicazioni sono soggetti **collaborativi** e **partecipativi** perché non solo **condividono** le informazioni sul Web ma possono generare dei nuovi contenuti, consentendo di utilizzare soluzioni evolute di apprendimento a distanza, particolarmente innovative e molto diverse dalle soluzioni di insegnamento/apprendimento di tipo tradizionale. Spesso, si identifica l'e-learning con qualsiasi tipologia di formazione erogata tramite tecnologia informatica (di qualsiasi tipo: CD-ROM, Internet, ...), comunemente conosciuta come **FAD**, Formazione a Distanza. In realtà la componente Internet e/o Web e la presenza di una tecnologia specifica, definita in tempi recenti (piattaforma tecnologica, o LMS) distingue l'e-learning da altre versioni di formazione a distanza come i **Computer Based Training** (CBT). Si parla, quindi, di e-learning di terza generazione, laddove il Web è diventata una **piattaforma globale**, dove condividere ed elaborare applicazioni, servizi e dati.
Nell'e-learning prendono parte al processo formativo una serie di figure professionali e soprattutto di servizi ed applicazioni che sono la spina dorsale della metodologia didattica: il docente, il tutor, la comunità di utenti, i servizi di forum, di chat, di condivisione dei materiali didattici che permettono un reale e fattivo processo di apprendimento.
L'e-learning può inserirsi in processi formativi definiti "misti" (o ***blended learning***) in cui la componente ***Web/Internet*** si affianca alla formazione di stampo tradizionale (interventi in aula, supporto telefonico, workshop, seminari, etc.), in generale possiamo avere:
—**Momenti di auto-formazione** (in modalità **asincrona**), utilizzando materiali appositamente progettati per tale tipo di fruizione, eventualmente con l'assistenza di tutor specializzati (disponibili in remoto). Tale fase può essere svolta direttamente dalla postazione di lavoro o in aule attrezzate

con PC multimediali, questo tipo di formazione è già collaudata perché e' in uso da più di vent'anni in ambito aziendale, privato e pubblico.
—**Momenti di formazione in aula virtuale** (in modalità **sincrona**) con l'utilizzo di tecnologie che, attraverso la rete Internet/Intranet ed ai servizi Web, consentono agli utenti e al docente di condividere lo stesso momento temporale in spazi fisici diversi. La progettazione di soluzioni per la formazione a distanza include quindi la giusta integrazione di momenti di auto-formazione (seguiti dal tutor e sostenuti da un sistema di monitoraggio e di erogazione di contenuti), momenti di collaborazione tra docente e discente, momenti di formazione diretta attraverso attività di aula tradizionale e/o virtuale. Realizzare, infatti, una formazione mista, che alterni apprendimento a distanza anche con formazione di tipo tradizionale, può essere un modo per motivare e coinvolgere gli utenti target e per introdurre la tecnologia con un impatto controllato.

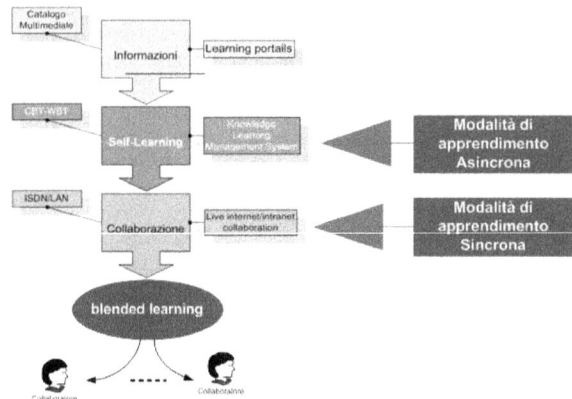

Fig. 1 Schema di un processo formativo misto

Il successo dell'approccio utilizzato, denominato "**blended learning**", mix di auto-apprendimento, aula virtuale, formazione tradizionale, non è comunque automatico, diviene essenziale predisporre attività mirate per la creazione dei percorsi più adeguati tenendo presente i seguenti aspetti:
- le competenze già possedute da ogni utente finale;
- lo stile di apprendimento di ciascun utente;
- la disponibilità di mezzi tecnologici e la propensione al loro utilizzo;
- il tempo a disposizione, in relazione agli obiettivi operativi;
- i costi, in relazione ai budget di struttura.

Per evidenziare gli aspetti positivi relativi alle piattaforme e-learning di seguito descriveremo tutte le componenti che servono per la realizzazione di un progetto realizzato per una società che ha sedi distribuite su tutto il territorio nazionale. L'obiettivo è la creazione di una struttura di servizio attraverso cui fornire ai collaboratori della società servizi formativi in modalità e-learning.

Gli elementi fondamentali presi in esame per la progettazione di un Sistema di e-learning collaborativo sono:
- In primis, personalizzare la piattaforma **Learning Management System** (Open Source **Moodle 1.9.4**) secondo le caratteristiche grafiche del cliente (logo, font, template, modelli, etc).
- Creare "n" corsi secondo gli standard **AICC - SCORM** e, gli stessi sono stati pubblicati su tale piattaforma.

Le attività della gestione dei servizi formativi in modalità e-learning sono elencate di seguito:
Creazione del catalogo corsi;
Registrazione al sito dell'utente;
Creazione profilo utente nel Sistema;
Erogazione del corso;
Supporto all'utente.

1 Creazione catalogo corsi
In questa pubblicazione ci riferiamo a un progetto pilota di e-learning collaborativo rivolto al personale della pubblica amministrazione (INAIL), con un bacino di utenza di circa 1000 persone per far acquisire le competenze digitale di base (Corsi della suite ECDL[121]) al personale amministrativo dell'Ente.
Quindi, sono stati proposti i seguenti corsi di tipo *Web Based Training* inseriti all'interno del catalogo disponibile sulla piattaforma di e-learning:
   Corso Ms Word
   Corso MS Excel
   ....

Ogni corso è stato arricchito dalla presenza di un **Avatar**[122] di sembianze umane che ha la funzione di spiegare agli utenti le finalità e gli obiettivi del corso, ciò è stato fatto per creare un tipo di relazione uomo-macchina più naturale e innovativa. Inoltre l'avatar con le sue fattezze umane e il suo tono di voce è diventato una guida familiare agli utenti lungo tutto il percorso formativo. Nella creazione dell'avatar è stato utilizzato un *tool* grafico con la componente **text to speech** in cui il testo digitato viene trasformato in un flusso audio, perfettamente sincronizzato con il labiale dell'avatar.

2 Registrazione al sito dell'utente
Gli utenti cui sono destinati i corsi di tipo *Web Based Training* sono stati opportunamente registrati sulla piattaforma di *e-learning* e, sono stati forniti i parametri di accesso l'URL (indirizzo Web) di accesso alla Homepage della piattaforma di *e-learning* da cui, previa autenticazione, potranno fruire dei corsi a loro assegnati.

3 Creazione profilo utente nel Sistema
Gli utenti dei corsi di tipo *Web Based Training* sono stati opportunamente profilati sulla piattaforma di e-learning come utenti abilitati alla fruizione dei corsi, mentre i docenti ed i tutor hanno delle profilature polifunzionali.

4 Erogazione dei corsi

Gli utenti, registrati e profilati, visualizzano l'elenco delle sessioni di formazione ai quali sono stati abilitati alla fruizione. I corsi sono erogati nel rispetto di un piano di formazione in cui sono indicati i tempi previsti per il completamento delle attività didattiche. Cosa importante è che ogni corso è correlato da *strumenti di collaborazione collettiva,* infatti, a ogni corso, o sessione di formazione, sono associate applicazioni quali:
- **Forum** di discussione tra discenti, docenti e tutor del corso,
- **Chat** singolo utente o multiple, con cui scambiare informazioni tra gli attori della formazione.
- **Spazi condivisi** su cui è possibile reperire materiali didattici disponibili agli studenti (documenti di tipo doc o di tipo pdf che sono di approfondimento alla formazione).
- **Bacheche virtuali** dove pubblicare *news*, ed informazioni, in generale, sulla formazione.

Inoltre, sulla piattaforma e-learning il docente del corso può organizzare delle sessioni multimediali di aula virtuale laddove tutti gli iscritti al corso possono collegarsi all'orario e alla data prefissata da una postazione connessa alla rete Internet. Ogni partecipante, attraverso l'accesso alla piattaforma di aula virtuale, mediante cuffie con microfono ed eventualmente Webcam (per mostrarsi agli altri

---

[121] **European Computer Driving License** Certificazione di base per utilizzatori di applicazioni di office automation e di Internet
[122] In generale con tale termine si indica la rappresentazione in forma sintetica di un personaggio, mentre nella sua accezione informatica, entrata nel linguaggio corrente, si intende una particolare struttura utilizzata nel ramo della Computer Grafica composta prevalentemente da un modello tridimensionale deformabile, raffigurante una forma umana, in grado di compiere animazioni molto complesse mediante un apposito meccanismo chiamato *rigging*.
Oggi gli Avatar sono sempre più utilizzati nell'ambito dell'intrattenimento e del turismo virtuale e sempre più spesso vengono adoperati come tutori virtuali in grado di assistere, offrire informazioni e suggerimenti all'utilizzatore del sistema. Inoltre gli Avatar sono visti come *alter ego* virtuali da utilizzare nel cyberspazio, oggi tale pratica è comunemente usata in molte *internet community*.

partecipanti) potrà realmente colloquiare, ascoltando gli altri e visionando l'eventuale materiale che il tutor renderà disponibile in tempo reale (magari facendo anche delle simulazioni, presentazioni o esercitazioni con relative correzioni in diretta o demo applicative).

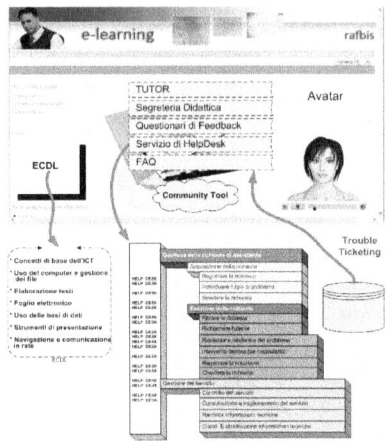

Fig. 2 Pagina dell'applicazione con lo schema dei servizi rivolti all'utente

5 Supporto all'utente.

Gli utenti, nella fase di erogazione dei corsi, saranno supportati dai seguenti servizi:

--Segreteria Didattica on-line

Il servizio gestisce aspetti legati ai corsi e alla loro schedulazione. In particolare, la segreteria didattica svolge le seguenti attività:
- Creazione delle login di accesso
- Schedulazione delle sessioni dei corsi
- Iscrizione degli utenti alle sessioni
- Comunicazione via e-mail agli utenti dell'avvenuta iscrizione
- Invio delle istruzioni per l'accesso per un corretto accesso alla piattaforma e una corretta fruizione della formazione
- Invio dei report riguardanti le attività di fruizione dei corsi
- Preparazione attestati di partecipazione

--Help desk on-line

Il servizio di help-desk on-line si occupa della risoluzione di problemi tecnici legati all'utilizzo della piattaforma tecnologica. Tutte le richieste di aiuto sono accolte da un operatore che registra la chiamata, associando un numero di ticket alla stessa in un sistema di **trouble ticketing** a nome dell'utente chiamante e le chiude, se è in grado di fornire la soluzione oppure assegna le richieste ad operatori specialistici, che diventeranno a tutti gli effetti i proprietari (*owner*) della chiamata e quindi si faranno carico di completare i dati identificativi del problema, e gestire fino alla chiusura, avvenuta soluzione, le richieste di aiuto.

Inoltre, il sistema offre una reportistica così distribuita:
- Numero di Ticket evasi per ogni Cliente;
- Dettagli dei report aperti per ogni cliente;
- Dettagli dei report chiusi per ogni cliente;
- Dettagli dei tempi impiegati per la risoluzione di ogni ticket entro la soglia selezionata;

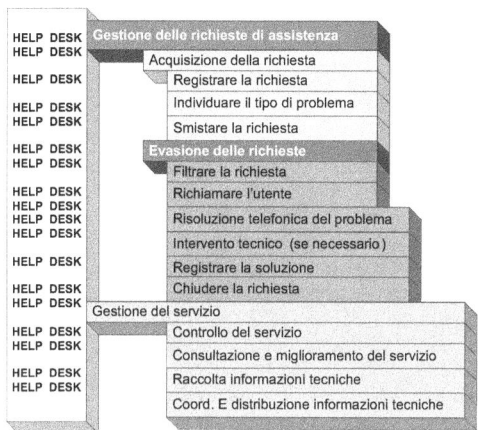

Fig. 3 Funzionalità dell'Help Desk

Dal sistema di **trouble ticketing** sono state acquisite tutte le richieste di supporto ricevute e delle rispettive risoluzioni fornite dal servizio di Help Desk on-line e, le stesse sono state trasformate in un *repository* di FAQ (Frequently Asked Questions) relative a ogni corso e pubblicate sul sistema per tutti gli utenti

--Tutoring on line

L'utente ha a disposizione come servizio a supporto dell'apprendimento il Tutoring asincrono. L'attività di tutoring asincrono consentirà agli utenti di ricevere assistenza didattica durante la fase di erogazione dei contenuti dei corsi e di monitorare l'avanzamento quantitativo e qualitativo della fruizione in autoapprendimento. I tutor saranno raggiungibili attraverso i servizi di posta elettronica.

Conclusioni
Appare quindi chiaro che le aziende o gli enti pubblici che ambiscono a un aggiornamento continuo del proprio personale, di tutte le varie qualifiche, trovino nelle applicazioni di **e-learning collaborativo** una valida alternativa per la riduzione dei costi, per l'aumento di efficienza, per l'introduzione di nuove soluzioni ad elevato impatto tecnologico. Tali applicazioni possiedono tutti gli ingredienti basilari su cui poggia il **Web 2.0**[123], dove non vi è solamente **software**, ma molto di più **servizi** e dove per gli utenti dell'**e-learning collaborativo** si presuppongono anche aspetti **sociologici,** perché in una tale applicazione sono portati a misurarsi e a confrontarsi all'interno di una **community** (docenti, tutor, altri utenti, personale di supporto all'applicazione e all'utenza).
Dalle esperienze fatte nell'ambito e-learning collaborativo sottolineiamo che la componente umana (Tutor, Docenti, Supporto Utente) è fondamentale al fine di ottenere risultati soddisfacenti in questi ambiti formativi.

---

[123] Cosi viene chiamata la seconda generazione del Web, nata solamente quattro o cinque anni fa e attualmente nel pieno della sua maturità.

Descrizione di un modello di Customer Satisfaction On line per la valutazione dei servizi della Pubblica Amministrazione, in particolare del servizio di Posta elettronica Certificata

Il modello Customer Satisfaction, che per brevità d'ora in poi chiameremo C.S., è uno strumento di rilevazione della soddisfazione degli utenti funzionale alle esigenze specifiche delle amministrazioni pubbliche e della aziende private.
L'applicazione presentata si riferisce a un servizio di P.A.
L'assunto di base è che i risultati derivanti dallo svolgimento di un'indagine di C. S. devono essere letti e utilizzati a fini del miglioramento della qualità dei servizi di una P.A.. Ciò è possibile mettendo in relazione gli elementi del servizio con le diverse fasi del processo di erogazione. Il modello di rilevazione C. S. on line è in grado di misurare la qualità complessiva dei servizi erogati attraverso un portale o un servizio Web.
In merito alla soddisfazione dell'utente, il lavoro intrapreso, serve a stabilire l'andamento di un determinato servizio in un prefissato arco temporale e permette di orientare la progettazione di sistemi di erogazione di servizi pubblici sui bisogni effettivi degli utenti. Ciò è utile a capire se, il servizio preso in considerazione, deve essere migliorato, o è pienamente soddisfacente per l'utente finale, o in ultima analisi eliminato.
Ci sono varie fasi per progettare e creare un modello di C. S. fruito via Web, relativo ad uno o a più servizi di una PA e sono:
- individuazione del servizio da monitorare;
- individuazione dei bisogni degli utenti;
- definizione degli indicatori specifici;
- progettazione del questionario e preparazione della rilevazione;
- piano di campionamento;
- analisi dei dati;
- pianificazione del miglioramento

In questo esempio, vedremo, come servizio Web da monitorare, il servizio di Posta Elettronica Certificata[124], per capire se il servizio messo a disposizione dell'utente è di suo gradimento, oppure non lo è.
Viene somministrato un questionario on line mediante un'applicazione Web, con domande specifiche e/o generali per il servizio UNINAPEC.
Queste domande sono soprattutto di tipo qualitativo (come i giudizi di soddisfazione, o giudizi di importanza previste in un range da 1 a 6 livelli).
Partiremo con un'analisi uni-variata dei dati raccolti, in pratica osserveremo la distribuzione dei caratteri presi singolarmente.
L'utenza del servizio di PEC sarà, a regime, composta di;
- Personale afferente all'Amministrazione,
- Ospiti esterni del servizio PEC.

Si è pensato in una prima fase in esercizio dell'applicazione di far compilare in maniera volontaria il questionario on line, introducendo un link sulla Home Page del servizio di PEC, ed esortando gli utenti a partecipare alla rilevazione per misurare il grado di soddisfazione degli utenti rispetto alla qualità dei servizi offerti, contribuendo, in maniera fondamentale, a valutare e a rendere migliore la qualità del servizio offerto.

Descrizione dell'architettura

Il *Web* negli ultimi anni non è solo utilizzato come medium per l'accesso alle informazioni ma come strumento per l'erogazione di servizi anche complessi, proprio in quest'ottica inseriamo l'applicazione PEC C. S., per la compilazione di un questionario online per misurare la qualità del servizio erogato, in pratica come applicazione Web fruibile dalla rete Internet.

---

[124] **PEC** Canale di comunicazione semplice diretto e sicuro istaurato tra i cittadini e gli uffici della P.A.

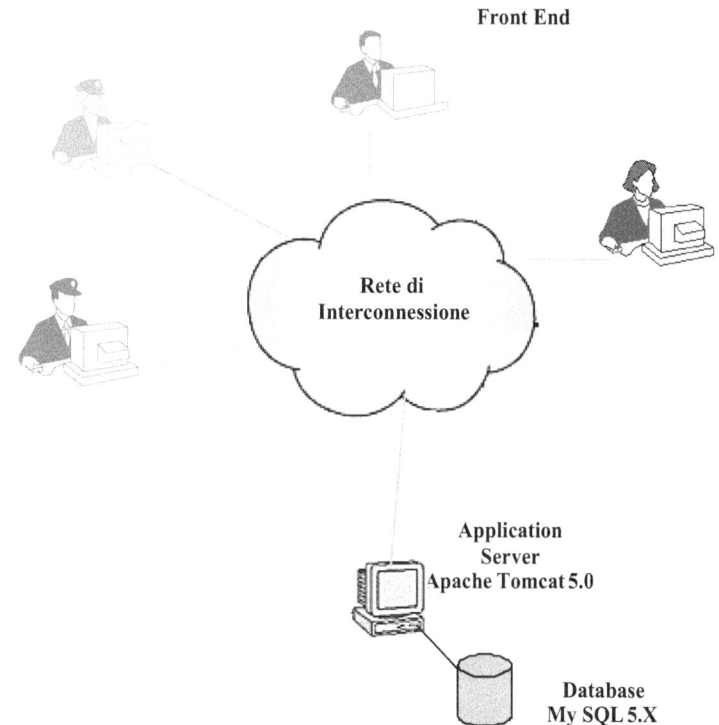

Fig. 1 Schema architettura a tre livelli

Utilizzeremo un'architettura a tre livelli (*three thier*) per l'implementazione dell'applicazione *Web*.
- **Useremo la tecnologia J2EE** in particolare per la creazione e manipolazione di pagine **JSP**[125] e **Servlet** e per la parte di applicazioni di pagine *Web* dinamiche L'ambiente di sviluppo sarà **Netbeans 6.9** che utilizza esclusivamente tecnologie open source (*Front-End*).
- **Useremo Apache Tomcat 5.0** per *l'application Server*, che si occupa del funzionamento vero e proprio dell'applicazione (*Business-Logic*).
- **Useremo come DB My SQL**[126] **5.X** per la per la raccolta persistente e per la gestione dei dati (*Back-End*).
- **Applet JAVA**[127] per il disegno del grafico del monitoraggio.

L'applicazione Web sarà testata con tutti i browser più diffusi (IE, Chrome, Mozilla Firefox, Safari), inoltre l'applicazione si orienta e rispetta le problematiche di usabilità e accessibilità dettate dal W3C[128].

Gli utenti dell'applicazione possono essere classificati come:

---

[125] *Java Server Pages* è una tecnologia, che consente di creare Pagine HTML dinamiche lato *Server*.
[126] **RDBMS** molto utilizzato in ambiente Unix ma ultimamente anche in ambiente Windows
[127] Sono inseriti nelle pagine Web ed eseguiti localmente dal *browser*. Essendo eseguiti dal *client* l'interazione con gli *Applet* non è condizionata dalla lentezza della rete. Possono essere eseguiti su qualunque architettura basta che sia stata installata una **Java Virtual Machine**.
[128] **World Wide Web Consortium**, l'organizzazione mondiale che rilascia gli standard ufficiali dei protocolli utilizzati in Internet.

--**Utente PEC CUST SAT**
  - Personale
  - Ospiti
--**Amministratore PEC CUST SAT**

Analisi dell'Applicazione

Vediamo i diagrammi dei casi d'uso che esprimono, in modo dettagliato, il comportamento degli utenti del sistema **PEC CUST SAT**

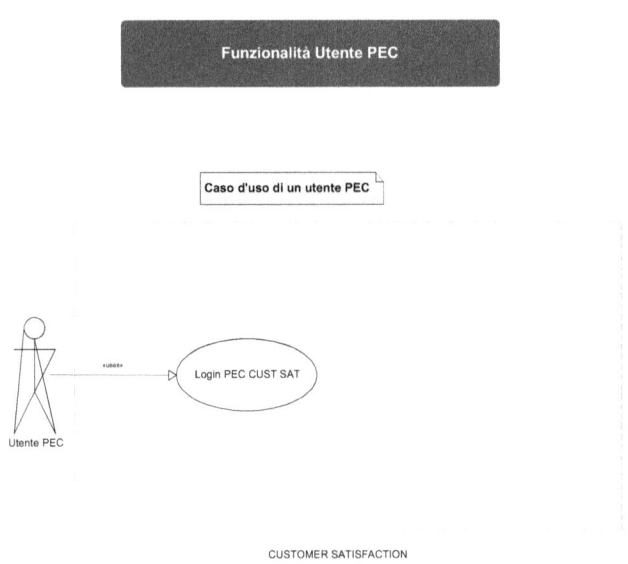

Fig. 2 Caso d'uso 1

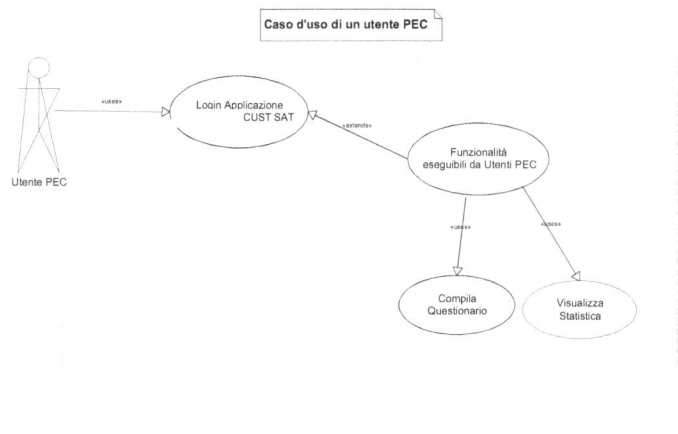

Fig. 2 Caso d'uso 2

L'utente PEC farà il Login all'applicazione utilizzando il suo l'indirizzo PEC, tutto ciò, per avere un accesso controllato, attraverso la mail istituzionale PEC, (ossia verificare che, chi accede al questionario è anche nella lista utenti delle e-mail di PEC, conservata nel DB), e previa quest'autenticazione leggera, accede alle pagine per la compilazione del questionario di gradimento.

N.B. Utilizzare l'indirizzo di PEC come username

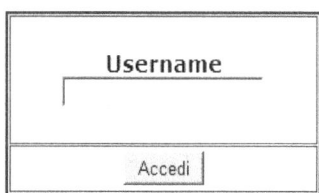

Fig. 3 Form per il Login dell'applicazione

Se si inserisce un indirizzo non presente nella lista degli indirizzi PEC o non corretto, non si può accedere al questionario e viene richiesto di tornare nuovamente alla pagina di autenticazione e di inserire la mail corretta.

Si prevede di limitare a un utente la possibilità di rispondere ripetutamente a uno stesso questionario, sulla base del tempo trascorso dall'ultima volta che l'ha completato. Il motivo di tale scelta è intuibile, poiché, un utente malintenzionato può inserire dati negativi un numero di volte "*infinito*", il che non è una cosa accettabile ai fini del monitoraggio dell'applicazione rendendo non veritieri i dati da analizzare.
Per l'Impostazione del layout grafico del questionario utilizzeremo colori tenui per lo sfondo, caratteri di facile leggibilità e di grandezza appropriata, con un colore ben contrastato rispetto allo sfondo *per* facilitare al massimo il compito degli utenti rispettando gli standard all'usabilità.
Nel questionario, si disporranno quindi dei quesiti per calcolare tre tipologie di grandezze medie: **il giudizio di soddisfazione complessiva**; **il giudizio di soddisfazione** sulle singole componenti del servizio, **il giudizio di importanza** attribuito alle singole dimensioni del servizio medesimo, oltre alle tre tipologie di quesiti enunciate prima, vi sono i semplici dati anagrafici **(fascia di età, sesso, professione)** dei compilatori del questionario.

Indichi l'importanza dei seguenti aspetti dando un voto da 1 (per niente importante) a 6 (molto importante)						
Facilità di accesso al servizio on line	⦿	○	○	○	○	○
Completezza delle informazioni on line	○	○	○	○	⦿	○
Idoneità delle informazioni on line a soddisfare le esigenze degli utenti	○	○	⦿	○	○	○
Adeguatezza dell'impostazione grafica e organizzazione dei contenuti del sito	○	○	○	○	⦿	○
Idoneità del sito a raccogliere quesiti, fornire soluzioni, risolvere disservizi	○	○	○	○	⦿	○
Livello complessivo di sicurezza e privacy nell'utilizzo del sito	○	○	○	○	⦿	○

Le chiediamo, infine, di rispondere ad alcune domande sui Suoi dati anagrafici e di lasciare un commento alla fine del questionario

Indicare la fascia d'età	18-30 ⦿	31-43 ○	44-55 ○	55+ ○
Indicare il sesso		M ○	F ⦿	
Indicare la professione	Studente ⦿	Personale ○	Ospite ○	

Fig 4 Parte dell'interfaccia del Questionario

In seguito all'inserimento dei dati da parte dell'utente e il loro successivo invio, saranno visualizzati in una nuova pagina i risultati del questionario con le risposte, con la **valutazione media complessiva del grado di soddisfazione dell'utente relativamente al servizio monitorato**, associando ad ogni domanda un emoticon.
Gli Emoticons, saranno raggruppati in tre classi, come mostrato nella figura sotto.
Si è scelto l'emoticon per rappresentare il giudizio di soddisfazione perché è *user friendly* e di facile comprensione e lettura per tutti.

Classi	Emoticon	Giudizio di soddisfazione
1 -2	 ☹	Giudizio negativo
3- 4	😐	Giudizio sufficiente
5- 6	 ☺	Giudizio positivo

Fig. 5 Raggruppamento del Giudizio di soddisfazione

Tali risposte sono inserite in un DB per la storicizzazione dei dati e per visualizzare l'andamento del servizio in un determinato arco temporale.

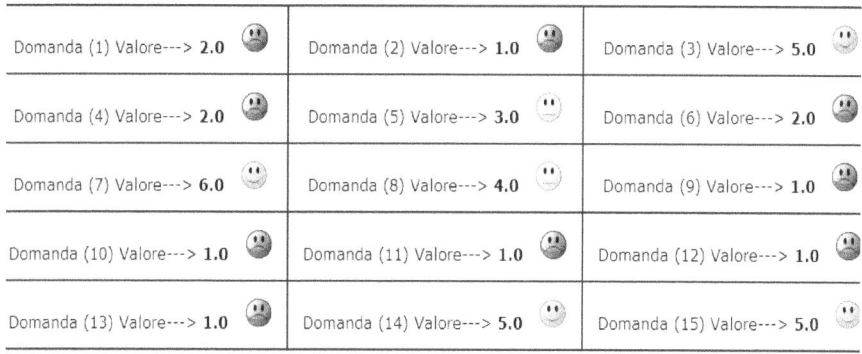

Il gradimento totale del questionario e' : 2.0

Fig. 6 Parte dell'interfaccia del riepilogo del questionario

Utente Amministratore
All'Utente Amministratore sarà demandato il compito di monitorare il servizio **di PEC**.

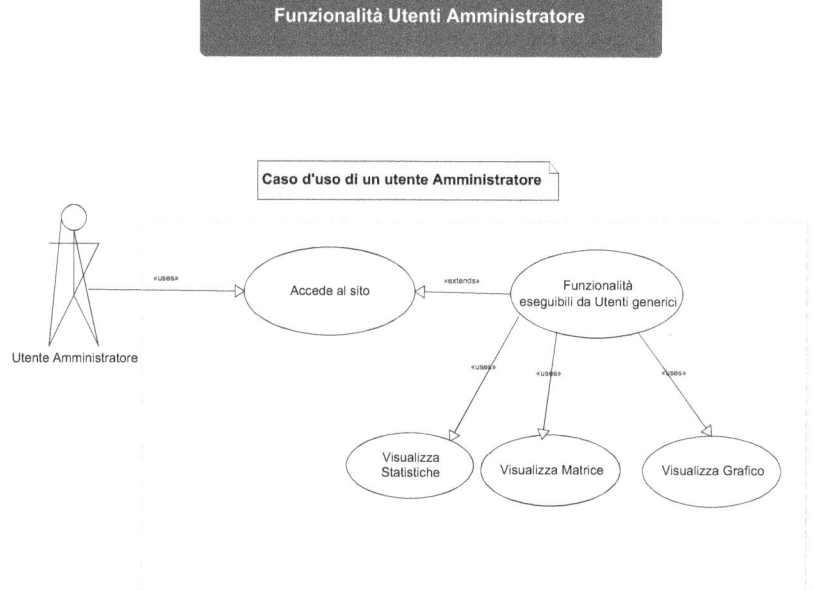

Fig 7 Caso d'uso utente Amministratore

L'**Utente Amministratore** farà il Login all'applicazione utilizzando un indirizzo ad hoc e si badi solo con quest'indirizzo, avrà accesso alle pagine di controllo e di monitoraggio, visualizzando la pagina di Statistiche (**statistiche.jsp**), e la pagina con la Matrice (o Tabella) delle priorità (**matrice.jsp**) e il Grafico delle Aree di Intervento (**grafico.jsp**).
Sia la Tabella sia il Grafico sono stati concepiti nell'intento di mettere a disposizione dell'Ente pubblico strumenti che possano fungere da supporto decisionale. Essi vanno pertanto intesi come facilitatori e non come mezzi con facoltà di decisione che si sostituiscono all'esperienza e alle competenze di coloro che decidono.

La **Tabella delle priorità** è una tabella che viene fuori mettendo insieme sulle righe i singoli indicatori di soddisfazione, e nelle colonne i valori seguenti:
1. **il giudizio medio di soddisfazione per singolo indicatore (S)**
2. **il giudizio medio di importanza cui il singolo indicatore appartiene (I)**
3. **il quoziente tra importanza e soddisfazione (I/S)**.

Matrice delle priorità.

Domanda del questionario	Importanza media (I)	Soddisfazione media (S)	Quoziente (I/S)
I.13	3,41	3,12	1,09
U.13	3,41	3,12	1,09
U.11	3,41	3,18	1,07
S.14	3,35	3,29	1,02
U.12	3,41	3,41	1
R.4	3	3,06	0,98
D.10	3,12	3,29	0,95
A.I2	3,06	3,24	0,95
R.6	3	3,29	0,91
R.5	3	3,29	0,91
D.9	3,12	3,71	0,84
R.8	3	3,65	0,82
R.7	3	3,65	0,82

Fig. 8 Tabella delle priorità

I valori sono ordinati in modo decrescente, e permettono di ottenere una sorta di "ranking" da cui, come nel nostro caso, è possibile derivare una prima indicazione sulle priorità di intervento.
La Tabella ha il vantaggio di consentire, attraverso i quozienti tra **Importanza** e **Soddisfazione**, l'ordinamento degli indicatori. Quanto più alta è la loro posizione nel *ranking*, che si determinerà, tanto più si deve attribuire a essi una criticità maggiore.

Grafico delle Aree di Intervento
Il Grafico, completa e integra le informazioni della Tabella quindi per un monitoraggio efficiente e per un giusto ausilio ai processi decisionali è importante la consultazione di entrambi da parte degli amministratori dell'applicazione.
Il Grafico è formato da due assi cartesiani, dove sulle ascisse è misurata la **Soddisfazione** e sulle ordinate è misurata **L'Importanza**, i punti sul grafico che riempiono lo spazio cartesiano hanno come coordinate il giudizio medio di **Soddisfazione** e il giudizio medio di **Importanza** della dimensione di appartenenza, è possibile ottenere una nuvola di punti laddove ogni punto individua la posizione di un indicatore rispetto agli assi.
Nell'intento di facilitare ulteriormente la lettura del Grafico e quindi favorire il processo decisionale, esso viene suddiviso in quattro quadranti. I quadranti del Grafico esprimono altrettanti comportamenti nell'ottica del miglioramento del servizio, in particolare:

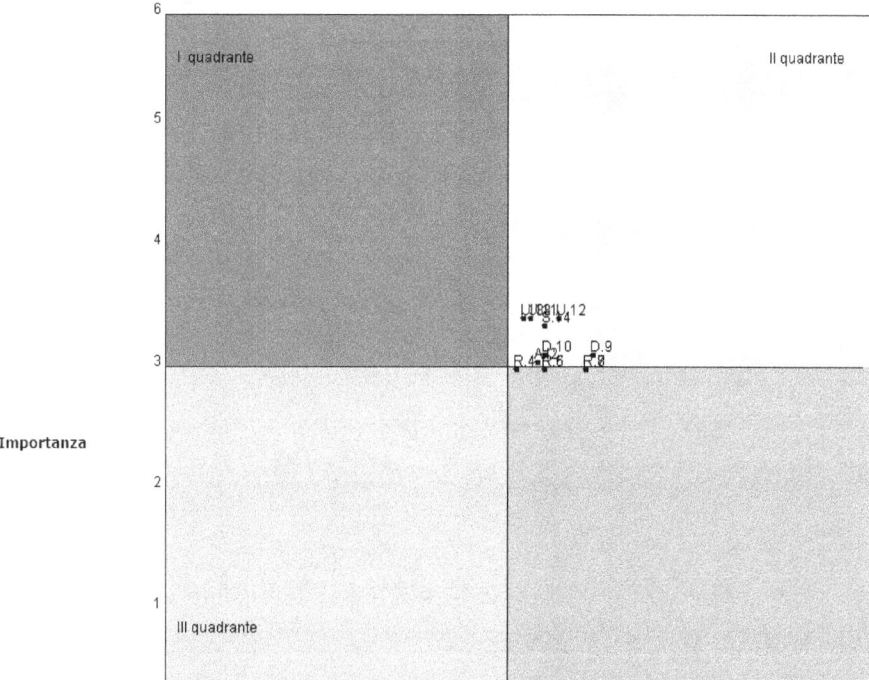

Fig. 9 Grafico dell'Intervento

- ■ Quadrante I (Area del Monitoraggio): Condizioni del servizio da controllare nel tempo, per verificare che le aspettative degli utenti non crescano.

- Quadrante II (Area delle Criticità): Condizioni del servizio maggiormente suscettibili di miglioramento, su cui intervenire con priorità elevata;

- Quadrante III (Area della Competitività): componenti che qualificano il valore del servizio e devono essere mantenuti.

- ...... Quadrante IV (Area delle Illusioni): è possibile che su queste componenti del servizio si stia profondendo un impegno inutile nell'assicurare agli utenti standard elevati di qualità; si potrebbe considerare di dirottare risorse nell'accrescere il livello di soddisfazione di altri aspetti.

Il grafico è stato realizzato mediante la tecnologia delle Applet Java

Organizzazione dei Dati

Le risposte fornite vanno ad alimentare in modo automatico un'apposita banca dati, che, visti gli scopi dell'applicazione, deve poter essere aperta ed orientata ad un analisi statistica dei dati.
La struttura dell'archivio, per quanto riguarda le Entità, relative alle domande e alle risposte del questionario, si articola in due sezioni:
• **Area dati**, alimentata dalle risposte ai questionari opportunamente codificate in base alle classi previste; le righe sono di numerosità pari al numero dei partecipanti al questionario, ciascuna corrisponde a un questionario, quindi a un utente intervistato;

le colonne presentano numerosità pari alle variabili considerate (profilo degli intervistati, *overall satisfaction*[129], indicatori di soddisfazione, classifica di importanza delle dimensioni, quindi per ogni risposta bisogna prevedere gli attributi sopracitati nella Entità prevista per le **Risposte**.

Fig. 10 Parte del modello E-R dell'applicazione

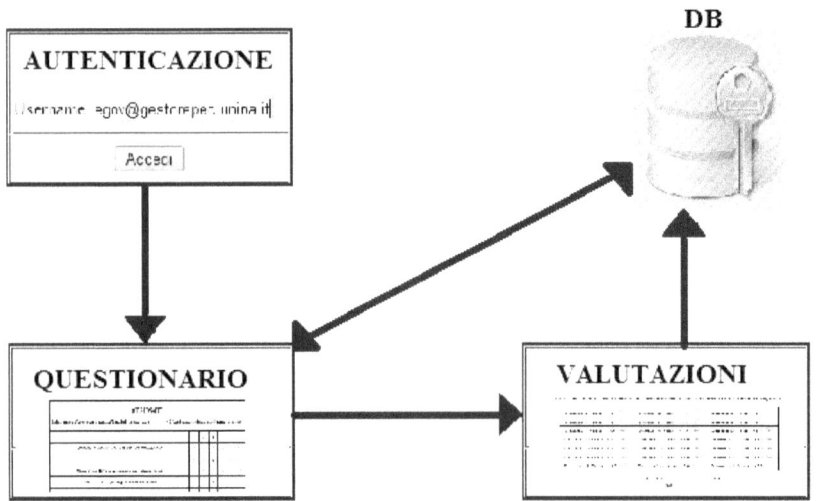

Fig. 11 Architettura dei Moduli principali per la parte utente CUST SAT

I componenti applicativi dell'applicazione

I componenti per quanto riguarda le funzionalità dell'utente PEC sono principalmente quelli mostrati in figura. Per quanto concerne i moduli, essi sono essenzialmente quattro, ossia:

---

[129] Soddisfazione Globale

- **Modulo di autenticazione**: identificato dalla pagina *index.jsp*, nella quale vengono inserite le credenziali di accesso, che, per come è stato progettato l'applicativo, viene richiesto all'utente solo l'indirizzo di PEC;
- **Modulo relativo al questionario**: identificato dalla pagina *questionario.jsp*, nella quale, per ogni domanda è associata una valutazione da 1 a 6.
- **Modulo relativo alle risposte**: identificato dalla pagina *risultato.jsp*, nella quale vengono visualizzate le risposte relative ad ogni domanda del questionario precedente e la media di tali risposte.
- **Modulo delle Statistiche** (solo per Utente Amministratore) identificato dalla pagina *statistiche.jsp* dove vi è il riepilogo dei questionari e la media complessiva delle risposte.
- **Modulo delle Tabella delle priorità** (solo per Utente Amministratore) identificato dalla pagina *matrice.jsp* è la pagina della Tabella o Matrice delle priorità.
- **Modulo del Grafico** (solo per Utente Amministratore) identificato dalla pagina *grafico.jsp*. è la pagina contenente l'Applet Java che compone il grafico degli interventi con i vari quadranti che spiegano le aree di intervento.

La logica applicativa

I dati relativi all'applicazione sono così strutturati:
- Nel BD relazionale MySql, protetto con opportuni Grant di accesso, sono memorizzate le informazioni relative a:
  - **Utenti**: Tabella di tutti coloro che hanno accesso al servizio di PEC e che quindi possono accedere al servizio di *customer satisfaction*;
  - **Risposte**: Tabella con voto di ogni risposta, associato all'utente che lo ha compilato, la data e l'ora e la versione associata alla tabella *"domanda";*
  - **Domanda**: Tabella in cui vengono memorizzate tutte le domande relative al questionario, recuperate dinamicamente dall'applicazione creata, in modo tale, che, una modifica di una o più domande, non implica una modifica anche di una delle pagine Jsp create. Essa contiene anche la versione e un id_domanda.
  - **Questionario**: tabella in cui sono memorizzati i valori delle medie pesate dei questionari associate a ogni utente presente nella lista degli utenti di PEC.
- In ognuno dei moduli descritti nel paragrafo precedente (escluso quello di autenticazione), viene creata una connessione al DB, in cui le credenziali di accesso sono prelevate da un file *accessDB.properties*. La connessione al DB, è utile a recuperare, o le informazioni di accesso o per inserire le informazioni che riguardano la valutazione media del questionario nel DB o per fare dei confronti statistici tra i valori inseriti in un certo arco temporale.

Conclusioni

Un'applicazione del genere possiede un'elevata capacità di riuso e quindi utilizzata per il monitoraggio di diversi servizi della P.A. Viene realizzata sempre mediante un approccio Web, in pratica, l'utente valuta il servizio o i servizi che fruisce da una P.A. mediante la compilazione di uno o più moduli on line. La stessa applicazione con opportune modifiche logico/applicative può essere estesa al monitoraggio e alla valutazione di altri servizi diversi dal servizio di PEC analizzato in quest'elaborato.

Glossario degli Acronimi

AI Artificial Intelligence (Intelligenza Artificiale)

AR Augmented Reality (Realtà Aumentata)

API *Application Programming Interface* (Interfaccia di Programmazione delle Applicazioni)

CAD Computer Aided Design (Disegno Assistito dal Computer)

CG Computer Graphics (Computer Grafica)

CPU Central Processing Unit (Processore)

DCU Device Configuration Utility (Software di Configurazione Dispositivo)

DOF Degrees of Freedom (Gradi di libertà di un sistema)

DVI *Digital Visual Interface*

EMI Electro Magnetic Interference (Interferenze Elettromagnetiche)

FPS Frames Per Second (Fotogrammi Per Secondo)

GPU Graphics Processing Unit (Processore Grafico)

GUI Graphical User Interface (Interfaccia Utente Grafica)

HCI Human Computer Interaction (Interazione Uomo Macchina)

HMI Human Machine Interface (Interfaccia Uomo-Macchina)

LAN Local Area Network (Rete Locale)

LCD Liquid crystal display (Display Cristalli Liquidi)

LOD Level-of-Details (Livelli di Dettaglio)

PC Personal Computer

SDK Software Development Kit (Software per lo sviluppo))

VE *Virtual Environment* (Ambiente Virtuale)

VGA Video Graphics Array

VR Virtual Reality (Realtà Virtuale)

VRML Virtual Reality Modeling Language (Linguaggio di Modellazione della Realtà Virtuale)

Glossario dei Termini degli argomenti di ICT presenti nel Temario

A

Access provider Azienda che fornisce accesso a internet ai suoi clienti. In Italia alcuni dei principali provider ad accesso gratuito sono Alice, Tiscali, Tim, Infostrada, etc. Negli Stati Uniti ComputerServ e Prodigy. Al cliente il servizio base viene erogato gratis, anche se a volte, viene chiesto un canone mensile in cambio di servizi a valore aggiunto, come il software per antivirus, antispam etc, o lo spazio per le pagine Web ed altro.

Address resolution Converte un indirizzo Internet nel corrispondente indirizzo fisico.

Address Tale termine è utilizzato sia per indicare l'indirizzo di posta elettronica, sia come indirizzo di rete. Nel primo caso, si tratta dell'indirizzo identificativo di una casella di posta elettronica, nel secondo identifica una macchina e il sistema a cui questa è connessa.

ADSL Tecnologia digitale per la trasmissione di dati ad alta velocità. Impiega il cavo telefonico standard, consentendo di utilizzare le trasmissioni vocali e di avere due linee con lo stesso numero telefonico.

Alpha e Beta Particolari test che vengono effettuati su una applicazione prima del suo rilascio. Si parlerà di alpha test se il test viene effettuato dall'azienda che ha progettato il software, si parlerà, invece, di beta test, se sono gli utenti finali a testare il prodotto.

Alta risoluzione Uno dei parametri utilizzati per definire la qualità di uno schermo. Si parla di modalità di Alta Risoluzione per gli schermi che utilizzano un gran numero di pixel per generare un'immagine

Analisi Fase del ciclo di vita del software, in cui i requisiti vengono riesaminati e tradotti in un linguaggio formale. Si definisce così "cosa" debba fare l'applicazione

Anonymous FTP Sito FTP al quale è possibile accedere con *account* generico.

API Set di routine, protocolli e strumenti per la realizzazione di applicazioni che facilitano il lavoro dei programmatori. Tali strumenti mettono a disposizione blocchi di codici che devono, solamente, essere riuniti in modo adeguato. Le interfacce, dei programmi che utilizzano le stesse API, sono simili e questo facilita, di molto, l'apprendimento di tali applicazioni da parte dell'utente.

APPLET Java eseguito da un Applet *viewer* o all'interno di un *browser* compatibile. Alcuni parametri di un Applet spesso sono contenuti nella pagina html, pagina che richiama l'applet nel momento del suo caricamento sul browser Il suo codice è dotato di una struttura particolare in grado di renderlo adatto al funzionamento all'interno di una pagina HTML.

ARPANET Advanced Research Project Agency Network. Rete a commutazione di pacchetto (Packet-switching) un progetto in ambito militare, utilizzata per le prime ricerche di networking durante lo sviluppo di Internet.

ASCII American Standard Code for Information Exchange. Standard mondiale per la codifica di caratteri all'interno del computer, i caratteri vengono letti sotto forma di codici binari a 7 bit . La maggior parte dei sistemi di e-mail utilizza solo l'ASCII.

ASP Active Server Page. Tecnologia Microsoft che permette di realizzare pagine Web in modo dinamico. Quando un *browser* richiede una pagina ASP, il *Server* la elabora e restituisce una pagina HTML.

Attachment Procedura di un programma che gestisce la posta elettronica. Tale procedura permette di allegare, uno o più file, ai messaggi da spedire.

Autentificazione Processo di identificazione individuale, normalmente basato su Username e Password. L'Autenticazione assicura che la persona è chi assicura di essere, ma non dice nulla sui diritti di accesso della persona stessa.

AVI Audio/Video Interleave. Estensione che identifica uno dei formati più comuni per i file video in ambiente Windows

B

Backup Copia di tutti i file presenti su hard disk, che viene fatta su dischetti, cartucce o dischi ottici per evitare la perdita di tutti i dati.

Banda larga Esprime un canale capace di gestire più frequenze, rispetto ad un canale standard, per voci a 3KHZ.

Bandwidth Indica l'ampiezza di banda, ovvero la quantità di dati che può essere inviata attraverso una connessione. E' normalmente misurata in bps

Banner E un messaggio pubblicitario in forma grafica, formato GIF, Flash, JPEG, collocato in un sito Web, è una delle forme più popolari e diffuse di pubblicità su internet.

Below the Web Tutto quello che non è un sito Web, ed è utilizzato per la comunicazione su Internet, ad esempio *mailing list*, *newsletter*, *forum*, *newsgroup*, *chat*, etc.

Benchmark Programma progettato per eseguire una serie di operazioni predefinite e, in base ai risultati ottenuti, valutare le prestazioni e le capacità del PC. Solitamente, al termine del test, è mostrata una tabella comparativa contenente i risultati ottenuti eseguendo, il medesimo benchmark, su altri PC con configurazioni differenti. Esistono benchmark per i dischi fissi, per la memoria, per il processore e per l'intero sistema.

BIOS Basic Input/Output System. Software di livello più basso del computer e agisce da interfaccia tra i componenti hardware (in particolare Chipset e processore) e il Sistema Operativo. Tale software gestisce l'accesso e l'impostazione dei dispositivi hardware nel PC, consente di avviare il computer fornendo le istruzioni necessarie per iniziare il caricamento del Sistema Operativo e controlla diverse funzioni di sistema.

Bit Unità elementare di informazione, sta per binary digit (cifra binaria). Nel sistema binario si hanno due valori: 0 (spento, falso, assenza di tensione) o 1 (acceso, vero, presenza di tensione). I bit, raggruppati, rappresentano unità di misura di memorizzazione. Il raggruppamento più comune il byte è composto da 8 bit.

Bit/s Bit per secondo, unità di misura della velocità di trasmissione dei dati. Rappresenta il numero di bit trasmessi in un secondo durante una procedura di trasferimento dati.

Bluetooth Tecnologia che permette la creazione di una rete di computer o di collegare i pc alle periferiche e ad altri dispositivi, quali fax, stampante, senza utilizzo di cavi ma attraverso onde radio. Tale tecnologia è utilizzata anche dai costruttori di cellulari per sviluppare alcuni accessori senza fili come, per esempio, le cuffie auricolari. La portata dei collegamenti è però limitata a 10 metri.

Bookmark: E' un termine inglese e significa *segnalibro*. Viene nominato spesso nelle pagine web perché e' il comando che si da' al browser per memorizzare una pagina web. Vi aiuta a tenere memorizzati i vostri siti preferiti. Sul Browser **Mozilla Firefox**, per esempio, sarà sufficiente selezionare *Add Bookmark* per memorizzare la pagina che state visitando. Se poi ci volete tornare, basterà cliccare su Bookmark, e selezionare il nome del sito che avete memorizzato precedentemente.

Bootstrap Fase di caricamento di un sistema operativo in memoria quando si accende o si riavvia il computer. Solitamente il bootstrap avviene dal disco rigido, ma occasionalmente può avvenire da CD o USB Pen.

Bridge Dispositivo hardware utilizzato per connettere reti locali in modo da potersi scambiare informazioni. Operano a livello data link del modello ISO/OSI, per le comunicazioni da computer a computer.

Browser Software come Internet Explorer, Netscape, Opera, Safari, utilizzati per navigare tra le pagine Web.

Browsing Azione di accesso tramite un'applicazione *Client*, alle risorse offerte da un *Server Web*. Il termine indica il modo di procedere nei testi del *server*, seguendo i diversi collegamenti ipertestuali e scegliendo il percorso a seconda dei propri interessi.

Bug Difetto, errore o carenza di software o di hardware

Buffer Porzione di memoria Ram dedita a immagazzinare dati di utilizzo successivo. Viene utilizzata quanto è necessario attendere una periferica più lenta, come una stampante, per conservare file o copie di dati che potranno servire in futuro, oppure per non appesantire la Ram impegnata nell'esecuzione di programmi attivi. Le schede grafiche, le stampanti e il chip, utilizzato per far lavorare più veloce il pc, sono dotate di buffer.

BUS Collega elettronicamente i vari componenti del computer. Attraverso il Bus sono inviati i vari segnali, dati, indirizzi di memoria o segnali di controllo.

Business To Business: acronimo B2B; *e-commerce* tra due aziende diverse.

Business To Consumer: acronimo B2C; *e-commerce* dal produttore al consumatore.

Busta crittografica: la busta crittografica, è una struttura dati che contiene il documento informatico originale o un riferimento ad esso, l'impronta del documento firmata ottenuta attraverso il dispositivo di firma, le trasformazioni applicate al documento prima della sottoscrizione, le informazioni riguardanti gli algoritmi di digest e di firma, il certificato digitale del titolare della firma;

Byte Unità elementare di memorizzazione composta da 8 bit. Solitamente un byte rappresenta un singolo carattere, come un numero, una lettera o un simbolo. Poiché il byte è un'unità di memorizzazione molto piccola, per comodità, quando si descrive la capacità di memorizzazione di un disco rigido e della memoria principale, si usa il kilobyte (1024 byte), il megabyte (1.048.576 byte) e il gigabyte (1.073.741.824 byte).

C

Cache Area di memoria del computer in cui sono memorizzati temporaneamente dei dati precedentemente utilizzati. Quando un'applicazione richiede informazioni, controlla prima l'area cache per vedere se quei dati sono già disponibili e in caso positivo li preleva velocizzando il caricamento. In Internet la cache è utilizzata da un browser per accedere a pagine WEB già viste.

CAdES: formato di busta crittografica per firma digitale definito nella norma ETSI TS 101 733 V1.7.4 basata a sua volta sulle specifiche RFC 3852 e RFC 2634 e successive modificazioni;

Carattere Jolly Carattere speciale quali *,?,% che possono essere utilizzati all'interno di una parola o stringa di caratteri come segnaposto per una o più lettere

Carrello elettronico: Per carrello elettronico si intendono quei metodi di acquisto *on-line* che permettono di selezionare più articoli e di metterli nel carrello finché non abbiamo finito la spesa. Alla fine dei nostri acquisti si passa a una cassa virtuale, che in questo caso è un *form* che ci permette di inoltrare direttamente le ordinazioni. Il pagamento di quanto ordinato avviene solitamente tramite Bonifico bancario, Carta di credito o Paypal.

CASE Computer Aided Software Engineering, ingegneria del software assistita dal calcolatore. Strumenti di tale tipo esaltano l'aderenza a un preciso metodo di sviluppo, capace di garantire vantaggi a lungo termine, permettendo di ottenere applicazioni semplici da mantenere e aderenti alle specifiche

Casella di ricerca Casella vuota (o *box*) dove si possono inserire caratteri per una ricerca.

Cavo coassiale Cavo, ad alta velocità di trasmissione, usato nelle telecomunicazioni per reti di comunicazioni a banda base o a banda larga e per i cavi televisivi poiché, in genere, non favorisce interferenze esterne e consente alti tassi di trasmissione su lunghe distanze

Cd-Rom Compact Disc Read Only Memory. Disco letto da un raggio laser che consente di immagazzinare immagini, audio, video ecc... fino a 600, 650 o 800 MB.

CGI acronimo di *Common Gateway Interface*. Interfaccia standard per l'esecuzione di programmi direttamente su un HTTP *server*. È una specifica per il collegamento di applicazioni *Server-side* con il World Wide Web. Le applicazioni CGI possono essere scritte in un qualsiasi linguaggio di programmazione (solitamente script Unix, Perl, C, Java): il solo vincolo esistente riguarda l'input/output delle applicazioni, che deve rispettare le specifiche CGI.

Chiocciola Simbolo @ (si legge "et") utilizzato negli indirizzi di posta elettronica per separare l'identificativo dell'utente dal nome del fornitore del servizio di posta elettronica, ad esempio antonio.rossi@tin.it .

Chat: dall'inglese chiacchierare, la chat è una conversazione telematica che avviene tramite un'applicazione (IRC) o portale. E' un tipo di comunicazione sincrona, come telefonare. *Chattare*, termine italianizzato e di uso comune, significa scrivere i propri messaggi con il proprio computer ed inviarli in tempo reale, tramite Internet, al computer dell'interlocutore. L'incontro avviene connettendosi a un *Server* che gestisce le connessioni di tutti gli utenti presenti in quel momento, i loro messaggi, e, se viene supportato dal *Server*, anche gli avatar. L'eventuale moderatore può far rispettare la netiquette sia sugli *avatar* scelti che su espressioni adottate nelle chat. Con questo sistema di comunicazione si può conversare anche con più persone a più riprese (multi chat).

Ciclo di vita Il ciclo di vita di un prodotto è identificato da un insieme di operazioni a cui il prodotto stesso sarà soggetto da quando viene creato, a quando viene abbandonato. Nel caso del software, si hanno diverse fasi di sviluppo la cui individuazione e realizzazione crea un modello del ciclo di vita

CISC Complex Instruction Set Computer. Insieme di istruzioni complesse nella CPU

Client Dispositivo o applicazione, che fa uso di servizi offerti da un *Server*. Solitamente il *Client* ha un solo utente, mentre il *Server* è condiviso da più utenti. In una rete il *Client* può essere un PC, che usa i servizi offerti dal *Server* di rete.

Client/server Metodologia che consente la gestione di servizi. Secondo tale metodologia, un processo o un gruppo di processi (oppure un computer) detto *Server*, accede direttamente alle risorse mettendole a disposizione, mentre altri processi (oppure computer) detti *Client* si contendono queste risorse in modo concorrente inviando le richieste al *Server*.

Client side: Il termine *Client side* indica che tutto il lavoro di calcolo viene eseguito sul proprio PC, quindi non richiede specifici servizi a un *Server*.

Chip Piastrina di silicio. Su di essa sono stampati i componenti attivi e passivi che costituiscono i circuiti integrati

CODEC COder/DECoder. Dispositivo di codifica che, nel trasmettitore, converte i segnali analogici come l'audio e le immagini, in sequenze digitali di bit adatte alla trasmissione. Per fare ciò, utilizza la modulazione con codici a impulsi, mentre nel ricevente gli stessi segnali digitali sono riconvertiti in segnali analogici.

Compressione dati tecnica che trasforma i dati per far sì che occupino meno spazio con evidente risparmio di risorse ed aumento della velocità di trasmissione.

Connessione Nelle reti di computer, per poter accedere ai servizi offerti da altri sistemi di elaborazione collegati, occorre stabilire una connessione detta anche log in o log on. Quasi sempre, questo accesso è controllato tramite l'inserimento di un numero identificativo e una password d'accesso.

Cookie Piccolo file di testo archiviato nel computer del visitatore che tiene traccia di alcune informazioni importanti per il commerciante. Nei software di affiliazione i *cookies* sono utilizzati per tenere traccia del sito Web affiliato dal quale proviene il visitatore e quale *link* di testo o *banner* ha selezionato. Per scopi di monitoraggio i *cookies* possono anche registrare la data e l'ora per sapere poi quanto tempo e' passato tra il *click* e la conversione in vendita o in *lead*.

CPU Central Processor Unit. E' l'unità centrale che consente l'esecuzione delle istruzioni contenute nel programma ed è in grado di assumere alcune decisioni.

Crittografia Termine che deriva dal greco e significa "scritto nascosto". Nel commercio elettronico identifica la prassi ormai consolidata di generare messaggi in codice o cifrati, sostituendo pertanto agli elementi di un messaggio in chiaro, gli elementi di un altro sistema di simboli. La crittografia è uno dei mezzi utilizzati in rete per garantire segretezza, integrità e autenticità tanto ai messaggi e alle transazioni, quanto alle persone che li effettuano.

Customer satisfaction Soddisfazione del cliente. Rappresenta l'obiettivo principale dell'azienda orientata al marketing, i cui sforzi tendono allo sviluppo di una relazione di qualità con la clientela stessa

Customizzazione si è italianizzato il termine inglese customer è il processo, detto anche personalizzazione, mediante il quale un determinato prodotto, o servizio, nel nostro caso un'applicazione software viene adattata alle esigenze, di un committente o di una organizzazione.

Cybernauta Utilizzatore di Internet. Altro modo per indicare l'utente che naviga su Internet.

Cyberspazio Termine coniato originariamente dallo scrittore William Gibson nel suo libro Neuromante. Attualmente il termine identifica l'intero insieme delle risorse disponibili attraverso la rete.

D

Data warehouse "Magazzino di dati". Database di grosse dimensioni, in grado di raccogliere, omogeneizzare, razionalizzare e rendere disponibili tutte le informazioni di un'azienda. Il data-warehouse può essere suddiviso su più computer e può essere costituito da diversi database. Le informazioni, in esso contenute, provengono da fonti differenti ed hanno diversi formati. Viene utilizzato come supporto alle decisioni aziendali

Deadlock Condizione di errore o di stallo, del sistema causato da due programmi oppure da due dispositivi, in attesa di segnale l'uno dall'altro.

Decriptare Interpretazione e traduzione, di codice criptato in un chiaro linguaggio. Rappresenta il processo inverso alla crittografia.

Default Impostazione attivata automaticamente, a meno che non sia specificata un'impostazione diversa

DFD Data Flow Diagram, diagrammi di flusso. Diagrammi che descrivono la parte funzionale di un'applicazione, sotto forma di processi che manipolano i dati. Più DFD possono essere collegati tra loro tramite gerarchie, quelli che si trovano al livello inferiore sono utilizzati per meglio spiegare i DFD che si trovano ai livelli superiori

DHCP Dynamic Host Configuration Protocol. Protocollo che, in un collegamento ad Internet, permette di utilizzare indirizzi IP dinamici e non statici.

Digitale Forma di rappresentazione e organizzazione delle informazioni, come combinazione delle due cifre di un codice binario 0 e 1.

Disclaimer Avviso di limitazione di responsabilità.

Dispositivo (Device) Descrive qualsiasi elemento hardware o periferica, in grado di inviare o ricevere dati.

DNS Domain Naming System. Si tratta del sistema di indirizzamento distribuito, che traduce il nome del dominio (DN) nel corrispondente indirizzo IP. Grazie a questo sistema è possibile fare riferimento ad un nome piuttosto che ad un indirizzo numerico per i collegamenti con i vari host.

Dominio Identifica l'organizzazione che possiede e gestisce un sito su Internet. Negli USA il dominio è composto dal nome dell'organizzazione e dal tipo (per esempio nasa.gov), mentre per gli altri paesi, per esempio l'Italia, si aggiunge o si sostituisce al tipo il suffisso it (es. Repubblica.it).

Doorway Page una pagina Web classificata bene nei motori di ricerca per particolari parole chiavi. Serve come punto di entrata per i visitatori per poi farli arrivare al contenuto principale.

Dpi Misura della risoluzione grafica di una periferica, come monitor, scanner, o di un'immagine. Viene espressa in punti per pollice e più è grande tale misura, migliore è la resa grafica

Download: Il termine inglese *to download* significa *scaricare*. Effettuare il download di file o dati significa scaricarli per esempio da un *Server* remoto al nostro computer (Client), operazione inversa dell'Upload.

Drag and drop Tecnica di trascinamento, di cartelle, file o altri oggetti dell'interfaccia, con il mouse. Basta selezionare l'elemento in questione, trascinarlo (drag) e lasciarlo "cadere" (drop) sulla destinazione desiderata.

Driver di dispositivo Il driver è un programma, solitamente di piccole dimensioni, che serve al computer per controllare un dispositivo hardware. Esso indica al calcolatore le modalità di gestione di dispositivi come lettori di CD-ROM, monitor, tastiere, schede di rete, stampanti, macchine fotografiche, web cam ecc.

DVD Dischi, simili ai CD, che possono essere letti da entrambe le facce e possono contenere fino a 17 GB di dati.

DVI Digital Visual Interface. E' una porta che si trova su schede grafiche in grado di trasmettere il segnale video in modalità digitale. Monitor e televisori sono dotati di porta su scheda video e le immagini trasmesse sono predisposte per l'High Definition.

E

eBROWSERS Termine che indica particolari navigatori che utilizzano la rete, con lo scopo di raccogliere informazioni sufficienti, prima di decidere di procedere all'acquisto di un determinato prodotto. Tali navigatori, però, pur facendo un grande uso della parte di comunicazione e informazione sul prodotto, preferiscono acquistarlo in modo tradizionale.

E-Business *Electronic Business*, espressione che identifica le modalità digitali, con le quali vengono svolte attività economiche.

Editor Programma tipicamente usato per creare, modificare, salvare e stampare file di testo. In ambiente Internet si riferisce a un programma per realizzare pagine Web utilizzando il linguaggio HTML.

EOF End of File. Indica la fine del file sia come carattere di controllo che nelle procedure di trasferimento.

ERD Entity-Relationship Diagram, diagramma entità relazioni. E' un modello concettuale di dati, formato da dei costrutti; entità, relazioni e attributi ne sono i principali. Tale diagramma viene utilizzato come strumento per la modellazione di informazioni contenute all'interno di un database relazionale. Descrive quindi, tramite i suoi costrutti, la struttura e l'organizzazione di tali dati.

Espressione Booleana Espressione contenente gli operatori logici AND, OR, NOT.

Ethernet Sistema particolarmente comune per la connessione di computers all'interno di una LAN. Ethernet è in grado di gestire circa 10Mbit per secondo e può essere utilizzata praticamente da qualsiasi genere di computer.

Eudora Uno dei programmi per la di gestione della posta elettronica più diffusi tra gli utenti di Internet. E' disponibile per diverse piattaforme (Windows, Unix, Macintosh, ecc) e consente, oltre alla spedizione e alla ricezione di messaggi con possibilità di aggiungere file multimediali, e di cifrare i messaggi.

F

F2F *Face to Face*, faccia a faccia. Parlare con qualcuno sulla Rete.

FAT File Allocation Table. Parte del disco contenente informazioni sulle dimensioni e le posizioni dei file che vi sono memorizzati.

FAQ Frequently Asked Questions **(Domande frequenti)**. Documento o pagina Web dove sono riepilogate le risposte alle domande più frequenti su vari argomenti o su particolari soggetti. La pubblicazione di questi documenti, oltre a fornire informazioni sull'argomento, evita la riformulazione di domande a cui sono già state date molte risposte.

File Genericamente viene definito come un insieme omogeneo di dati, registrato in modo permanente su un supporto di memorizzazione (hard disk, floppy disk ecc.). Un file è quindi un documento di testo, un programma, un'immagine che viene identificato da un nome e, opzionalmente, da una estensione. Per esempio: PIPPO.DOC.

File not found Messaggio di errore che viene visualizzato quando non è possibile trovare la pagina Web all'indirizzo specificato.

Finger Comando di utilità per Internet in grado di localizzare utenti su altri siti. Utilizzato anche per dare accesso ad informazioni pubbliche. L'uso più comune, è la verifica dell'esistenza di un *account* su di un particolare sito.

Firewall Dispositivo di protezione che impedisce di avere accessi indesiderati alla rete.

Firma Digitale La firma digitale è intestata ad una persona fisica la cui coppia di chiavi è pubblicamente certifica da una CA (Certification Authority) ai sensi di legge (D.P.R.445/2000).

Formato file Definisce la struttura del file, ovvero il modo in cui sono memorizzati i dati e come essi appaiono sul video o sulla stampante. Il formato ASCII (o di testo) è quello più semplice e utilizzato per il trasferimento dei dati su Internet. Esso contiene solo caratteri di testo dell'insieme dei caratteri standard ASCII quali lettere, numeri e simboli, ma non contiene alcun carattere nascosto di formattazione. Altri formati di file più comuni sono l'RTF (Rich Test Format) che contiene anche le informazioni di formattazione per le stampanti; TIFF (Taggd Image File Format), GIF (Graphics Interface Format) e EPS (Encapsulated PostScript) che contengono immagini; DBF e DB che contengono informazioni di una base di dati. Inoltre vi sono formati specifici creati da programmi di elaborazione testi come Word, WordPerfet, Word Pro ecc.

Forum Area virtuale basata su un argomento specifico sul quale è possibile scambiare opinion.

Form: pagina Web che presenta una maschera dove l'utente inserisce dei dati, e li invia tramite *browser* al *Server*.

Freeware Software completamente gratuito, liberamente disponibile per tutti gli utenti.

FTP File Transfer Protocol. Protocollo TCP/IP di collegamento ad una rete, il cui scopo è quello di trasferire file da e verso un server, con esso è possibile non solo prelevare ma anche depositare file. Inoltre permette di riprendere un trasferimento interrotto in precedenza.

G

GARR Gruppo Armonizzazione Reti Ricerca, nato nel 1988 con lo scopo di coordinare la rete universitaria italiana. Attualmente il GARR, attraverso l'area di Pisa, è connesso alla dorsale europea Europanet, mentre da Bologna è collegata al CERN di Ginevra che connette a Ebone e al backbone statunitense NSFNET.

Gateway Particolari ponti di collegamento. Internet, ad esempio, è costituita da una serie di Reti che possono risultare diverse tra di loro. Per consentire a due computer, che sono collegati a differenti tipologie di reti, di comunicare tra di loro, è necessario l'utilizzo di tali ponti di collegamento (gateway), che altro non sono che specifici combinazioni hardware e software atti ad effettuare conversione di protocollo di rete.

GIF File GIF è un file bitmap che utilizza il formato Graphics Interchange Format (GIF). Molto utilizzato, così come formati grafici JPEG, per la rappresentazione delle immagini sulla rete. I file in formato GIF risultano essere più lenti da leggere e da scaricare, in quanto non usano un rapporto di compressione alto a differenza delle immagini in formato JPEG. I browser come Netscape Navigator o Internet Explorer, utilizzano questo formato per rappresentare immagini in-line che appaiono all'interni di documenti HTML.

Gigabit (Gb) Unità di misura dei dati. Equivale a un miliardo di bit e viene utilizzata per esprimere la velocità di trasmissione al secondo.

Gigabyte (GB) Abbreviato spesso con GB, rappresenta un'unità di misura che descrive la capacità di memorizzazione di un disco rigido e della memoria principale. In particolare 1 GB corrisponde ad un miliardo di byte.

GNU Gnu's Not UNIX, GNU non è UNIX. Progetto della Free Software Foundation, finalizzato alla realizzazione di una versione gratuita di UNIX.

Gopher Servizio per Internet che consente la navigazione e il reperimento di informazioni tramite un menù di tutte le risorse disponibili sulla rete. Questi menù vengono gestiti dai server gopher mentre tutto ciò che essi rappresentano viene definito gopherspazio. Il Gopher, realizzato da un gruppo di studenti e ricercatori dell'Università del Minnesota, debuttò nel 1991 incrementando il traffico sulla rete e consentendo un accesso facilitato a tutte le risorse di Internet. Al servizio Gopher si può accedere tramite software con interfaccia utente di tipo testuale e ultimamente anche di tipo grafico (X Windows, Macintosh).

GUI Graphical User Interface, Rappresenta una interfaccia utente grafica. Insieme di finestre, control e menu che compongono l'interfaccia di una moderna applicazione permettendo all'utente di utilizzare un qualsiasi computer..

H

Hacker Termine che ha avuto origine nella comunità dei programmatori e che vuole descrivere una persona che, per puro diletto, tenta di forzare i sistemi di sicurezza di applicazioni e sistemi informatici.

Hard disk Disco magnetico rigido usato, nei computer, per immagazzinare dati. Non è estraibile dal computer e la registrazione dei dati può essere effettuata ad altissima densità.

Home page Identifica una particolare pagina Web di ingresso creata da un utente, da cui partire per navigare fra le varie pagine ipertestuali del sito Web realizzato.

Host: Termine generico che identifica un computer connesso ad Internet e quindi capace di comunicare con altri computer (*Host*) della rete mette a disposizione una serie di risorse e servizi ad altri sistemi o utenti.

Hosting: termine relativo a una soluzione per rendere disponibili le informazioni *on-line*; si utilizza un certo spazio (inteso come spazio disco) su di un *Server* dislocato presso un provider (cioè il fornitore dell'accesso alla Rete). Il *Server* è condiviso con altri utenti.

Hostname Nome che viene assegnato ad un particolare computer.

Hot java Browser interattivo per World Wide Web, sviluppato dalla Sun Microsystems che gestisce programmi scritti in Java. Tali programmi possono visualizzare animazione o cooperare con altri programmi sul WEB.

HTML: *HyperText Mark-Up Language*, linguaggio di marcatura ipertestuale per la costruzione di pagine Web.

HTTP: *HyperText Transfer Protocol*, protocollo ipertestuale per il trasferimento di pagine del World Wide Web.

Hub Dispositivo utilizzato per estendere la rete in modo tale che altre workstation possano essere collegate tutte alla stessa rete. Esistono due tipi di HUB: HUB Attivo e HUB Passivo. In alcune reti a stella, uno HUB è il dispositivo di controllo centrale.

I

ICT Information and Communication Technology. Tecnologie dell'Informazione e della Comunicazione. Insieme delle tecnologie che consentono il trattamento e lo scambio delle informazioni, siano esse testuali, visuali o audio, in formato digitale.

IDE Integrated Development Environment, ambiente di sviluppo integrato. Applicazione che fornisce, allo sviluppatore, una serie di strumenti, tra cui, editor di codice, compilatore e debugger, rendendoli disponibili all'interno di un unico ambiente di sviluppo. Quasi tutti i moderni tool di programmazione possono essere considerati come ambienti di sviluppo integrati.

Imagemap Immagine contenente, al suo interno, più zone sensibili sulle quali l'utente, con un *click*, può attivare un determinato URL.

IMAP4 *Internet Mail Access Protocol* 4. Protocollo che permette di visualizzare le informazioni di base di un messaggio come autore, data, ora, oggetto, prima che questo sia scaricato dal server e di selezionare i messaggi da scaricare lasciando gli altri sul *Server* stesso.

Immagini in-line File grafico localizzato all'interno di una pagina HTML. Un *browser* ad esempio può gestire all'interno di documenti HTML, immagini in formato GIF, PNG, JPEG o X-Bitmap.

Indirizzo Internet Termine comunemente utilizzato per riferirsi al nome utente e al nome di dominio in modo da poter inviare un messaggio via posta elettronica.

Indirizzo mnemonico Consente di ricordare facilmente un indirizzo numerico; ad esempio è possibile utilizzare il nome "Pippo.com" al posto dell'indirizzo numerico "144.225.249.176" che oltretutto risulterebbe difficile da ricordare.

Internet Rappresenta la più grande rete mondiale che, grazie al protocollo TCP/IP, interconnette milioni di reti locali che possono risultare anche disomogenee fra di loro.

Internet Cafe': Locale pubblico che, a pagamento, mette a disposizione dei clienti l'utilizzo dei PC connessi a Internet. In questi locali ci si può incontrare anche per sfidarsi ad un qualche gioco di rete *(LAN Party)*. Gli internet cafe' sono diffusi soprattutto nelle località turistiche e nella grandi città.

Internet Explorer *Browser* fra i più diffusi, sviluppato e distribuito dalla Microsoft, in particolare con i suoi sistemi operativi, che permette di navigare nel Web, consultare *newsgroup*, effettuare trasferimenti di file via FTP .

Internet Service Provider Organizzazione o azienda, che fornisce servizi Internet. E' necessario stipulare un abbonamento gratuito o a pagamento, per poter effettuare un collegamento ad un provider. Il computer del fornitore di servizi Internet, detto *Server*, ha la funzione di smistare e raccogliere tutte le informazioni in arrivo per poi inviare la richiesta agli altri *Server* sparsi nel mondo e che fanno parte della Rete.

Internet society Organizzazione Internazionale che coordina la grande rete Internet nonché le relative tecnologie e applicazioni.

Internet TV Tipo di apparecchio televisivo che consente, grazie ad uno speciale decoder, l'accesso ad Internet.

Intranet Rete ad accesso regolato, progettata per la gestione e lo scambio di informazioni all'interno di un'organizzazione, sviluppata sulla base delle tecnologie Internet. Generalmente è posseduta da un'azienda ed ha come scopo quello di consentire la condivisione delle risorse e delle informazioni tra tutti i collaboratori interni, che dispongono di un accesso. Diversi sono gli utilizzi che si possono fare di tale rete, distribuzione di documenti, condivisione di software, accesso a database, formazione, ne sono alcuni esempi.

Ipermedia si intendono dei documenti interconnessi con dei *link*. Queste connessioni sono fatte su immagini, video, suoni, ecc e sono a loro volta collegate con una base di dati.

Ipertesto fanno parte della famiglia Ipermedia e' un metodo per effettuare riferimenti incrociati (hiper-link) di informazioni testuali che si trovano nello stesso documento oppure in documenti esterni.

IRC Internet Relay Chat, rete di server interconnessi tra di loro il cui scopo è di mettere in comunicazione gli utenti di tutto il mondo. Si può cosi decidere di chiacchierare con tante persone all'interno dei canali, oppure privatamente con poche persone.

ISO (International Organization for Standardization): organizzazione indipendente, la cui missione è quella di produrre standard riconosciuti a livello mondiale;

Istruzione Comando semplice o complesso, con il quale si indica al programma di eseguire una determinata operazione. Ogni istruzione viene terminata da un particolare carattere, per esempio il";" per il C.

Iterazione Struttura di controllo che permette di eseguire più volte un'istruzione. Nella maggior parte dei casi, occorre indicare, oltre all'istruzione che dovrà essere iterata, anche la condizione per uscire dall'iterazione stessa. Per esempio nella struttura while i < 8 i := i+1 endwhile, la variabile i viene incrementata fino a raggiungere il valore 8.

L

LAN Local Area Network, rete di comunicazioni che copre piccole aree geografiche, ufficio, edifici.

Larghezza di banda Rappresenta, nelle reti, la capacità di trasmissione di un computer o di un canale di comunicazione espressa in Mbit/s (Megabit al secondo).

LDAP Lightweight Directory. Access Protocol, standard, usato per la gestione degli indirizzari degli utenti di applicazioni Client/Server o Web

Legacy Termine per identificare applicazioni o sistemi vecchi solitamente molto complessi. L'esistenza di tali sistemi complica e a volte impedisce, la loro riscrittura o il loro riuso.

Link: inglese di *collegamento*. Nei sistemi ipertestuali come il World Wide Web, un link e` un riferimento ad un altro documento del Web, che può essere un testo, un immagine, un video, un audio, un suono, etc.

LINUX Diventato il più diffuso e famoso tra i sistemi Unix, ha due caratteristiche fondamentali: funziona su qualsiasi Personal Computer ed è gratuito. Una sua più ampia diffusione è ostacolata da una maggior difficoltà di istallazione, configurazione ed utilizzo. Questi ostacoli saranno rimossi in breve tempo, tanto che alcuni osservatori affermano che Linux, sia la più seria alternativa al monopolio di Microsoft.

Login Operazione preliminare per accedere a un sistema multiutente e ad un *Server*. Al momento del *login* viene richiesto l'account, in pratica, il nominativo dell'utente e la relativa password, il sistema permetterà l'accesso, solo se verranno digitati i dati in maniera corretta.

Log off Rappresenta la fine della connessione a un sistema remoto

Log on Termine che definisce il collegamento a un sistema remoto.

Lower Case Strumenti CASE rivolti alle fasi basse del ciclo di vita di un'applicazione, quali progettazione e sviluppo. Tali strumenti presentano diverse analogie con gli strumenti RAD, ma esaltano gli aspetti che si riferiscono alla documentazione e alla manutenzione delle applicazioni.

M

MAC-OS Sistema operativo proprietario prodotto dalla Apple per la gamma dei computer Macintosh. Il desktop, le finestre, le icone e il mouse, inizialmente introdotti dal Macintosh, sono stati successivamente adattati anche ad altri sistemi. Il Mac-os è un sistema molto utilizzato soprattutto da coloro che si occupano di grafica e publishing.

Mailbox Casella postale elettronica messa a disposizione da un *Provider* utilizzata per ospitare i messaggi di posta elettronica che ciascun utente riceve o spedisce sulla rete Internet.

Mailing list Essenzialmente è una conferenza i cui messaggi sono inviati direttamente nella *mailbox* dell'utente ad essa iscritto, da parte di un *news server*. Tale messaggi si possono ricevere inviando un messaggio di abbonamento ad uno specifico indirizzo *Email*, dove spesso c'è un computer che automatizza il processo.

Mainframe Computer di grosse dimensioni utilizzato per la memorizzazione di grandi moli di dati. I dati e le applicazioni residenti su mainframe sono spesso affiancate da applicazioni residenti su Personal Computer.

Manutenzione Termine che identifica tutte le operazioni eseguite dopo che il programma è stato installato. Un buon programma deve durare nel tempo, sarà quindi soggetto a diverse modifiche dovute, magari, all'avvento di nuove tecnologie o semplicemente a nuovi bisogni da parte dell'utenza.

Maschera (Form) Parte dell'interfaccia utente di un programma, con la quale l'utente può interagire per compiere diverse operazioni.

MegaByte Unità di misura per le memorie di un computer o la capacità di un disco rigido. Un megabyte equivale a 1.048.576 byte

Megabit al secondo Unità che misura la quantità d'informazione che in un secondo si sposta su una linea di comunicazione.

Metadati Informazioni relative alla struttura di un dato. I metadati costituiscono la spina dorsale dei data warehouse. Senza di questi è impossibile sapere come sono stati fabbricati gli innumerevoli dati memorizzati in questi magazzini di informazioni decisionali, da quale DBMS provengano, come siano stati trasformati, quale sia la loro struttura all'interno del deposito. Per adesso, le tecniche di scambio di questi metadati da uno strumento verso un altro non rivelano alcuno standard universale. Un problema che potrebbe, in futuro, essere risolto grazie ad un metalinguaggio come XML.

Microprocessore, il microprocessore è l'unità centrale di elaborazione di un computer, che può contenere più di un milione di transistor su un unico chip. Attualmente viene utilizzato anche per elettrodomestici e automobili

Middleware Meccanismo logico che ha il compito di assicurare il dialogo tra differenti applicazioni, o porzioni di una stessa applicazione, ripartite su postazioni di lavoro diverse, client o server. Diversi sono i tipi, i monitor transazionali, le Orb, le chiamate di procedure a distanza e così via.

Mini-sito Pagina HTML prefabbricata per l'affiliato integrata con tutti i *link* necessari per esporre i prodotti o determinate informazioni.

MIME *Multipurpose Internet Mail Extensions*. Specifica estensione di rete che permette agli utenti di inviare non solo semplici messaggi di testo, ma anche messaggi multimediali. Ad esempio, il testo HTML è specificato come text/html, mentre quello ASCII è specificato come text/plain.

Modem MOdulator-DEModulator. Dispositivo hardware che permette a un computer di trasformare le informazioni digitali in analogiche e viceversa e trasmetterle, tramite linea telefonica, ad altro computer remoti.

Modello OSI Open Systems Interconnection. Tale modello di riferimento è stato definito dall'OSI per semplificare la struttura progettuale delle reti. In particolare esso comprende sette livelli o strati, ognuno dei quali si basa sulle funzioni del livello sottostante.
Mosaic Il primo *browser* grafico del Web che permetteva la visualizzazione di documenti ipermediali sullo schermo. Mosaic era disponibile nelle versioni per Windows, Unix e Macintosh.

Motori di ricerca Programmi utilizzati per effettuare ricerche sulla base di parole chiave o combinazioni di parole, in pagine Web, file e documenti presenti sul Web. Tali programmi possono fare riferimento ad un sito specifico, si parlerà così di motori di ricerca dedicati, oppure a più siti della Rete. In quest'ultimo caso, il motore raccoglie elenchi di file e documenti disponibili e li memorizza in un database consultabile dall'utente su richiesta.

MP3 Tecnologia per la compressione/decompressione di file audio. Consente di mantenere una perfetta fedeltà e qualità riducendo i file audio fino a 12 volte rispetto al formato non compresso.

Mpeg Motion Picture Expert Group. Standard di compressione video che consente di ridurre l'ingombro dei video su CD MPEG1 e su DVD con MPEG2. Questo standard richiede l'utilizzo di una scheda e driver dedicati.

MS-DOS Primo tra i sistemi operativi prodotti da Microsoft, MS-DOS è privo di interfaccia grafica ma semplice da utilizzare. Proprio questa sua semplicità, insieme con la diffusione ottenuta, a partire dagli anni '80, dai Personal Computer, ne hanno decretato il successo.

MS-WINDOWS Nato come ambiente grafico basato su MS-DOS, si è successivamente evoluto divenendo un vero sistema operativo. E' disponibile in diverse versioni, Windows 3.x, basata su MS-DOS, Windows 95, Windows 98, strettamente legate alla piattaforma PC, Windows NT e Windows 2000, disponibili anche su elaboratori di fascia superiore, e agli attuali Windows XP, Windows Vista e Windows 7.

Multimediale Tecnologia utilizzata nei computer che rende possibile l'utilizzo di vari tipi di file fra cui testo, immagini, video, suoni e grafica in modo interattivo.

N

NCSA National Center for Supercomputing Applications. In questo centro è stato sviluppato il primo browser grafico NCSA Mosaic.

Netiquette termine derivato dalla congiunzione dei termini inglesi *net* ed *etiquette* quindi etichetta in Rete. Si tratta di regole "ufficiose", non scritte, per evitare che nelle comunicazioni in rete *email, forum, newsgroup, chat, blog,* etc.) ci si comporti male. Sorta di galateo della rete Internet.

Netizen Denominazione attribuita agli operatori e agli utilizzatori delle risorse della Rete Internet, in pratica cittadini della rete perche il termine viene dalla contrazione dei due termini anglosassoni **net** e cit**izen**.

NetPc Particolari computer progettati per la navigazione su Internet. Si possono tranquillamente collegare ad un televisore.

Netscape Navigator *Browser* che permette la navigazione nella fitta ragnatela del World Wide Web.

Network Insieme di computer connessi in rete, ovvero in modo da potersi scambiare informazioni di vario genere La connessione può essere attraverso cavi coassiali, a fibre ottiche, linee telefoniche e satellitari

News Messaggi che gli utenti di tutto il mondo, connessi ad Internet, si scambiano fra loro. Gli argomenti di discussione sono numerosi e trattano temi diversi.

Newsgroup Sottorete di *Server*, detta anche Usenet, specializzata nella trasmissione di messaggi diretti, non a una sola persona, ma a tutti coloro che, interessati, si sono abbonati ad un newsgroup. Diversi sono gli argomenti trattati, si va dalla medicina ai sistemi operativi alla politica, etc. Il protocollo utilizzato è detto NNTP.

Nickname Nome che viene dato ad un utente all'interno di un sistema. Viene utilizzato anche nelle *chat, email*, www, ICQ, e altri sistemi di comunicazione per identificare l'utente collegato. Solitamente il *nickname* è uno pseudonimo o soprannome.

Nodo Unità elementare di una rete, costituita da un elaboratore, un dispositivo condiviso, un router o altre apparecchiature speciali. Tale termine in Internet, indica un punto di accesso fisso che permette agli utenti di accedere alla rete, gli utenti infatti, con i loro elaboratori, devono prima collegarsi ad un nodo mediante linee commutate. Tutti i nodi sono collegati mediante linee dedicate ad alta velocità.

Numero binario Nel sistema binario esso può assumere solo due valori, 0 o 1. Viene utilizzato perché il computer riconosce solo due condizioni dei circuiti elettronici, ACCESO (1) o SPENTO (0). Vedi bit

O

OOA Object-Oriented Analysis, analisi orientata a oggetti. Analisi che, già dalle prime fasi, definisce le classi e gli oggetti che faranno parte dell'applicazione. In particolare quelle classi che andranno a far parte del dominio del problema considerato.

OOD Object-Oriented Design, progettazione orientata a oggetti. Fase in cui vengono introdotte le classi che faranno parte della soluzione (finestre, tabelle), specificandone l'iterazione con quelle introdotte durante la fase di analisi.

Offline E' offline un computer che non è connesso a un sistema ospite o alla rete.

Online Un computer connesso a un servizio, come un sito ad accesso pubblico, è detto online

Open Source Un programma è detto Open Source, quando il suo codice sorgente è accessibile, ed è dunque modificabile, a piacimento del suo utilizzatore o da altri sviluppatori.

Operatori logici AND, OR e NOT. Utilizzati nella ricerche avanzate dei motori di ricerca, permettono di restringere il campo di ricerca ottenendo delle ricerche più mirate.

Oracle Produttore Leader di DBMS relazionali. I vari DBMS presentano proprie funzionalità non sempre standard, anche se, grazie all'esistenza di particolari linguaggi come SQL, tali database sono compatibili tra di loro.

Overburning Procedura utilizzata per poter scrivere su di un Cd o DVD una quantità maggiore di dati rispetto alla normale capacità del CD o DVD stesso (650 Mb). Per fare ciò è necessario un particolare software.

Outlook Express programma di Microsoft per la di gestione della posta elettronica tra i più diffusi tra gli utenti di Internet.

Overflow Straripamento. Condizione di errore che si verifica quando il risultato di un calcolo è un numero troppo grande per essere rappresentato nello spazio disponibile.

P

Pagina Web: Unità di base del World Wide Web con la quale l'utente interagisce. Una pagina Web può essere considerata come una normale pagina di un libro, ma graficamente più ricca e che può contenere elementi multimediali. L'utente attraverso questa, può consultare dati o spostarsi in altre pagine, "navigando" nel vastissimo mondo del World Wide Web.

Pacchetto Rappresenta un blocco di dati che viene inoltrato sulla rete per raggiungere la destinazione opportuna. Il pacchetto che viene spedito, contiene alcune informazioni importanti come il mittente, il destinatario e informazioni per controllare eventuali errori dovuti alla trasmissione

Packet switching technology Tecnologia di commutazione a pacchetto. Sistema di trasmissione dati che suddivide le informazioni in "pacchetti" sufficientemente piccoli, contenenti una determinata quantità di informazioni digitalizzate. Ogni pacchetto possiede l'indirizzo di destinazione ed un numero progressivo che consente al ricevente di riassemblare il documento originale, seguendo l'ordine sequenziale dei pacchetti stessi.

Parità Semplice metodo di rilevazione degli errori. Esso verifica la validità di un carattere trasmesso. Il controllo dei caratteri è stato superato da altri metodi, più affidabili ed efficienti per il controllo degli errori, fra cui i protocolli V. 42 e MNP 2-4. Entrambi i computer comunicanti devono utilizzare lo stesso tipo di parità.

Password Metodo di sicurezza che, mediante una stringa di caratteri, permette di identificare un utente specifico. Generalmente le *password* sono formate da una sequenza di lettere e numeri o caratteri speciali, digitando correttamente questi caratteri, si può avere accesso a un computer, alla rete o a servizi sul Web.

PDF (Portable Document Format): formato documentale elettronico definito dallo standard internazionale ISO/IEC 32000

PGP Pretty Good Privacy. Rappresenta un programma freeware di crittografia a due chiavi, di cui una pubblica e l'altra privata. Il metodo è utilizzato per codificare i messaggi di posta elettronica. Ne è autore Phil Zimmermann, studente universitario americano che ha reso disponibile il suo software via Internet. Ne è scaturito un processo penale a suo carico, a causa delle leggi USA che limitano al minimo la distribuzione di tecniche di crittografia paragonandola all'esportazione di armi. Il caso ha sollevato reazioni in tutto il mondo in merito alla sicurezza di Internet.

Pkzip Programma di compressione in ambiente Dos/Win più diffuso al mondo. Consente di ridurre sensibilmente le dimensioni di un file (cambiandone il formato in ZIP) facendo in modo che occupi meno spazio, senza che vada perso il suo contenuto informativo. La compressione dei file ha favorito in modo sensibile la loro diffusione via Internet, non a caso, per scaricare un intero programma di decine di Mb si impiega molto di più rispetto al tempo impiegato per effettuare il download di un archivio compresso che occupa in media il 40% di spazio in meno. L'operazione di decompressione di un file ZIP è legata al programma pkunzip.

Piano di test Serie di operazioni da effettuare per testare l'affidabilità di un prodotto software. Il piano di test sarà molto utile nel caso di modifiche di un prodotto già esistente, permetterà infatti, di verificare la presenza di malfunzionamenti introdotti nel passaggio tra le diverse versioni.

Ping Comando che permette di controllare la connettività della rete. La verifica viene fatta inviando un pacchetto diagnostico a un nodo specifico della rete, quando tale pacchetto raggiungerà la destinazione, il nodo relativo dovrà riconoscere il pacchetto ricevuto e viene restituito anche il tempo necessario al pacchetto per raggiungere il nodo.

Pixel Singolo "punto" che compone un'immagine sul monitor, contrazione delle parole Picture Elements. Più il numero di pixel è alto, più l'immagine sarà ben definita. Tale numero determina la definizione dello schermo.

Plug-In Programmi ausiliari che, abbinati a un *browser*, consentono di ampliarne le funzioni. Esistono molti *plug-in* con varie funzioni, i più diffusi sono per la riproduzione di audio e la visualizzazione di video in diretta e per l'apertura di documenti.

POP3 Post Office Protocol 3. Protocollo che permette l'accesso remoto a un server di posta elettronica e lo scarico della propria corrispondenza.

Porta Rappresenta il punto in cui termina una rete, può essere una scheda di rete seriale o parallela.

Portale Punto di partenza dal quale iniziare la navigazione nel Web. Viene anche detto *Web Directory*.

Post Comporre un messaggio per un newsgroup, per un social network, per un blog e poi spedirlo e farlo vedere agli altri utenti.

Postmaster Persona da contattare ad un particolare sito, per chiedere informazioni sul sito stesso o su uno degli utenti.

Posta elettronica E' una dei servizi più diffusi su Internet. Gli utenti che sono collegati in rete, possono inviare un messaggio a uno o più persone. L'utente che riceve un messaggio, lo può leggere, stampare, cancellare o rispondere al mittente.

PPP Point to Point Protocol. Protocollo che permette a TCP/IP di funzionare su connessioni di linea seriale. PPP e SLIP, rappresentano i protocolli più comuni per supportare connessioni telefoniche a Internet.

Progettazione Fase del ciclo di vita del software, in cui si definisce "come" soddisfare i requisiti formalizzati nella precedente fase di analisi. Si definisce un insieme di moduli software da implementare, elencandone le funzionalità.

Protocollo Insieme di regole e convenzioni seguite sia nel trasferimento che nella ricezione dei dati fra due computer. In particolare esso definisce il formato, la sincronizzazione, la sequenza e il controllo degli errori il supporto fisico di connessione usati sulla rete.

Proxy Server che consente l'accesso ad Internet dall'interno di un firewall.

Punto a punto Linea che collega direttamente due terminali senza alcun passaggio intermedio.

R

RA Registration Authority, Autorità di registrazione. Organizzazione che approva le richieste di certificazione in modo che i certificati elettronici, possano essere rilasciati, rinnovati, o revocati dalla CA. Normalmente tale organizzazione è un funzionario di credito o una banca "emittente" o "acquirente".

RAD Rapid Application Development, sviluppo rapido di applicazione. Categoria di strumenti che permette di creare, rapidamente, il prototipo di un'applicazione. Questo grazie alla disponibilità, al suo interno, di tool che permettono di definire, in modo visuale, alcuni aspetti del programma, tra cui l'interfaccia utente.

RAM Random Access Memory. Memoria ad accesso casuale. E' la memoria principale di un computer.

README file File che solitamente si trova in un sito FTP e che spiega cosa c'è nella directory o che fornisce altre informazioni utili (ad esempio come usare l'FTP).

RECORD Struttura dati che permette di raggruppare una sequenza di valori semplici. Si può accedere, ad essi, indicandone il nome.

Requisiti Elenco delle diverse funzionalità che un'applicazione dovrà implementare. La raccolta dei requisiti, fase del ciclo di vita del software, consiste nell'individuare tutte le caratteristiche che, i futuri utenti, vorrebbero trovare all' interno dell' applicazione stessa.

Rete Insieme di computer e dispositivi connessi fra loro in modo tale da far condividere file e altre risorse ad alcuni utenti. Una rete può connettere un piccolo numero di utenti, ad esempio all'interno di un dipartimento, in questo caso parleremo di rete locale (LAN), oppure può connettere diversi utenti dislocati su un'ampia area geografica (WAN).

Rete locale Spesso indicata con l'acronimo LAN (Local Area Network) Rete di comunicazioni che copre piccole aree geografiche.

Rete geografica Spesso indicata con l'acronimo WAN (Wide Area Network). Una rete che connette utenti divisi da grandi distanze, ad esempio possiamo avere due utenti collegati che si trovano in città o nazioni diverse.

Ricerca Naturale Nel gergo dei motori di ricerca viene detta anche "ricerca organica". Si intende il risultato della ricerca prodotto dall'algoritmo di un Motore di Ricerca. In questa non vi rientrano gli annunci pubblicitari pagati.

Ripetitore Dispositivo hardware in grado di spostare i pacchetti da un segmento di rete ad un altro attuando inoltre la risincronizzazione e l'amplificazione del segnale elettrico.

Risposta automatica Caratteristica di un programma di *email* che consente di inviare automaticamente dei messaggi predefiniti a chiunque invii un messaggio.

Risc Reduced Instruction Set Computer. Architettura di particolari processori che funzionano più velocemente e con più efficienza con quasi tutti i programmi. Questo è dovuto al fatto che hanno un minor numero di istruzioni da eseguire che comporta una struttura interna meno complessa.

Rom Read Only Memory. Memoria permanente non programmabile dall'utente e a sola lettura.

Router Apparecchio utilizzato per smistare un pacchetto dati di una rete verso una destinazione finale. Tale apparecchio ha costantemente disponibile un elenco di tutte le possibili vie di inoltro dei pacchetti dati, controlla l'occupazione delle linee e sceglie la soluzione migliore. Sui routers si basa il traffico delle reti locali complesse e quello di Internet.

S

Scheda di rete Spesso indicata con NIC, Network Interface Card. Rappresenta la scheda di espansione che viene inserita all'interno di un computer o di un server per controllare il flusso di informazioni su di una rete.

Search Engine Optimization (SEO) Ottimizzazione delle pagine Web per renderle facilmente indicizzabili dai motori di ricerca. In questo modo la pagina Web può ottenere una migliore classifica e risultare nelle prime posizioni dei risultati della ricerca.

Segnali analogici Insieme di segnali e lunghezze d'onda, che possono essere trasmessi attraverso le linee di comunicazione, ad esempio,il suono della voce attraverso la linea telefonica.

Segnali digitali Segnali di tipo discreto e uniforme, sono l'opposto dei segnali analogici. -

SELEZIONE Struttura di controllo che, a seconda di una condizione che si viene a verificare durante l'esecuzione del programma, permette di scegliere quali istruzioni eseguire in base a tale condizione. Un esempio classico di struttura di tale tipo è IF..THEN..ELSE, che specifica quale istruzione eseguire al verificarsi della condizione espressa dopo la IF, indicando, inoltre, l'istruzione da eseguire nel caso in cui, tale condizione non fosse verificata.

SERVLET Mini-applicazione Java eseguita da parte del Server. Le applicazioni Internet sono suddivise in più livelli o strati. Alcune delle elaborazioni sono eseguite da parte del Client, altre vengono eseguite sul Server. Le **servlet** sono state introdotte per permettere di programmare il *Server* con lo stesso linguaggio e gli stessi meccanismi utilizzati per programmare il *Client*.

SGML Standard Generalized Mark-up Language. È un metalinguaggio utilizzato nella definizione di documenti, SGML è uno standard ISO. L'HTML, utilizzato in molti documenti WWW su Internet, è una applicazione SGML.

Shareware Software messo a disposizione per un periodo limitato di prova, scaduto tale termine, l'utente è tenuto a pagare lo sviluppatore per continuare a utilizzarlo.

Shell Programma in UNIX che cerca di eseguire i comandi.

Sistema autore Software concepito per la creazione e lo sviluppo di pacchetti di formazione

Sito Insieme di pagine Web che fanno capo ad un unica URL.

Smiley Faccine. Modo di descrivere le emozioni *online*. Ci sono decine di *smiley*, dall'imbronciato al pensoso, dal sorridente, all'afflitto, etc. Sono fatte per mezzo dei simboli di punteggiatura, si chiamano anche Emoticons.

Socket Parte di un indirizzo di nodo inter-rete IPX che rappresenta la destinazione di un pacchetto IPX.

SMTP Simple Mail Transfer Protocol, Protocollo di trasferimento di posta semplice. Il protocollo TCP/IP per lo scambio di posta elettronica.

Spam o Spamming Inviare lo stesso messaggio a più mailing-list o newsgroup. Creazione o alterazione di un documento con l'intento di ingannare l'algoritmo di un motore di ricerca. Qualunque tecnica che incrementi il posizionamento di un sito ai danni della qualità del database del motore di ricerca può essere considerata spamming. Lo spammer è colui che fa lo *spamming*.

Spider Software tipico dei motori di ricerca che navigando tra le pagine Web di un sito, memorizza le URL e indicizza le parole chiave e il testo di tutte le pagine Web che incontra.

SSL Secure Socket Layer; standard per la comunicazione interprocesso utilizzato dal protocollo TCP/IP su Internet.

Struttura di controllo Consente di raggruppare un insieme di istruzioni semplici per poi costruire un'istruzione più complessa.

STD State Transition Diagram, diagrammi Stati-Transizioni. Sono impiegati per fornire una visione dinamica di un'applicazione o di un sistema. In essi vengono evidenziati i singoli stati in cui un'applicazione può trovarsi e gli eventi provocanti il passaggio da uno stato all'altro.

Stored procedure Procedura utilizzata per la manipolazione dei dati, il suo codice, insieme ai dati stessi, è mantenuto all' interno del database. L'utilizzo di tali procedure permette di spostare le "business rule" del sistema dalle applicazioni al database e di implementare un ulteriore livello di astrazione dei dati. In genere le stored procedure sono scritte in linguaggi derivanti da SQL e possono essere invocate esplicitamente dall'applicazione client.

T

Tag Istruzioni utilizzate all'interno del linguaggio HTML. Esse consistono in una serie di comandi racchiusi fra i caratteri < >; controllano i *mark-up* dei documenti quando essi sono visualizzati attraverso un qualsiasi *browser*.

Talk Programma che consente a due computer collegati in rete di conversare fra loro. Utilizzando il talk, lo schermo sarà diviso in due sezioni dentro le quali appariranno i messaggi scritti dai due utenti.

Thumbnail: La *thumbnail* è la rappresentazione ridotta dell'immagine originale. In Internet questo tipo di anteprima dell'immagine è utile perché evita all'utente il *download* indesiderato delle immagini di grandi dimensioni (GIF o jpeg). Solitamente dopo il *click* sulla *thumbnail* è possibile vedere l'immagine in grandezza reale.

TCP/IP Transmission Control Protocol/Internet Protocol, Protocollo di controllo della trasmissione/ Protocollo di Internet. È il Protocollo di comunicazione più utilizzato da Internet. E' stato sviluppato per la prima volta alla fine degli anni 70 da parte del DARPA (Ufficio dei Progetti Ricerca Avanzata della Difesa statunitense). Il TCP/IP racchiude l'accesso al mezzo fisico, il trasporto dei pacchetti, comunicazioni di sessione, trasferimento dei file, posta elettronica e l'emulazione di terminale.

Telnet: Client tramite il quale un utente si può collegare a un computer e lavorare come se fosse un terminale locale. Si può così lavorare su un host anche quando si è fisicamente distanti o quando la sua tastiera e il suo monitor sono occupati da qualcun altro. 2: Protocollo facente parte del TCP/IP, il quale fornisce servizi di connessione a terminali in remoto.

Terminale Dispositivo con tastiera e monitor, utilizzato per l'invio e la ricezione di dati, attraverso un canale di comunicazione. Un terminale si differenzia da un computer, o un mainframe, per l'assenza o la limitatezza delle capacità di elaborazioni interne.

Trasmissione seriale Flusso continuo di dati. A differenza delle trasmissioni in parallelo, nelle quali i dati fluiscono contemporaneamente in due canali, nelle trasmissioni seriali, essi fluiscono attraverso un singolo canale.

U

UDP User Data-gram Protocol, Protocollo a livello trasporti senza connessione utilizzato nel TCP/IP. Viene spesso utilizzato con applicazioni SNMP (Simple Network Management Protocol).

UML Unified Modeling Language, linguaggio unificato di modellazione. Formalismo che descrive l'analisi e la progettazione di un'applicazione orientata a oggetti. La parola unificato indica il fatto che si tratta di una notazione derivata dall'unione di diverse altre notazioni proposte da tre autori, G.Booch, J.Rumbaugh e I.Jacobson

UNIX Più che un sistema operativo, Unix è un insieme di sistemi operativi che risultano, in buona parte, compatibili tra di loro. I sistemi Unix, sono stati implementati su diversi fasce di processori, dai semplici Personal Computer alle macchine più costose. I sistemi Unix sono noti come sistemi "aperti" grazie al fatto di basarsi su un insieme di standard riconosciuti.

Upload Indica il trasferimento di file dal proprio client a un server remoto. E' l'operazione inversa del *download*.

UPPER CASE Strumenti CASE rivolti alle fasi alte del ciclo di vita di un'applicazione, quali analisi e progettazione. Tali strumenti oltre a tracciare diversi tipi di diagrammi, che illustrano i vari aspetti del progetto, solitamente sono anche in grado di verificarne la correttezza e di produrre la documentazione necessaria all'implementazione. Le più recenti versioni permettono di generare, in modo automatico, alcune parti del codice dell'applicazione e gli script per la creazione delle tabelle del database.

URL *Uniform Resource Locator*, esso rappresenta in pratica l'indirizzo di una risorsa sulla rete Internet. Ogni URL contiene informazioni, sul metodo di accesso da utilizzare e sulla risorsa da reperire, utili per il *browser* per la connessione diretta ad una *Home page* sul World Wide Web.

USENET USErs' NET-work, rete internazionale contenente più di 1500 aree di argomenti alle quali l'utente contribuisce unicamente tramite posta elettronica. Possono essere inviati testi, immagini e file audio.

User name Quando un utente si collega, viene chiesto da parte dei *Server* di inserire un'unica parola come nome utente. Questa può essere composta da qualsiasi combinazione di lettere e numeri e simboli.

V

Variabile Termine con cui è possibile accedere a una zona di memoria in cui è memorizzato un determinato valore. Per esempio, tramite l'istruzione x:= 10 si scrive il valore della costante 10 in una zona di memoria, mentre con PRINT x, si può leggerlo e stamparlo sul video.

VERONICA **V**ery **E**asy **R**odent-**O**riented **N**et-wide **I**ndex to **C**omputer **A**rchives. Funzione di ricerca che si trova all'interno di *gopher* su Internet.

Videoconferenza Modalità di comunicazione fra più persone che, trovandosi in posti diversi, possono comunque partecipare ad una conferenza e condividere informazioni. Per la videoconferenza occorrono dei computer collegati in rete e dotati di videocamera e altoparlanti.

Viewer programma utilizzato da un qualsiasi *browser*, che permette di gestire file aventi formati diversi.

Virus Programma, realizzato con l'intento di danneggiare un sistema di elaborazione all'insaputa dell'utente. Esso entra in azione allo scadere di una certa data o quando viene eseguito un particolare programma.

VRML Virtual Reality Mark-up Language. Permette di definire spazi tridimensionali all'interno del World Wide Web. Combina caratteristiche di realtà virtuale, visualizzazioni di rete e l'ambiente ipermediale globale del Web.

W

WAN Wide Area Network, ovvero, rete a larga area o a lunga tratta, che si può estendere per una lunghezza massima di 100km. Si tratta di una rete di comunicazione dati, che impiega linee telefoniche dedicate o satelliti.

Waterfall Particolare modello del ciclo di vita del software, detto a cascata, che prevede una sequenza di fasi in cui, il risultato di una, è passato come input della fase successiva.

Wav Estensione che individua il formato dei file audio utilizzati da Windows.

Web browser Programma *client* che consente di visualizzare pagine di internet, qualunque sia il linguaggio di programmazione utilizzato. Due sono i *browser* più conosciuti Mozilla Firefox, Microsoft Internet Explorer, poi ci sono Chrome (un prodotto di Google), Safari in ambiente MAC e non ultimo Opera.

Web server Programma che reperisce informazioni di tipo ipertestuale tramite *browser*.

Wi-Fi conosciuto come **Wi**reless **Fi**delity, è una tecnologia senza fili proposta dalla Wi-Fi Alliance per migliorare l'interoperabilità dei prodotti delle reti locali (LAN) basati sul protocollo **IEEE 802.11**. Le applicazioni comuni del Wi-Fi includono Internet e il telefono su Internet VoIP, la TV *on-demand*. La distanza che copre la tecnologia è di circa 30 metri.

WIMAX è l'acronimo per **W**orldwide **I**nteroperability for **M**icrowave **A**ccess, conosciuto anche come protocollo **IEEE 802.16** è una tecnologia che offre su Internet le stesse potenzialità del passaggio dal telefono cellulare al telefono fisso. La distanza che copre la tecnologia è di circa 50 Km.

World Wide Web Può essere abbreviato con WWW, W3 o semplicemente WEB, la ragnatela mondiale, in quanto Web si traduce con ragnatela. Si tratta di un'iniziativa partita dal CERN (Centro Europeo di Ricerche Nucleari) di Ginevra, con lo scopo di sviluppare un nuovo metodo per la ricerca delle informazioni tale da rendere più facile l'esplorazione della rete. Una delle caratteristiche fondamentali del WEB è il suo orientamento all'ipertesto, cioè, i documenti Web contengono collegamenti ipertestuali ad altri documenti, detti link. Per accedere alle varie risorse WWW, si può direttamente specificare l'indirizzo URL (*Uniform Resource Locator*), che utilizza il protocollo HTTP.

Workstation Identifica, nella terminologia delle reti, un particolare computer collegato in rete.

WIZARD. Strumento che permette di comporre, in modo automatico, in seguito alla risposta a una serie di domande, una parte dell'applicazione. I più recenti ambienti di sviluppo, forniscono diversi tipi di Wizard, per semplificare lo svolgimento delle operazioni ripetitive, come la creazione di una finestra o di un report.

WYSIWYG What **Y**ou **S**ee **I**s **W**hat **Y**ou **G**et, ciò che vedi è ciò che ottieni. Indica la possibilità di ottenere, durante lo sviluppo di un'applicazione, un'anteprima dell'aspetto che avrà il programma una volta compilato.

www.ingramcontent.com/pod-product-compliance
Lightning Source LLC
Chambersburg PA
CBHW071419170526
45165CB00001B/327